AF136699

NÉVROSES ET TROUBLES PSYCHOSOMATIQUES

PSYCHOLOGIE ET SCIENCES HUMAINES

Maurice Dongier

névroses et troubles psychosomatiques

Sixième édition

DESSART ET MARDAGA, EDITEURS
2, GALERIE DES PRINCES, BRUXELLES

1re édition : janvier 1966
2e édition : novembre 1967
3e édition : mars 1969
4e édition : septembre 1971
5e édition : octobre 1973
6e édition : juillet 1976

© by Dessart et Mardaga, Bruxelles 1966

D/1976/0024/6

AVANT-PROPOS

Ce livre n'a d'autre prétention que de rassembler des leçons cliniques de psychopathologie données à l'Université de Liège aux étudiants en médecine et en psychologie, à un niveau élémentaire : il s'agit en effet d'une introduction destinée à des non-spécialistes.

Rédigé aussi bien à l'intention des médecins que du public cultivé, il aura atteint son but s'il contribue à donner aux premiers le désir de compléter une formation psychothérapeutique que l'enseignement académique ne peut donner, au second des éléments de base pour... choisir son médecin. En effet le bon médecin a toujours su, d'instinct, depuis l'antiquité, prêter l'oreille aussi longtemps qu'il le faut aux doléances de son patient, si étrangères qu'elles soient en apparence à la maladie en cause. Il reconnaît ainsi implicitement l'influence du « moral » sur le physique. Mais l'extraordinaire prolifération des techniques médicales, des méthodes de diagnostic et de traitement, a incontestablement réduit le contact humain du médecin avec son malade, en même temps qu'elle aboutissait à fragmenter la médecine en une multitude de spécialités. La tentation est alors grande pour le spécialiste de se cantonner dans une technique toujours plus complexe, pour le praticien généraliste de réduire le dialogue avec son patient au minimum et de se débarrasser des « nerveux » et « fonctionnels » grâce à la prescription rapide d'un des innombrables sédatifs et tranquillisants dont la publicité emplit chaque matin sa boîte aux lettres. Cependant le bon spécialiste (qu'il soit cardiologue, pneumologue, allergiste, endocrinologiste, rhumatologue, gastro-entérologue, dermatologiste, urologue, neurologue), l'interniste ou le pédiatre consciencieux, l'omnipraticien qui sait ne pas se laisser déborder par une clientèle trop nombreuse, constatent tous les jours que des troubles psychiques mineurs jouent un rôle de premier plan chez plus de la moitié de leurs patients. La plupart de ces malades ne doivent évidemment pas être adressés au psychiatre ou au spécialiste de la médecine psychosomatique ; tout médecin devrait donc avoir une culture psychologique suffisante pour en prendre la plupart en charge, et pour sélectionner adéquatement ceux qui méritent d'être adressés au psychiatre, au psychanalyste ou au psychothérapeute.

Il est même raisonnable de se demander si ce n'est pas dans cet approfondissement de sa formation psychologique et psychopathologique que doit être cherchée la revalorisation du rôle du médecin de famille, souvent réduit de nos jours par l'évolution technique de la médecine au rôle de plaque tournante, ne traitant plus guère que des grippes et des angines, et orientant vers les spécialistes divers les malades au cas plus complexe.

Certes, pour celui qui veut apprendre à connaître les névroses, les manuels et traités de psychiatrie, de psychanalyse et de psychologie ne manquent pas. Mais leur terminologie est souvent rebutante pour une initiation, et peut donner au médecin comme au public non médical l'impression qu'il s'agit là d'un domaine étranger à notre vie quotidienne. Nous espérons montrer ici à chacun à quel point les réactions névrotiques et psychosomatiques sont omniprésentes, en nous et autour de nous, en quelque sorte coextensives à la nature humaine, en en fournissant surtout de nombreux exemples illustratifs[1].

Cette orientation implique des choix. Dans l'explication des troubles et des symptômes, l'accent sera mis sur les relations interpersonnelles, non que les facteurs héréditaires ou biologiques acquis soient négligeables (leur importance est au contraire démontrée de mieux en mieux) mais parce que leur considération n'est pas dans l'axe de notre propos : c'est moins l'aspect scientifique de la psychopathologie que sa pratique vivante que nous voulons évoquer[2]. Celui qui voudra chercher les preuves, statistiques par exemple, de ce qui est avancé ici de façon cursive, ou aborder les aspects biologiques, pourra les trouver dans des ouvrages plus élaborés[3].

A l'intention du lecteur non médecin, un lexique est placé en fin d'ouvrage.

---

[1] La plupart des ces observations ont été recueillies avec la collaboration des docteurs Albert DEMARET, Suzanne DONGIER, Andrée DUCHESNE, Ovide FONTAINE, Pierre HUBIN, Jean SERVAIS, assistants à l'Université de Liège. Dans un but didactique et pour préserver l'anonymat des malades, chacune correspond en fait à la synthèse de plusieurs cas comparables.

[2] Nous remercions le Professeur Jean BOBON à l'amitié de qui nous devons beaucoup de conseils fructueux au cours de l'élaboration de ce travail.

[3] Tels, en français, l'Encyclopédie Médico-chirurgicale (3 tomes de Psychiatrie) 18, rue Séguier à Paris; le Manuel de Psychiatrie de EY, BERNARD et BRISSET (Masson 1963); en anglais, l'American Handbook of Psychiatry d'ARIETI (Basic Books 1959), et « Clinical Psychiatry » de MAYER-GROSS, SLATER et ROTH.

CHAPITRE I

LES NÉVROSES : DÉFINITION ET HISTORIQUE

Le terme de névrose est parmi ceux qui tendent à passer du vocabulaire psychiatrique dans le domaine public. Comme c'est souvent le cas (voir l'utilisation populaire des termes de neurasthénie, de dépression), il est alors utilisé de façon très imprécise.

La névrose, entité négative au XIXᵉ siècle

Ce n'est guère qu'au cours du XIXᵉ siècle qu'on a tenté de définir le groupe des névroses, tout en en modifiant continuellement l'extension. Pour caractériser l'ensemble du groupe, on proposait les notions les plus vagues et les plus diverses; il constituait une sorte de caput mortuum, dans lequel on faisait entrer tous les symptômes « nerveux » nouvellement découverts et mal expliqués, sans base organique précise (au contraire, on retirera du cadre des névroses des maladies au fur et à mesure qu'on leur trouvera une explication organique).

Ainsi en 1819 le grand aliéniste PINEL (surtout célèbre pour avoir, le premier en France, libéré les aliénés de leurs chaînes), dans son article « Névroses » du Dictionnaire des Sciences Médicales, énumère parmi les névroses la surdité, l'amaurose, le vomissement, le tétanos, la nostalgie, la diplopie, la chorée, l'hydrophobie etc...

GRASSET, dans son traité des maladies nerveuses paru en 1894, ajoute au groupe des névroses la maladie de Parkinson, le goître exophtalmique de Basedow.

CHARCOT à son tour définit la névrose comme un « état morbide ayant évidemment pour siège le système nerveux et qui ne laisse sur le cadavre aucune trace matérielle décelable ». L'anatomie pathologique à l'époque était la seule science connexe susceptible d'objectiver les maladies nerveuses, et son développement insuffisant était rendu responsable de l'impossibilité de mettre en évidence les lésions[1].

C'était donc l'absence de lésion qui définissait la névrose : définition purement négative et qui allait devoir à la fois se restreindre et se compléter. Le champ des phénomènes névrotiques devait, bien entendu, se réduire au fur et à mesure des découvertes anatomo-cliniques, bactériologiques, endocrinologiques etc... (ainsi devaient sortir du cadre des névroses la plupart des cas de surdité, le tétanos, la chorée, la maladie de Parkinson, les hyperthyroïdies etc...) D'autre part, grâce au développement de la psychologie médicale, la définition des névroses allait s'élargir en quittant le domaine du somatique pour intégrer des symptômes à manifestations essentiellement psychiques comme les obsessions, les phobies, les troubles du caractère.

* * *

---

[1] De nos jours, la neurophysiologie, celle du système nerveux de relation et celle du système neuro-végétatif, la réflexologie, la psychologie expérimentale, la psychologie dynamique ont pris un énorme essor à la place de l'anatomie pathologique pour tenter de servir de sciences fondamentales dans l'étude des névroses. Le niveau de compréhension et d'explication demeure néanmoins élémentaire sur ce plan, à preuve les divergences d'opinion et d'attitudes thérapeutiques parmi les psychiatres.

Limites avec psychoses et démences

Mais il fallait aussi délimiter nettement le domaine des névroses par rapport à celui des psychoses et à celui des démences; c'est également le XIXᵉ siècle qui vit s'accomplir l'essentiel de cette tâche.

La distinction entre névroses et psychoses n'est pas toujours facile ni univoque : c'est ainsi que nous ne pouvons suivre Hesnard[1] quand il définit les névroses : « Affections nerveuses très répandues, sans base anatomique connue et qui, quoique intimement liées à la vie psychique du malade, n'altèrent pas (comme les psychoses) sa personnalité, et par suite s'accompagnent d'une conscience pénible et le plus souvent excessive de l'état morbide. » En disant que la névrose n'altère pas la personnalité du malade, Hesnard veut sans doute marquer que le symptôme névrotique est ressenti par le patient comme étranger à ce qui constitue son moi, « ego-alien » disent les Anglo-Saxons; il met l'accent sur la *conscience* qu'a le névrosé de ses troubles, conscience qui constitue un des principaux critères de distinction entre la névrose et la psychose. Mais d'une part dire que cette conscience est excessive peut donner à penser que le névrosé se croit plus malade qu'il n'est (ce qui est, hélas, loin d'être toujours le cas), d'autre part la personnalité du sujet est tout aussi impliquée dans les mécanismes de la névrose que dans ceux de la psychose. C'est ainsi qu'un hystérique n'est pas hystérique uniquement par une aphonie ou une paralysie d'un membre, un obsédé n'est pas obsédé uniquement dans sa phobie d'impulsion; l'un comme l'autre sont hystérique et obsessionnel dans l'ensemble de leurs relations humaines, de leurs rêves,

[1] In POROT, Manuel alphabétique de psychiatrie, Presses Universitaires de France, Paris, 1960.

de leurs projets, bref de leur personnalité sous tous ses aspects.

Pas davantage ne pouvons-nous accepter les critères proposés par Baruk[1] : « Les troubles psychiques peuvent être d'intensité et de degrés très variables. Tantôt ils restent légers, suffisants pour être perçus objectivement, mais insuffisants pour donner à l'extérieur des perturbations importantes du comportement apparent, ce sont ces cas que l'on désigne sous le nom de névrose. Tantôt au contraire, ils sont plus marqués et perturbent tout le comportement, le malade devenant en quelque sorte comme étranger aux hommes normaux... ce sont là les psychoses... » Mais combien de phobies, d'hystéries, de névroses d'angoisse, de manifestations caractérielles n'apparaissent-elles pas à l'entourage et aux médecins comme troublant beaucoup plus gravement l'adaptation sociale qu'un délire paraphrénique qui peut demeurer sans incidence sur le comportement, et méconnu de tous pendant des années ? Le critère proposé par Baruk du comportement et de l'adaptation sociale ne saurait donc être retenu.

Deux critères sont essentiels pour marquer une frontière théorique entre psychose et névrose :

a) la conscience chez le sujet de la nature morbide de ses symptômes (le symptôme n'est pas « ego-syntone », intégré par le moi comme dans un délire, par exemple);

b) le maintien d'un contact « raisonnable » avec la réalité sociale et objective.

Ces deux critères sont d'ailleurs liés : ne pas être halluciné, ne pas délirer, percevoir la réalité commune, c'est être capable d'autocritique.

---

[1] Psychoses et névroses, Presses Universitaires de France, collection « Que sais-je ? » pages 9-10.

Par rapport au groupe des *démences*, le critère de délimitation essentiel est l'absence de détérioration des fonctions intellectuelles et affectives. La distinction entre inhibition fonctionnelle, donc névrotique, d'une fonction et sa détérioration définitive correspondant à un processus lésionnel, est d'ailleurs cliniquement loin d'être toujours facile.

Élargissement du champ de la psychiatrie

Jusqu'à la fin du XIXᵉ siècle, c'est surtout le domaine des psychoses et des démences qui retenait l'attention des psychiatres. Ceux-ci étaient donc essentiellement des aliénistes, et il a fallu attendre la dernière décennie, par exemple, pour que le Congrès annuel des « Aliénistes et Neurologistes de Langue Française » devienne le Congrès de Psychiatrie et Neurologie de Langue Française. Or le domaine de la psychiatrie au sens large, englobant tous les troubles fonctionnels, somatiques, symptomatiques d'anxiété ou de dépression mineures, toutes les maladies psycho-somatiques, est extrêmement vaste. Des statistiques effectuées dans de nombreux pays ont montré que ces malades correspondent à 30 à 60 % de l'activité clinique d'un médecin, qu'il soit généraliste ou spécialiste.

Orientation dynamique de la psychiatrie des névroses

Tandis que l'histoire des psychoses est surtout l'histoire d'une psychiatrie *descriptive*, s'attachant à la description de symptômes, à leur regroupement dans des cadres nosologiques, à l'établissement de classifications, l'histoire des névroses correspond essentiellement à celle de la psychiatrie *dynamique,* c'est-à-dire d'une psychiatrie où l'on va à la recherche d'une interprétation des symptômes par l'histoire personnelle du malade et de ses conflits.

* * *

La névrose, trouble de la fonction symbolique

Deux grandes œuvres sont inséparables de cette évolution et dominent l'histoire contemporaine des névroses, celle de JANET et celle de FREUD. JANET, dans ses travaux sur l'hystérie et la psychasthénie, définit la névrose comme une maladie fonctionnelle portant sur les fonctions supérieures du système nerveux, c'est-à-dire sur les *fonctions symboliques.* Toute fonction comporte en effet des parties inférieures et des parties supérieures, ces dernières permettant l'adaptation aux circonstances particulières du moment. Il prend pour exemple la fonction alimentaire : elle comporte des sécrétions digestives, communes à l'homme et à l'animal, réglées par des réflexes élémentaires; « mais quand je dois prendre des aliments au milieu de certaines personnes nouvelles, en portant un costume spécial et en soumettant mon corps et mon esprit à des rites sociaux tout à fait particuliers... on voudra bien remarquer que le fait de dîner en ville n'est pas tout à fait le même phénomène physiologique que la simple sécrétion du pancréas ».

Cette distinction entre fonctions élémentaires et fonctions supérieures (symboliques) n'est pas spéciale à l'homme mais beaucoup plus développée chez lui que chez l'animal; « elle se retrouve dans toutes les fonctions, aussi bien dans celles de la marche que de l'écriture, dans la miction que dans les fonctions sexuelles. La physiologie peut ne pas s'en occuper car elle n'étudie que la partie organisée, régulière, simple de la fonction et le physiologiste rirait bien si on lui disait que dans l'étude de l'alimentation il doit tenir compte du travail qui consiste à manger en portant un habit noir et en parlant à sa voisine... »

Le psychiatre est, par définition, un spécialiste des fonctions symboliques, comme la névrose est une atteinte de la fonction symbolique : un individu ne marchera pas quoique sa moelle épinière soit intacte, ou ne s'alimentera pas quoique son estomac puisse fonctionner parfaitement. C'est la *signification symbolique de la fonction* qui sera alors perturbée. « Il y a, écrivait JANET, une pathologie des fiançailles et une pathologie du voyage de noces. C'est sur cette partie supérieure des fonctions, sur leur adaptation aux circonstances présentes que portent les névroses et cette notion doit entrer dans leur définition. »

Ceci nous explique pourquoi les névroses subissent une exacerbation aux époques où l'adaptation du sujet à son milieu devient plus difficile ; on les verra souvent débuter à la puberté, on verra surgir vomissements, accès de panique, impuissance sexuelle, lors des fiançailles ou du mariage, à la mort des parents ou d'autres personnages importants dans l'existence du sujet, à la suite d'un changement professionnel etc...

L'homme doit se transformer continuellement pour s'adapter à des circonstances nouvelles, le processus de maturation de la personnalité n'est jamais terminé, les névroses marquent donc des arrêts ou des régressions dans l'évolution des fonctions.

C'est essentiellement dans l'étude de l'hystérie que s'est développée cette psychiatrie dynamique, et c'est donc à propos de l'hystérie qu'on peut le mieux étudier l'histoire des conceptions modernes sur les névroses. C'est aussi à propos de l'hystérie que nous verrons s'ébaucher l'immense apport de FREUD à la compréhension des névroses et, à travers elles, de tout le comportement humain.

Au fur et à mesure des découvertes et des théories successives, en particulier depuis 1890, nous verrons se préciser petit à petit le concept d'hystérie, et nous aboutirons à une définition, d'abord de ce qu'on appelle actuellement l'hystérie de conversion, puis de l'hystérie en général, que nous illustrerons de quelques exemples cliniques simples.

CHAPITRE II

L'HYSTÉRIE DE CONVERSION

I. LIMITES ET HISTOIRE DE L'HYSTÉRIE

LASEGUE écrivait : « La définition de l'hystérie n'a jamais été donnée et ne le sera jamais. » On pourrait être tenté de lui donner raison en jetant un coup d'œil sur le nombre, la variété, le caractère contradictoire des conceptions qui, au cours des siècles, ont tenté d'expliquer et de définir la « grande névrose ».

HIPPOCRATE en attribuait les manifestations à un désordre de l'utérus, d'où le nom de la maladie.[1]

Animé de mouvements, celui-ci, remontant de l'abdomen vers l'extrémité céphalique, provoquait les troubles observés. La thérapeutique, d'ailleurs essentiellement pathogénique, visait à faire réintégrer sa place à cet utérus migrateur[2] en présentant à la malade des plantes aromatiques au niveau du vagin et des odeurs nauséabondes au niveau des narines.

GALIEN adoptait aussi une pathogénie utérine de la névrose, « par rétention séminale viciant les humeurs ». Il admettait que les frustrations sexuelles pouvaient déterminer des symptômes hystériques.

---

[1] De υστερα, matrice. Encore actuellement l'acception populaire du mot hystérie implique l'existence de désirs sexuels excessifs.

[2] Platon exposant cette théorie dans le Timée, écrivait : « L'utérus est un animal vivant qui désire ardemment procréer des enfants. Lorsqu'il reste stérile, il s'indigne et parcourt tout le corps obstruant les issues, arrêtant la respiration et provoquant des dangers extrêmes ».

Le Moyen Age, revenant aux premières conceptions de l'Antiquité, voyait dans l'hystérie des effets de la possession diabolique. Aussi déléguera-t-il ses « piqueurs » à la recherche de ces possédés et de ces sorcières qu'il s'agissait d'exorciser ou de brûler.

A.   L'ÉPOQUE PRÉ-PSYCHANALYTIQUE

a) *L'école de la Salpêtrière et celle de Nancy.*

CHARCOT, médecin de l'hôpital de la Salpêtrière, allait donner dans les années 1880-1885 les descriptions les plus complètes de l'hystérie et, par l'intérêt qu'il apportait à l'hypnose, ouvrir la voie à l'exploration psychologique de l'hystérie; de là devait découler le développement de la psychanalyse, dont on peut dire que FREUD l'a tirée essentiellement des insuffisances de l'hypnose chez les hystériques.

On peut définir l'*hypnose* comme un état de fascination, provoqué par l'influence suggestive exercée par l'hypnotiseur : le champ de conscience du patient est entièrement empli par les suggestions qui lui sont données de façon intensive et incessante. Le sujet entre ainsi dans un état second, qu'on désigne sous le nom de transe hypnotique, état au cours duquel il peut revivre, par exemple, des souvenirs oubliés et manifester des émotions qui lui seraient inaccessibles à l'état conscient.

L'hypnose et les suggestions post-hypnotiques qu'elle permet de réaliser constituent incontestablement une démonstration expérimentale de l'existence de l'inconscient, et de l'influence de celui-ci sur les fonctions corporelles.

Charcot estimait d'ailleurs que les hystériques étaient particulièrement suggestibles et facilement accessibles à l'hypnose, idée qui a été infirmée depuis lors. Ce qui est certain c'est que l'intérêt particulier que Charcot attachait à l'étude des hystériques et le grand nombre de ces malades qui peuplaient son service, imitant les uns les autres leurs crises et leurs démonstrations diverses, créaient une ambiance d'hystérie collective, un *milieu de culture* tel qu'il n'en a probablement plus existé depuis. Il est vraisemblable que la suggestibilité et la sensibilité à l'hypnose de nombreux sujets s'en trouvaient accrues.

Charcot distinguait deux aspects principaux dans l'hystérie : l'hystérie paroxystique et « les stigmates ». La première comportait les phénomènes aigus qu'il classait en grandes crises, petites crises, crises atypiques. Les seconds étaient des phénomènes permanents, méconnus par les malades, et dont la recherche systématique permettait de faire le diagnostic. Un des plus célèbres de ces stigmates est le rétrécissement concentrique du champ visuel (que l'examen ophtalmologique met encore couramment en évidence chez les hystériques contemporains).

On a accusé Charcot d'avoir bâti ses études sur l'hystérie essentiellement sur une énumération de signes multiples, motivés par l'ambiance de son service. Mais il serait injuste de ne pas reconnaître qu'il a été l'un des premiers à faire de l'hystérie une *maladie de l'esprit* liée à un état psychique spécial.

BERNHEIM, de Nancy (1891), auprès de qui FREUD (alors encore neurologue) viendra également étudier, apporte une autre pierre importante à l'édification de la théorie psychologique de l'hystérie : la crise hystérique est pour lui « *une réaction émotive*, influencée par les impressions du malade, son individualité autosuggestive, le milieu qui l'entoure, l'imitation, l'exploration médicale ».

Il met aussi en évidence le rôle des maladies organiques et fonctionnelles, épine irritative pouvant être facteur déclenchant de la crise, dont celle-ci n'est qu'un épiphénomène.

BABINSKI, successeur de CHARCOT à la chaire de la Salpêtrière, s'attache à fournir des signes positifs de différenciation entre troubles organiques et troubles hystériques. Il en dresse la liste dans une série d'admirables travaux. Il définit l'hystérie comme « un état pathologique se manifestant par des troubles qu'il est possible de reproduire par suggestion, chez certains sujets, avec une exactitude parfaite et qui sont susceptibles de disparaître sous l'influence de la persuasion seule ». D'où le nom de *pithiatisme* (signifiant curable par la persuasion)[1] et qui devient pour lui synonyme d'hystérie : c'est un état psychique rendant le sujet capable de *s'autosuggestionner*.

b) *L'œuvre de* JANET.

Le travail de base en est « *L'automatisme psychologique* » (1894). A la même époque que FREUD, JANET y étudie les lois de l'inconscient, et essentiellement l'*action pathogène des souvenirs oubliés*. Il explique les symptômes hystériques par un trouble de la synthèse psychique, qui empêche le malade d'intégrer complètement sa personnalité et d'assumer son passé. Il baptise cette incapacité du nom de « faiblesse psychologique », « rétrécissement de la conscience ». « C'est une certaine faiblesse morale consistant dans la réduction du nombre des phénomènes psychologiques qui peuvent être simultanément réunis dans une même conscience personnelle. »

Il explique ainsi les paralysies, les amnésies, la suggestibilité, la sensibilité à l'hypnose des hystériques.

---

[1] πέīθωιατός.

Les véritables stigmates sont pour lui, avant tout, *des troubles du caractère* :

— un arrêt de progression et d'acquisitions nouvelles au point de vue intellectuel;

— sur le plan affectif une tendance à la rêverie, une indifférence aux émotions actuelles au profit d'émotions anciennes, une affectivité à rapprocher de celle de l'enfant, une sorte d'égoïsme naïf, l'instabilité des symptômes et du comportement, l'alternance d'état de dépression et d'état d'agitation. Il met l'accent sur les problèmes érotiques des hystériques.

« C'est par l'étude des stigmates mentaux que doit être diagnostiquée et comprise la maladie des hystériques. Chacun d'eux montre très bien que le sujet est diminué dans sa personnalité et qu'il n'est plus maître de sa propre pensée. » Rattachant les névroses à un arrêt de l'évolution des fonctions, il fait de l'hystérie un trouble du développement. Outre ses descriptions cliniques où il n'y a rien à ajouter, on peut retrouver en germe dans toute son œuvre les découvertes freudiennes fondamentales :

— le dynamisme de l'inconscient et le jeu des complexes;

— la notion de faiblesse du moi de la psychanalyse contemporaine;

— la plupart des idées de la médecine psychosomatique actuelle, dans sa conception uniciste de l'homme.

JANET nous donne donc pour la première fois une conception de l'hystérie absolument révolutionnaire : maladie de la personnalité motivée en grande partie par des troubles inconscients, se manifestant à côté des symptômes classiques par des modifications du caractère. Il fait ressortir la similitude avec la psychologie de l'enfant, le côté immature et régressif de la maladie; il décrit les dépressions hystériques opposées aux dépressions psychasthéniques, il note la possibilité d'association des deux névroses, fournit enfin une explication pathogénique fondée sur un trouble dans l'évolution de la personnalité, un arrêt dans le développement des fonctions. Mais malgré cette admirable description, il n'en donne qu'une explication purement constitutionnaliste.

c) DUPRÉ et LOGRE (1905) mettent en valeur un autre aspect de l'hystérie en en faisant essentiellement une *maladie de l'imagination*, une forme particulière de mythomanie, « tendance pathologique plus ou moins volontaire et consciente au mensonge ». DUPRÉ crée le terme de psychoplasticité, « l'hystérie est la mythomanie des syndromes ». LOGRE dira : « ce n'est pas une maladie imaginaire mais une maladie de l'imagination ». Ils montrent la constance de ces troubles chez les hystériques et la richesse de la vie imaginative de ces malades, les rapprochant même des délires d'imagination.

B. L'ÉPOQUE PSYCHANALYTIQUE

Cette importance de la dimension imaginaire chez les hystériques est bien apparente dans la célèbre observation d'Anna O. qui a été publiée en 1895 dans l'ouvrage « Études sur l'hystérie » de BREUER et FREUD.

Cette observation est fondamentale pour comprendre les débuts de l'interprétation psychanalytique de l'hystérie. Plus exactement, c'est chez Anna O. que BREUER et FREUD découvriront les possibilités et les insuffisances du traitement cathartique sous hypnose. Le terme de catharsis (purgation) impliquant la libération des affects refoulés dans l'inconscient.

Fräulein Anna O., âgée de 21 ans au début de son traitement (1880), est une jeune fille remarquablement intelligente, d'une grande imagination, et qui se livre systématiquement à des rêveries qu'elle appelle son « théâtre privé ». Alors que tout le monde la croit présente, elle vit mentalement des contes de fées mais, lorsqu'on l'interpelle, elle répond normalement, ce qui fait que nul ne soupçonne ses « absences ».

En juillet 1880, le père de la malade, qu'elle aimait passionnément, est atteint d'un abcès péripleurétique, dont il mourra en avril 1881. Pendant les premiers mois de cette maladie, Anna consacre toute son énergie à son rôle d'infirmière[1] mais, peu à peu, son état de faiblesse, de dégoût des aliments, devient si inquiétant qu'on doit l'obliger à abandonner ce rôle. Elle est secouée de terribles quintes de toux nerveuse (symptôme reproduisant un symptôme du père). Un strabisme convergent apparaît au début de décembre. La diplopie s'accentue notablement à chaque contrariété. Une parésie des muscles antérieurs du cou s'installe ensuite, de telle sorte que la patiente ne peut plus remuer la tête qu'en la resserrant entre ses épaules soulevées. Puis apparaissent une contracture et une anesthésie du bras droit, puis de la jambe droite, plus tard les mêmes troubles affectent la jambe et le bras gauches. Un grave trouble fonctionnel du langage s'installe en même temps que ces contractures : on observe d'abord qu'Anna ne trouve plus ses mots, grammaire et syntaxe disparaissent de son langage, elle finit par faire un usage incorrect des conjugaisons des verbes, n'utilisant plus que certains infinitifs et omettant les articles. Plus tard, les mots eux-mêmes lui manquent presque totalement : elle les emprunte péniblement à 4 ou 5 langues et n'arrive plus guère à se faire comprendre.

---

[1] Remarquons que c'est une « pathogénie » analogue que BREUER et FREUD trouveront à l'origine d'un autre de leurs cas princeps, celui d'Élisabeth von R...

Deux semaines durant elle garde un mutisme total et, tout en s'efforçant de parler, elle n'arrive à émettre aucun son.

Puis la paraphasie disparaît, mais la malade ne s'exprime plus qu'en anglais, en apparence sans s'en rendre compte; toutefois elle n'avait pas cessé de comprendre son entourage qui s'exprimait en allemand. En avril 1881, son père, qu'elle n'avait plus vu que rarement depuis le début de sa propre maladie, vient à mourir. Anna entre dans une agitation extrême à laquelle succède pendant deux jours un état de prostration profonde. Le champ visuel est très rétréci : en contemplant une gerbe de fleurs qu'on venait de lui offrir et qui lui avait fait grand plaisir, elle ne voyait qu'une seule fleur à la fois. Elle se plaint de ne pas reconnaître les gens. BREUER entreprend alors des conversations quotidiennes avec elle, soit à l'état de veille, soit sous hypnose, au cours desquelles elle donne libre expression à ses fantasmes peuplés de figures terrifiantes, de têtes de mort et de squelettes. Elle donne elle-même à ce procédé le nom de « talking cure » et, humoristiquement, celui de « chimney sweeping » (ramonage). Au fur et à mesure que cette « catharsis » se poursuit, son état s'améliore, la contracture et la paralysie de la jambe s'atténuent notablement. Son état moral est fonction du temps écoulé depuis sa dernière séance, remarque BREUER : tout se passe comme si chacune des productions spontanées de son imagination agissait à la manière d'un excitant psychique, tant qu'elle n'en a pas, en état d'hypnose, fait le récit : grâce à ce récit, l'incident perd totalement sa nocivité et, en même temps, le thérapeute peut accéder plus profondément à sa compréhension. Ainsi elle dit un jour que ses yeux sont malades, qu'elle a une fausse vision des couleurs : sa robe est marron, elle le sait, mais elle la voit bleue. On découvre bientôt qu'elle distingue exactement et parfaitement les couleurs d'un papier d'essai et que l'erreur ne s'applique qu'à l'étoffe de la robe. Le motif semble en être qu'en 1881, aux dates correspondantes, elle s'est beaucoup occupée d'une robe de chambre destinée à son père et faite dans le même tissu que sa propre robe, mais bleu. Puis sont découverts des incidents survenus pendant la période qu'on peut dire d'incubation, incidents qui avaient créé l'ensemble des phénomènes hystériques : tous sont successivement mis au jour dans l'ordre inverse de leur production, en remontant jusqu'à la cause de la première apparition des symptômes. Au cours de la maladie de son père, Anna, assise une nuit auprès de lui, avait le bras droit appuyé sur le dossier de la chaise. Dans un état de demi-sommeil, elle aperçut un serpent noir qui s'avançait vers le malade pour le mordre. Elle voulut le mettre en fuite mais resta comme paralysée, le bras droit « endormi » et insensible pendant sur le dossier de la chaise. Une fois bien éveillée, dans sa terreur, elle voulut prier mais les mots lui manquèrent jusqu'au moment où elle trouva un vers anglais et où elle put, en cette langue, continuer à penser et à prier. Chacun des symptômes hystériques étaient apparus à l'occasion de quelque émotion. Une querelle dans laquelle elle fut obligée de ne pas répondre provoqua un spasme de la glotte, lequel se répéta à chaque occasion analogue. La parole lui manqua durablement depuis un jour où elle avait été injustement grondée. La toux avait fait son apparition le jour où, veillant au chevet du malade (lui-même, rappelons-le, atteint d'une affection pulmonaire), les sons d'une musique de danse venue d'une maison voisine parvinrent à ses oreilles et qu'un désir d'être là-bas éveilla en elle des remords. Dès lors, pendant sa maladie, elle réagit à toute musique bien rythmée par une toux nerveuse. La patiente parvient ainsi à ramener tous les symptômes à leurs motivations, chacun disparaissant lorsque la première cause déclenchante avait été racontée. Par exemple, après avoir fait le récit de l'état onirique angoissant survenu dans la chambre paternelle, elle est à nouveau capable de s'exprimer en allemand et se trouve débarrassée des innombrables troubles qui l'avaient affectée auparavant.

* * *

Cette observation pourrait appeler beaucoup de commentaires. Nous avons dit sa valeur historique : découverte de la catharsis, mise en évidence de l'influence pathogène des souvenirs traumatiques oubliés, c'est-à-dire *refoulés*. Grâce à la levée du refoulement, de façon en quelque sorte chirurgicale (nous voulons dire *forcée* avec un minimum de coopération de la part du malade grâce à l'hypnose), les souvenirs refoulés viennent à la surface et les symptômes disparaissent.

Il suffira de quelques années à FREUD pour se rendre compte des inconvénients de ce procédé et pour abandonner l'hypnose au profit de la méthode psychanalytique dont il est l'inventeur : l'émergence des souvenirs refoulés étant assurée de façon plus lente, moins spectaculaire, mais plus scientifique et plus fructueuse, par la méthode des associations libres[1]. Mais il n'est pas inutile de souligner que c'est de l'hypnose appliquée aux hystériques que sont sorties la méthode et la théorie psychanalytiques des névroses.

Ainsi, dans le cas d'Anna O., les symptômes hystériques apparaissent comme la conversion d'états émotionnels, encore imparfaitement compris par le thérapeute (il faudra la psychanalyse pour les saisir dans toutes leurs dimensions), conversion du domaine affectif dans le domaine neuro-musculaire.

---

[1] Par ailleurs, au fur et à mesure de l'élaboration de la méthode et de la théorie psychanalytiques, il apparaîtra bientôt que la catharsis, et le recouvrement par le sujet des souvenirs oubliés, sont loin d'être des mécanismes prépondérants de la cure.

Dorénavant, on réservera le terme d'*hystérie de conversion* à ce type de manifestations, le domaine de l'hystérie étant en fait beaucoup plus large, comme nous le verrons.

BREUER au cours de quelques traitements d'hystériques, s'aperçoit que sa relation affective avec ses patientes n'est pas sans lui créer des problèmes : en particulier, plusieurs de ses malades ont tendance à s'attacher à lui d'une façon qu'il juge excessive. Il semble que ce soit ce motif essentiellement qui l'ait amené à interrompre les recherches qu'il avait commencées en collaboration avec FREUD, laissant ce dernier les poursuivre seul, découvrir la technique psychanalytique et élaborer une théorie révolutionnaire des névroses et de l'ensemble du comportement humain.

FREUD va donc chercher à comprendre la *signification* des symptômes de conversion dans l'existence du malade.

L'analyse du cas de Dora (1905), publiée dans « Cinq psychanalyses », constitue, malgré des imperfections multiples aujourd'hui évidentes et fort instructives, la première véritable cure psychanalytique.

A cette époque, le « message déguisé » qu'il faut déchiffrer dans un symptôme de conversion est considéré par FREUD et ses élèves comme ayant toujours une signification sexuelle (œdipienne en particulier).

Autour des années 1920, l'importance des pulsions agressives à côté des pulsions sexuelles dans la genèse des névroses est de plus en plus soulignée : le rôle du transfert (répétition sur le thérapeute de situations interpersonnelles antérieures) dans la cure psychanalytique est de mieux en mieux étudié. Mais il est fondamental de souligner que, dès ses origines, la psychanalyse considérait l'hystérie comme un *phénomène inter-psychologique*. Ce sont *au départ* des phénomènes de conversion qui ont servi de base à l'individualisation de l'hystérie, mais on en est venu rapidement à la définir comme un mode particulier d'organisation des relations du sujet avec ses proches et tout son milieu.

* * *

II. *LA PERSONNALITÉ HYSTÉRIQUE*

Le domaine de l'hystérie s'est peu à peu étendu bien au-delà des cas où il existe des phénomènes de conversion (c'est-à-dire de l'hystérie telle qu'elle apparaît aux neuro-logues) : *la personnalité hystérique* que nous avons illustrée par le cas d'Anna O., se caractérise essentiellement par :

1) une *prépondérance particulière de la pensée imaginaire ;* ainsi peuvent être entraînées toute une série de pertur-bations dans les relations à autrui :

   a) rêveries et fantasmes narcissiques (introversion hysté-rique),

   b) tendance à l'amnésie et au refoulement des souvenirs traumatisants,

   c) mythomanie,

   d) théâtralisme,

   e) suggestibilité.

Sur le plan inconscient, l'hystérique est incertain de sa propre identité, c'est-à-dire du rôle qu'il doit jouer pour répondre aux désirs d'autrui, il fluctue donc dans ses rôles familiaux et sociaux et ses identifications sont généralement aussi intenses que superficielles et labiles. Cette instabilité et cette superficialité des identifications est évidente en particulier dans la sphère sexuelle.

2) *une immaturité affective*, se caractérisant elle-même par :

a) la permanence d'une dépendance excessive vis-à-vis de la mère ou des figures incarnant celle-ci, plus rarement vis-à-vis de l'image paternelle;

b) du fait de cette dépendance, une hypersensibilité à la frustration;

c) si cette dépendance est frustrée plus ou moins gravement, la prédisposition à une forme particulière de dépression que nous aurons l'occasion de décrire dans les pages qui suivent;

d) le peu de développement des possibilités de contrôle émotionnel, d'où l'intensité et le caractère souvent infantile des décharges émotives telles que colères, crises de larmes etc...

3) l'importance de ce qu'on appelle le « *bénéfice secondaire* » lié au symptôme, c'est-à-dire le profit que la malade retire des manifestations névrotiques dans ses relations avec sa famille et son entourage : ainsi des crises de larmes spectaculaires ou des vomissements, ou une aphonie, ou une paralysie d'un membre permettront au malade de concentrer sur lui l'attention de l'entourage, ou encore prendront une valeur d'expiation, comme cela semble être le cas dans divers symptômes d'Anna O., soulageant ainsi des sentiments de culpabilité.

Trop souvent ce bénéfice secondaire obnubile le médecin, qui ne voit plus que lui, s'en irrite et prend vis-à-vis de l'hystérique des attitudes punitives qui sont loin d'être toujours indiquées.

L'ensemble de ces traits de personnalité est partiellement d'origine constitutionnelle, héréditaire, partiellement d'origine acquise, au cours de l'histoire des relations du sujet avec les personnages cardinaux de son existence.

Nous insisterons davantage sur ce second point, non pas, disons-le une fois pour toutes, en méconnaissant l'importance de l'hérédité et des prédispositions organiques, mais parce que l'aspect interpersonnel est

a) celui sur lequel on peut agir;

b) celui qui est trop négligé dans l'enseignement de la médecine.

III. *FORMES CLINIQUES DE L'HYSTÉRIE DE CONVERSION*

Il est probablement impossible de présenter une énumération complète des syndromes hystériques, mais on peut toutefois donner une idée de leur multiplicité et de leur nature protéiforme : on a dit de la névrose hystérique qu'elle est « la grande simulatrice ».

On lit souvent que l'hystérie de conversion est devenue relativement rare, remplacée par des symptômes caractériels. Cette assertion est difficile à vérifier car nous n'avons aucun document sur la fréquence relative des crises nerveuses et autres manifestations hystériques, au temps de CHARCOT et à l'époque contemporaine. Mais quoiqu'il en soit, les symptômes de conversion, majeurs et mineurs, isolés ou associés à d'autres signes névrotiques, sont légion.

On peut classer ces syndromes en trois grandes catégories : la principale est constituée par les syndromes pseudo-neurologiques (comme le précédent), on peut décrire aussi des syndromes neuro-végétatifs et enfin des troubles pseudo-psychotiques, plus rares.

A.   SYNDROMES PSEUDO-NEUROLOGIQUES

a) *Paralysies, paraplégies, hémiplégies, monoplégies*. Elles sont flasques ou spasmodiques. Intéressante à noter est la prédominance de ces troubles moteurs du côté gauche, déjà notée par les anciens auteurs, et récemment confirmée (ANGELERGUES). On peut en donner deux interprétations :

— symbolique (le côté gauche est le « mauvais »);

— neurophysiologique (plus grande labilité de l'hémisphère dominé, dont témoignent divers aspects électroencéphalographiques : les ondes lentes postérieures, les rythmes lents postérieurs prédominent de ce côté).

b) *Anesthésies* : l'hémianesthésie est souvent superposée à l'hémiplégie, s'étendant exactement à une moitié du corps, tête comprise. Elle est variable et très sensible à la suggestion médicale, pouvant s'étendre à tous les modes de sensibilité.

Observation 1

Marcelle, âgée de 16 ans, est hospitalisée d'urgence dans un service de médecine pour une paralysie du membre inférieur gauche, constatée soudainement au lever. Elle était alitée depuis quelques jours, pour une angine avec fièvre, et s'était plainte de lombalgies et d'une sensation de faiblesse dans la jambe gauche.

A l'examen d'entrée on constate :

— l'absence totale de mouvements volontaires au niveau de l'ensemble du membre;

— un tonus symétrique et normal;

— des réflexes ostéotendineux présents, vifs et symétriques;

— des réflexes cutanés plantaires en flexion;

— une anesthésie totale du membre inférieur gauche, à disposition non radiculaire (elle remonte jusqu'au pli de l'aine en avant, jusqu'au pli fessier en arrière).

Le liquide céphalo-rachidien est normal.

Quelques jours après l'entrée, on pratique une injection intramusculaire d'éther à visée purement suggestive, en prévenant la patiente de l'effet thérapeutique escompté. Le jour même elle est capable de plier et d'étendre le pied et de fléchir légèrement le genou. En quelques jours, elle récupère la motilité dans son ensemble, mais continue à se plaindre de douleurs et boite. La zone d'anesthésie régresse de jour en jour, du haut vers le bas.

Dès le début de son hospitalisation, la malade s'est montrée hostile, peu coopérante, geignarde, affichant un faciès douloureux et tragique. Avide de contacts, elle fait sans pudeur, à n'importe qui, le récit de sa vie mouvementée et malheureuse.

Marcelle est l'aînée de 7 enfants, le père est un alcoolique, brutal, infidèle, qui aurait tenté à plusieurs reprises de violer la patiente et une de ses sœurs.

La mère a une personnalité manifestement hystérique : c'est avec la même complaisance pour le drame qu'elle va nous raconter l'histoire de sa fille, histoire dont on est en droit de se demander dans quelle mesure elle est véridique.

Dans la petite enfance de Marcelle, on note un retard du développement psycho-moteur. Sur le plan affectif, l'enfant était très attachée à sa mère qu'elle refusait de quitter. Dès l'entrée à l'école, à 5 ans, elle développe une phobie scolaire. Jusqu'à 5 ans, elle a peu de contacts avec son père, qui est à l'armée, par la suite elle assistera à plusieurs scènes de violence au cours desquelles le père tentait de noyer sa femme dans un puits, ou de l'assommer. Un jour, elle découvre sa mère pendue au bout d'une corde, dans une tentative de suicide, et arrive à temps pour la sauver. Peu de temps après, elle commence des crises de dyspnée nocturne asthmatiforme.

Plus récemment, alors qu'elle était au lit avec sa mère, le père a tenté d'étrangler sa femme et l'a renversée sur l'enfant. Profitant de la fuite de la mère, il essaie de séduire la patiente et viole sa petite sœur. A la suite de ces faits, il est condamné. La patiente part alors en pension, puis trouve du travail qu'elle abandonne brusquement à cause des tentatives de séduction d'un contremaître.

Depuis l'attentat de son père, Marcelle vit dans un état d'angoisse constant. Elle a peur surtout des hommes et elle exprime abondamment cette horreur, mais elle a avec les jeunes gens une attitude très provocante. La nuit elle rêve de meurtres, d'hommes ou de gorilles qui la surprennent par derrière alors qu'elle est dans l'incapacité de bouger et de se dérober. Elle reste tout le temps collée à sa mère dont elle imite toutes les activités et, cependant, se sent de plus en plus agressive à son égard. Vis-à-vis de sa sœur (celle qui a été violée), elle manifeste une agressivité extrême : en particulier, elle détruit tous les objets de toilette et de maquillage de la jeune fille.

Commentaires.

1°) Sur le plan de la séméiologie neurologique, l'aspect de la paralysie permettait d'exclure l'hypothèse d'une maladie organique.

2°) Sur le plan de la psychiatrie descriptive la personnalité de la patiente est typique. Théâtralisme, tendance à la mythomanie (on peut vraisemblablement supposer que le récit de la biographie est quelque peu dramatisé), complaisance à jouer le rôle de l'héroïne tragique, essais ambivalents d'identification à la mère.

3°) Sur le plan de la psychopathologie profonde, le rôle du traumatisme sexuel lié à la personne du père semble évident. Les fantasmes de viol, habituels chez l'hystérique, semblent avoir été dans ce cas, du moins en partie, réellement vécus. La haine et le désir du père, la fixation étroite à la mère à la fois aimée et détestée sont apparents. Aucun traitement par psychothérapie n'a pu être envisagé, pour les motifs suivants : absence de motivation, trop grande complaisance dans les bénéfices secondaires de la maladie, incapacité intellectuelle et affective à une introspection valable. On a donc dû se limiter à la thérapeutique de suggestion, traitement purement symptomatique (et ici rapidement efficace) de la paralysie.

■

c) *Mouvements anormaux :* tremblements, tics, secousses myocloniques.

d) *Troubles sensoriels :* perte de la vision d'un œil ou des deux yeux, surdité, pouvant s'associer à la mutité, surtout à la suite d'un choc émotif.

e) *Crises nerveuses :* elles peuvent ressembler de près ou de loin à des crises épileptiques, mais ne comportent généralement pas la succession de chute, phase tonique, phase clonique; de même la perte de connaissance y est généralement incomplète. Le plus souvent le malade crie, gémit, présente une agitation désordonnée, des attitudes exprimant divers sentiments dramatiques : effroi, colère, extase.

A propos du diagnostic différentiel des crises hystériques et épileptiques, il faut savoir que les anomalies de l'électro-encéphalogramme sont loin d'être rares dans l'hystérie, qu'il s'agisse de paroxysmes d'anomalies lentes ou de complexes pointe-ondes caractérisés, en particulier évoqués par la stimulation lumineuse intermittente : l'hystérie étant beaucoup plus fréquente que l'épilepsie, d'innombrables hystériques, enfants et adultes, sont ainsi traités à tort comme des épileptiques.

S'efforcer de classer ces crises en *généralisées* et *partielles*, par souci de symétrie avec l'épilepsie, peut paraître artificiel et réservé à une approche d'inspiration neurologique plutôt que psychiatrique; ce à quoi s'intéresse en effet essentiellement le psychiatre, c'est à déchiffrer la *signification* de la crise, signification pour le sujet, pour autrui (comme moyen d'expression pathologique), signification aussi dans l'économie des tendances du patient et de son adaptation au monde. Ce n'est donc qu'accessoirement que le psychiatre s'attachera à la *topographie corporelle* des manifestations critiques, et en fonction de la *signification* éventuelle de leur localisation ou de leur diffusion.

Mais ce qui nous importe ici est simplement d'évoquer la multiplicité des aspects cliniques des crises liées à un état psychopathologique et de montrer qu'il n'en est guère qui ne puissent poser des problèmes diagnostiques délicats avec les crises épileptiques; c'est pourquoi nous nous efforcerons de les classer, parallèlement à celles-ci, en générales et focales.

1) *Paroxysmes généralisés.*

Ce sont les crises « pantomimiques » dont peu d'aspects évoquent le déroulement schématique, propre à la crise épileptique, pattern en général toujours superposable à lui-même.

a) *La grande attaque de Charcot* cumule la plupart des manifestations possibles. Dans l'esprit même de celui qui la décrivit, elle est rarement observée en tant que telle, mais n'importe lequel de ses éléments peut être isolé et à ce titre s'observe encore fréquemment de nos jours. Bien qu'elle n'ait plus guère qu'un intérêt historique, nous en rappellerons les éléments, en notant que la plupart des crises observées actuellement se situent entre cette grande crise, la crise hyperémotive et la crise syncopale.

L'attaque comporte cinq périodes :

1. — prodromes : malaise général, mélange d'excitation et de dépression, inappétence, palpitations, sensation de globe hystérique, phénomènes sensoriels divers.

2. — période épileptoïde : pouvant simuler la grande crise épileptique tonico-clonique. Cependant il y a en général, à la phase tonique des crises hystériques, des mouvements de circumduction des membres supérieurs et des phénomènes vaso-moteurs très marqués. Au cours de la phase clonique existent le plus souvent des grimaces de la face.

3. — période de contorsions : « clownisme ». Attitudes bizarres, arc de cercle, oscillations de toute une partie du tronc ou des membres; le malade s'asseoit, se renverse brusquement en arrière, heurtant violemment l'oreiller etc...

4. — période des « attitudes passionnelles » où le patient est manifestement en proie à un état onirique, hallucinatoire, plaisant ou déplaisant, érotique ou agressif...

5. — période terminale : le malade semble reprendre contact avec le monde réel mais conserve en général des hallucinations visuelles, en particulier d'animaux. Ces visions d'après Charcot prédomineraient du côté hémianesthésique.

b) Autres types de paroxysmes hystériques généralisés :
accès de léthargie,
accès para ou quadriplégique,

crises de céphalées (souvent nettement liées à des inhibitions de fantasmes, comme y a insisté P. MARTY) [1]
paroxysmes de fatigue intense et brusque à la limite de la perte de connaissance.

2) *Crises focales*

a) *Contractures localisées :* « Le membre n'est pas entièrement paralysé ou contracturé d'une manière brutale; c'est une fonction et surtout une fonction intelligente du membre qui se sépare des autres. Il y a là une distinction délicate qui éveille l'idée d'un choix, d'une pensée plutôt que d'une lésion grossière de l'organisme » (JANET). Par exemple, contractures de la main, dans toutes les positions possibles.

b) *Paralysies flasques localisées ;*

c) *Anesthésies localisées ;*

d) *Troubles sensoriels :* accès de surdité, d'hémianopsie, ou plus souvent de rétrécissement concentrique du champ visuel, macropsie, micropsie.

e) *Troubles du schéma corporel ;*

f) *Aphasie paroxystique :* voir les observations princeps d'hystérie de conversion de Freud : Anna O., Dora.

B.   TROUBLES NEURO-VÉGÉTATIFS

On peut observer chez les hystériques, à titre de symptômes de conversion, des vomissements (dont la signification de refus « d'avaler » une situation est souvent évidente), le globus hystericus, spasme épisodique de la musculature œsophagienne, des crises urinaires (strangurie, pollakiurie),

---

[1] P. MARTY, article « Céphalées » de l'Encyclopédie Médico-Chirurgicale, 1955, Psychiatrie, II, 37480 G 10.

des érythèmes ou hémorragies localisées (stigmates des mystiques), des fièvres inexpliquées, parfois prolongées et que certains considéreront à tort comme simulées.

C. TROUBLES PSEUDO-PSYCHOTIQUES

Bien que l'amnésie hystérique soit le plus souvent durable, elle peut survenir par paroxysmes de quelques minutes. Son étendue est variable : amnésie topographique avec désorientation, amnésie de sa propre identité, oubli d'une tranche de vie ou oubli total de son propre passé. Sa motivation peut être évidente aux yeux du médecin et elle donne alors l'impression d'être simulée. Elle peut être influençable par suggestion simple, par narco-analyse, par l'hypnose, comme tous les autres paroxysmes hystériques.

Le plus souvent à la suite d'un choc affectif, d'une émotion violente, l'hystérique présente ainsi un phénomène de négation complète de la réalité, oubliant la situation désagréable ou la scène pénible. Cette amnésie est localisée à la période en question.

Observation 2

Hubert, 38 ans, nous a consulté pour hémiparésie droite et bégaiement.

Il n'est pas possible de mettre en évidence un trait névropathique quelconque dans ses antécédents familiaux. Son enfance s'est déroulée (uniquement au milieu de femmes : sa mère, sa grand-mère maternelle et sa tante) après que son père ait divorcé pour épouser sa maîtresse.

Il s'est marié il y a 3 ans et paraît animé à l'égard de sa femme de sentiments particulièrement filiaux (il n'accepte d'examen médical qu'en présence de son épouse : c'est elle qui expose toujours, maternellement, à chaque médecin consulté, toute l'histoire de la maladie de son mari). Il y a deux mois, le malade s'est réveillé en pleine nuit avec une violente douleur dans la fosse sus-épineuse l'immobilisant complètement au lit. Le médecin traitant appelé d'urgence a injecté une ampoule de morphine puis a envoyé le malade le lendemain à la radiographie, suspectant un déplacement vertébral ou une hernie discale cervicale. Tous les examens cliniques et radiographiques effectués dans les jours qui suivent sont négatifs. Bientôt, le malade commence à présenter une diminution d'acuité visuelle uniquement à la lecture) qu'il compense à l'aide d'une loupe ou bien grâce à l'emploi de livres à gros caractères; ses facultés d'audition diminuent; puis, un bégaiement très accusé l'empêche de s'exprimer couramment; il est obligé de renoncer à ses activités professionnelles. Il consulte alors un psychiatre qui lui prescrit des tranquillisants; il va beaucoup mieux pendant quelques semaines, reprenant même le travail pendant une journée entière. A la fin de cette journée, il regagne le domicile conjugal dans un état de désorientation avec amnésie rétrograde portant sur plusieurs semaines. Quelques mois plus tard son épouse accouche de leur second enfant. Ce jour-là les troubles moteurs réapparaissent, accompagnés d'un épisode de cécité complète qui dure trois heures. Il subit ensuite des chocs électriques à visée suggestive, le spasme du membre supérieur droit cède au traitement mais il persiste une anesthésie du dos de la main droite et du pied gauche (la paume et la plante restent normales). La parésie des doigts de la main droite se maintient, associée à des troubles sympathiques. Le malade boite toujours, son bégaiement ne rétrocède pas. Il est totalement amnésique à l'égard des événements qui se sont déroulés depuis la nuit au cours de laquelle les premières manifestations douloureuses ont eu lieu. L'accouchement de son second enfant, sa journée de reprise du travail n'émergent nullement de cette période amnésique. Sa mémoire de fixation est redevenue normale depuis un mois.

Commentaires.

L'aspect caractéristique de la parésie de la main droite (contraction des antagonistes), des anesthésies, la variabilité des troubles présentés (spasmes, boiterie, hypoacousie, cécité psychique, diminution d'acuité visuelle), l'amnésie lacunaire typique, la négativité de tous les examens pratiqués à plusieurs reprises ne laissent pas de doute sur la nature hystérique des phénomènes pathologiques dont le malade se plaint. Seules, les circonstances entourant l'enfance du patient (milieu uniquement composé de femmes), la soumission totale qu'il manifeste à sa propre épouse (il désire qu'elle expose ses symptômes, qu'elle assiste à tous les examens qui lui sont proposés, qu'elle lui accorde ses soins constants) permettent d'amorcer la compréhension de la psychogénèse : les symptômes de conversion expriment en langage sensori-moteur l'intarissable besoin d'affection et la crainte d'abandon de ce malade, en liaison probable avec le départ paternel au cours de la première enfance. L'épisode de cécité brutale apparue le jour de la naissance de son second enfant peut être interprété comme le refus d'accepter la présence d'un être capable de monopoliser l'affection de son épouse.

La passivité extrême de ce malade (souvent rencontrée dans les hystéries graves de l'homme) rend le pronostic hasardeux.

■

Le refus de la réalité peut s'exprimer aussi sous forme d'état crépusculaire, où on assiste à une obnubilation partielle de la conscience. Dans cet état confusionnel, la désorientation temporelle et spatiale permet au sujet de méconnaître l'environnement; dans le syndrome de Ganser, le refus de la réalité s'accompagne d'un véritable négativisme, manifesté dans un trouble du langage : le malade fait aux questions qu'on lui pose des « réponses à côté », sans lien avec la question, tout se passe comme s'il se refusait à tout échange verbal.

Dans certains états crépusculaires, à l'obnubilation de la conscience s'associe un état de rêve éveillé, d'*onirisme* : les véritables états·hallucinatoires vécus par Anna O. nous en donnent un exemple. Les représentations imaginatives sont tellement vives qu'elles acquièrent pour le malade une véritable réalité visuelle.

Le diagnostic de tels états est loin d'être toujours facile : en effet, à côté d'épisodes pseudo-psychotiques de ce type, il existe indubitablement des psychoses chez des hystériques, dans lesquelles le délire est coloré par la personnalité du malade. Il faudra parfois plusieurs semaines d'évolution pour se rendre compte d'un début de schizophrénie, ou d'un épisode maniaque ou mélancolique.

■

IV. *TRAITEMENT*

Pour le médecin qui manque de culture psychopathologique, l'hystérie est un diagnostic d'exclusion : devant un trouble donné, il fait un examen complet, accumule les investigations complémentaires, radiologiques ou biologiques et, si tout ceci ne donne rien, conclut à la possibilité de l'origine hystérique, alors que les traits de personnalité décrits plus haut devraient lui permettre de reconnaître l'hystérie de façon rapide; ce diagnostic d'hystérie ne devant bien entendu pas faire éliminer les investigations nécessaires sur le plan somatique, mais devant permettre cependant de limiter raisonnablement ces investigations. La relation thérapeutique est en effet mal amorcée si une irritation croissante se manifeste de la part du médecin qui a l'impression d'être berné, et aussi du malade, repoussé d'examens négatifs en examens négatifs. Une fois le diagnostic fait, de nombreuses approches thérapeutiques sont possibles, et il n'est pas toujours facile de choisir parmi elles. Le médecin doit être le plus possible conscient de :

a) la signification des symptômes et des désirs profonds qu'ils expriment chez le malade;

b) l'attitude affective du malade envers lui;

c) ses propres réactions vis-à-vis de l'hystérique.

Il peut en effet avoir tendance à le rejeter brutalement en raison de sa propre personnalité; ou encore « l'accrochage » rapide du malade au médecin sera rapidement ressenti par ce dernier comme intolérable ou au contraire trop satisfaisant : il ne fait pas de doute que certains types de médecins attirent particulièrement les hystériques, et inversement : ainsi se concluent des pactes informulés, satisfaisant les désirs inconscients des deux parties, mais n'aboutissant pas nécessairement au progrès du patient.

Méthodes thérapeutiques possibles

1) *l'isolement du milieu familial* (par exemple par l'hospitalisation ou l'envoi en maison de repos) est un procédé classique : coupant les liens habituels du sujet avec son entourage, il pourra, en supprimant certains bénéfices secondaires, favoriser la guérison symptomatique. Sauf exception, les problèmes originels n'en sont pas résolus pour autant et le risque de rechute persistera.

2) *la chimiothérapie* donne des résultats très variables et dépend certainement pour une bonne part de la relation

médecin-malade. Parfois toutes les thérapeutiques médicamenteuses semblent efficaces, chacune pendant quelques jours... Certains ont remarqué que les hystériques supportent mal les médicaments qui abaissent le seuil de la conscience, tels que les barbituriques ou beaucoup de tranquillisants. Beaucoup semblent aggravés par les neuroleptiques à petites doses, mais les fortes doses de ces produits peuvent être bénéfiques.

Souvent les hystériques rejettent les médicaments, prétendant que ceux-ci les font vomir. C'est certainement chez eux qu'on trouve le plus de réactions de ce genre même avec des médications qui habituellement n'entraînent pas de nausées.

Dans l'ensemble on peut dire que la sagesse est d'administrer le moins de médicaments possible afin d'éviter des effets secondaires.

3) *la suggestion* est constituée, par exemple, par le « *torpillage* », méthode héritée de Babinski. On utilise un appareil de faradisation, en s'entourant de l'ambiance la plus spectaculaire possible.

Chez les sujets les plus frustes, on a pu utiliser le bleu de méthylène, administré par la bouche, en suggérant avec vigueur au sujet qu'il sera guéri à partir du moment où ses urines prendront une coloration bleue. La suggestion peut être également effectuée sous hypnose, ou sous sub-narcose (encore appelée narco-analyse) au cours d'une injection intraveineuse de barbituriques. Cette méthode sera discutée plus loin à propos des adjuvants en psychothérapie.

Ces moyens sont à utiliser en premier lieu, en réservant les moyens coercitifs aux cas rebelles où l'utilisation de la relation médecin-malade, telle qu'elle se présente sans être « armée », n'est pas agissante.

4) *Les thérapeutiques de conditionnement,* récemment développées, peuvent être indiquées dans certains cas. (voir plus loin, observation 3, p. 50.)

5) La *cure psychanalytique* classique décrite plus loin est exceptionnellement indiquée dans l'hystérie de conversion. Ceci est dû en particulier à la précarité des identifications, à la labilité de la personnalité de l'hystérique, que nous avons mentionnées plus haut. D'une façon générale, la psychothérapie applicable à l'hystérique sera une psychothérapie d'inspiration psychanalytique mais non une psychanalyse classique, sauf exception.

CHAPITRE III

HYPERÉMOTIVITÉ, ANXIÉTÉ NÉVROTIQUE, NÉVROSE D'ANGOISSE et HYSTÉRIE D'ANGOISSE

L'étude de l'hystérie nous a montré la possibilité de conversion, de transformation de phénomènes affectifs en symptômes corporels, les seconds remplaçant les premiers et les exprimant, en un langage dont le sujet n'est pas conscient. Mais le mécanisme de conversion, s'il a amené à la description de l'hystérie, est loin d'être le seul présent dans cette névrose : à côté de l'hystérie de conversion, la névrose d'angoisse, l'hystérie d'angoisse et la névrose de caractère hystérique sont à ranger dans le même cadre. La troisième sera envisagée dans le chapitre concernant les névroses de caractère. Les deux premières nous amènent à envisager succinctement les questions de l'émotion et de l'angoisse.

Nous rencontrons les problèmes de l'émotion, de l'hyperémotivité, de l'angoisse, à propos de l'hystérie : cela ne signifie pas que l'hyperémotivité et l'angoisse ne soient pas présentes dans d'autres formes de névroses. Mais les trouvant pour la première fois sur notre voie, il nous faut les définir ici.

I. *L'ÉMOTION*

Initialement le terme d'*émotion* désignait un mouvement du corps et, par extension, le mouvement d'un corps collectif (par opposition à l'état normal de calme), agitation et fermentation populaire à l'occasion d'un événement inquiétant. C'est ainsi que Montaigne parle de « l'émotion de Catilina ».

Par extension, émotion se dit de toutes les sensations affectives, agréables ou désagréables.

On distingue classiquement :

a) *l'émotion choc*, brusque et brève (affolement, désarroi, saisissement, enthousiasme);

b) *l'émotion sentiment*, progressive et stable (passion, haine...)

On peut classer aussi les émotions en :

a) *émotions inférieures* (grossières, animales, primitives, primaires...);

b) *émotions supérieures* (fines, humaines, intellectuelles, morales, religieuses, esthétiques...)

L'émotion comporte un phénomène psychique, état *affectif* et un ensemble de phénomènes *végétatifs et toniques*.

Cet ensemble de phénomènes psychiques et physiologiques est une *réaction* à une situation, réelle, imaginaire ou symbolique.

La vie affective est absolument indissociable de la vie instinctive d'une part, de la pensée et de la vie intellectuelle d'autre part. Dans la théorie freudienne, d'ailleurs, tout ce qui est conceptuel et raisonné procède de l'instinctivo-affectif, les motivations les plus intellectuelles en apparence ont des soubassements, des infrastructures affectives.

On distingue quatre affects principaux : le plaisir,
la tristesse,
la colère,
la peur.

Les *phénomènes végétatifs* sont, en particulier :

> cardiaques,
> vaso-moteurs,
> endocriniens,
> sécrétoires,
> pilo-moteurs.

Ils surviennent également au niveau des muscles lisses (tractus digestif, vessie).

Les *phénomènes toniques* sont constitués par des spasmes, des relâchements, des tremblements, particulièrement différenciés au niveau de la musculature faciale, linguale, pharyngienne, laryngée et respiratoire.

II. *HYPERÉMOTIVITÉ*

L'émotion est un phénomène normal; l'émotivité pathologique est caractérisée par son dérèglement, son intensité anormale, par excès ou par défaut : hyperémotivité, ou au contraire insensibilité anormale (anesthésie affective). On doit donc distinguer les *réactions adéquates*, proportionnées, adaptées à la situation, c'est-à-dire à l'excitation; et au contraire les réactions diffuses, inadéquates, dépassant en intensité, en durée, en étendue ce qui est légitime pour adapter l'action du sujet à la situation et à l'excitation.

Dans le *syndrome hyperémotif* (DUPRÉ, 1914) toutes les réactions sont excessives :

tachycardie,
rougeur ou pâleur,
sudation,
polyurie,
spasmes coliques,
spasmes faciaux et respiratoires du rire et du pleurer etc...

L'hyperémotif présente à l'état plus ou moins permanent une série de signes : tremblement, papillotement des paupières, regard instable, voix saccadée, gestes maladroits.

L'hyperémotivité peut être une disposition congénitale, constitutionnelle. C'est la *constitution émotive* de DUPRÉ. Elle fait le lit de névroses plus ou moins élaborées et manifestes (névrose d'angoisse, névrose hypochondriaque, névrose obsessionnelle, hystérie). Pour l'enfant hyperémotif, une situation qui n'est en soi pas spécialement dramatique pourra constituer un traumatisme déclenchant une névrose. D'autre part l'hyperémotivité n'est pas nécessairement constitutionnelle; elle peut être provoquée par une ambiance d'insécurité durable, déclenchée par des chocs affectifs, des commotions cérébrales, des atteintes de l'état général (asthénie post-infectieuse, surmenage, intoxication par l'alcool, le café, modifications humorales, menstruation, ménopause, hyperthyroïdies etc...)

Sur un fond d'hyperémotivité plus ou moins permanente, peuvent survenir des *crises émotives*. C'est une partie importante des « crises de nerfs », à côté des crises d'hystérie de conversion. On a dit que le malade présentant une crise émotive cherche assez souvent à la dissimuler, parce qu'il en a honte, contrairement à celui qui fait une crise hystérique : la crise émotive comporte des décharges motrices diffuses et désordonnées, des cris, larmes, polyurie etc...

En fait, les limites entre crise hyperémotive et crise d'hystérie sont imprécises.

III. *ANXIÉTÉ, ANGOISSE ET PHOBIES*

L'anxiété est une variété d'émotion qui se définit par le sentiment de l'imminence d'un danger indéterminé. D'où un état d'alerte, d'attente d'une catastrophe imprécise, avec impression d'impuissance, de désorganisation.

Cet état affectif caractéristique (« la peur de rien », disait JANET, formule à laquelle nous pouvons ajouter : la peur de rien de *conscient*) comporte des réactions neuro-végétatives : striction respiratoire et précordiale, dyspnée, accélération du pouls, pâleur, relâchement ou augmentation du tonus.

˙Ces réactions sont les mêmes que celles provoquées par une émotion actuelle et justifiée, elles entrent dans le cadre de ce que les auteurs anglo-saxons appellent le stress.

Dans la littérature de langue française, le terme *d'angoisse* désigne en principe les aspects somatiques du phénomène, le terme d'anxiété les manifestations psychiques. La limite entre les deux est souvent artificielle; on peut cependant reconnaître des états anxieux intéressant essentiellement notre être moral, avec des phénomènes somatiques minimes et, d'autre part, des états d'angoisse plus élémentaires, plus périphériques, plutôt vécus et subis que pensés, plus physiques que moraux.

En toute rigueur, on ne devrait parler d'anxiété et d'angoisse que lorsque l'émotion en question n'est liée à aucun objet précis. Mais il faut bien reconnaître que l'usage habituel de ces termes, même dans la littérature spécialisée, est devenu beaucoup plus extensif. Dans la *névrose d'angoisse* vraie cependant, tout thème conscient est refoulé, et l'angoisse doit être véritablement anidéique pour qu'on ait le droit de poser ce diagnostic.

Mais lorsque l'angoisse saisit le sujet dans une circonstance toujours la même, bien définie et limitée, lorsqu'elle est liée à la présence d'un être, d'un objet, ou à une certaine situation dont les caractères ne justifient pas une telle émotion, on parle de *phobie*.

C'est par rapport au mécanisme de conversion qu'il est, nous semble-t-il, le plus éclairant de situer la phobie : la conversion hystérique nous est apparue comme visant à éviter, à nier une situation génératrice d'angoisse. Nous avons vu Anna O. prise de quintes de toux ou atteinte de paralysie du bras au lieu d'éprouver par exemple un sentiment de culpabilité. Mais FREUD, dès 1895, montre que le sujet a d'autres ressources pour fuir l'angoisse : il peut la fixer (comme par un abcès de fixation), la déplacer, la concentrer sur un objet particulier qui assumera la fonction d'enkyster l'anxiété flottante, la plus pénible. On assistera alors à l'organisation d'une *phobie*, encore appelée hystérie d'angoisse (mais qui peut aussi avoir, comme nous le verrons, des rapports avec la névrose obsessionnelle : dans toute phobie peuvent prédominer des mécanismes hystériques ou obsessionnels).

Ainsi tel malade concentrera son anxiété sur la rue (peur d'y perdre connaissance, d'y éprouver des malaises qu'effectivement sa peur même engendre) : c'est *l'agoraphobie*.

Observation 3.

Henriette, 49 ans, nous est envoyée par le service de Neurologie qu'elle a consulté pour des troubles importants de la marche survenant de manière intermittente : la mobilité des membres inférieurs est spastique, incoordonnée, l'équilibre est précaire forçant la patiente à élargir sa base de sustentation et à se retenir aux objets environnants. Elle a l'impression de « marcher sur de l'ouate » et elle déclare que ces troubles l'empêchent de sortir de chez elle de crainte de tomber. Elle a constaté qu'ils disparaissaient ou étaient nettement moins importants à certains moments (nous verrons plus loin qu'il serait plus exact de dire à certains endroits).

Différents médecins consultés ont posé le diagnostic de sclérose en plaques et prescrit un traitement symptomatique accompagné d'un long repos qui améliore cette patiente durant un certain temps, quoique sa démarche demeure spastique.

L'enfance et l'adolescence de la malade se sont déroulées dans le cadre d'une famille très intellectuelle et austère : le père de la patiente, procureur de la République dans une ville de province française, de personnalité très rigide, avait organisé la vie familiale sur un mode sévère et stéréotypé : les seuls moments de vie familiale réelle se situaient lors des repas ou au cours de soirées où l'on invitait quelques rares amis pour discuter d'art et de politique. En dehors de ces moments, parents et enfants vivaient retirés chacun dans leur chambre ou leur bureau. La patiente s'y livrait à des lectures et à des rêveries continuelles. Elle déclare n'avoir jamais reçu de ses parents aucune marque d'affection extérieure.

Pourtant elle pense que son père devait être « sensible » car, lorsqu'un de ses fils devait passer un examen, il se mettait au lit, étant, disait-il, incapable de supporter cette tension nerveuse en restant debout.

Henriette s'est mariée, à 28 ans, avec un homme décrit comme intelligent mais issu d'un milieu « plus rustique, aimant la vie à la campagne et les sports alors que moi je déteste la verdure, je n'aime que l'atmosphère des grandes villes ».

Son animosité vis-à-vis de son mari a rapidement grandi : « il n'était pas du même milieu que moi, en fait je l'avais épousé sur un coup de tête enfantin, il me forçait à le suivre dans d'infâmes petits bleds de province où je m'ennuyais à mourir ». Si ses convictions religieuses ne l'en avaient pas empêchée, elle l'aurait rapidement abandonné. Elle désirait avoir un enfant « espérant que cette présence l'occuperait, l'empêcherait d'être sans arrêt déprimée ». Mais cet espoir est déçu par trois fausses couches successives. Elle décide alors d'adopter un enfant, « ce qui m'a fait beaucoup de bien et m'a pendant quelque temps fait oublier tous mes ennuis ».

A la suite d'un déménagement, survient un épisode dépressif brutal : tristesse, irritabilité à fleur de peau, avec agressivité croissante vis-à-vis de son mari, besoin insurmontable de se confiner au lit et de dormir durant des semaines entières.

Cet épisode disparaît aussi brutalement qu'il est apparu et c'est alors que, brusquement, alors qu'elle est en train de faire son marché, la patiente est prise d'une sensation d'angoisse intense (peur indéfinissable, tremblements, vertiges, faiblesse extrême des jambes...) allant jusqu'à une véritable panique qu'elle attribue à sa crainte de tomber dans la rue. Sa démarche de ce fait devient saccadée et difficile, elle ressent l'impression de marcher sur de l'ouate.

Toutes ces sensations s'amenuisent au fur et à mesure que la patiente se rapproche de sa maison et disparaissent dès qu'elle est rentrée. Mais, dès ce moment, elle craindra de sortir de chez elle, fuyant notamment les rues en pente, les places publiques, les chaussées désertes et les ponts.

Dès qu'elle abandonne son domicile, l'angoisse naît et la marche devient « chaotique », suivant son expression.

A l'intérieur de sa maison, par contre, elle se sent tout à fait bien sauf lorsqu'elle est déprimée (deux à trois fois par an) : à ce moment elle ne se sent bien qu'au lit, lorsqu'elle dort.

Chaque état dépressif se termine de la même manière : la patiente invective son mari, elle lui reproche d'avoir gâché sa vie puis s'effondre en larmes « à ce moment je suis soulagée ».

En 1959, à la mort de sa mère, on constate une très nette aggravation de son agoraphobie : dès lors, elle n'osera pratiquement plus sortir de chez elle seule, si ce n'est dans la voiture familiale ou en tenant le bras de son mari ou de sa fille.

Il faut remarquer cependant que tous ses troubles disparaissent dès qu'elle va passer quelques jours dans sa famille : elle est capable là-bas de se promener seule dans la ville sans aucune manifestation agoraphobique.

En 1964, lorsque nous voyons pour la première fois cette patiente, elle a consulté le service de neurologie car ses troubles de la démarche sont à nouveau très importants et coïncident avec un nouvel épisode dépressif.

Durant tout l'examen, elle se présente comme une femme intelligente, parlant d'elle et de ses troubles avec une évidente satisfaction et sans que ne s'extériorise la moindre manifestation émotionnelle : elle prend un plaisir certain à montrer ses connaissances sur la sclérose en plaques dont elle est persuadée d'être atteinte et déclare qu'en fait ce diagnostic ne l'effraie pas le moins du monde car « j'ai toujours dit que le jour où j'aurais une maladie elle serait incurable ».

Sur le même ton désinvolte, elle déclare qu'elle aime mieux dormir que vivre : « j'aimerais être opérée pour sentir que je m'endors, je trouve que c'est une véritable jouissance ».

Les nuits de cette patiente sont peuplées de rêves qui se continuent d'ailleurs durant l'état de veille; les thèmes de ses rêves sont récurrents : la malade vit son enterrement, observe avec satisfaction la pompe qui l'entoure.

Elle nie toute anxiété et assure n'être affectée par sa maladie que dans la mesure où elle la confine dans sa maison et lui enlève toute autonomie.

Malgré un bon niveau intellectuel, l'existence d'une psychogénèse conflictuelle et une bonne motivation pour une psychothérapie, l'âge de cette malade contre-indiquait une thérapeutique psychanalytique.

Il fut donc envisagé de la traiter par une méthode de déconditionnement de son agoraphobie.

En s'inspirant des procédés très simples employés par les expérimentateurs (SKINNER et son école) pour installer des comportements nouveaux par apprentissage très progressif, on conseilla à la malade de recenser les parcours les moins anxiogènes et de les faire chaque jour pendant une heure environ au bras de son mari ou de sa fille (inhibition réciproque de la situation anxiogène par association d'une situation qui ne permet pas l'apparition de l'angoisse). Après disparition de toute manifestation d'angoisse sur ce parcours, la patiente dut marcher à côté de la personne accompagnante sans lui tenir le bras, ensuite un mètre devant, puis deux mètres, puis trois... jusqu'à pouvoir pratiquement faire ce trajet sans assistance; ensuite passer à un parcours plus anxiogène, en reprenant le même processus.

On doit insister spécialement sur deux points : tout d'abord effectuer cet entraînement régulièrement, ensuite ne pas vouloir brûler les étapes, ce qui aurait comme résultat de voir l'angoisse submerger la patiente et d'empêcher ainsi tout apprentissage. Henriette est revue une fois par mois afin d'apprécier l'évolution du traitement et d'y associer une attitude invigorative.

Quinze jours après le début de l'apprentissage, elle était capable d'effectuer certains trajets seule. Elle devait cependant être suivie en voiture. Après deux mois de traitement, elle pouvait se promener seule pratiquement dans toutes les rues de la ville, à la condition cependant que quelqu'un soit chez elle afin de « pouvoir l'appeler par téléphone au cas où je serais en difficulté ».

A ce stade, elle déclare ressentir encore des sensations de tête vide, des vertiges, des palpitations, de la transpiration, mais parvient à passer outre.

Au quatrième mois du traitement, la patiente a retrouvé pratiquement toute son autonomie dans le cadre de sa ville : elle est capable d'aller où elle veut sans l'aide directe ou indirecte de qui que ce soit. Il demeure cependant encore la crainte des ponts et des rues en pente.

Il faut également signaler ici qu'en même temps que s'améliorait son état phobique, la marche s'est pratiquement normalisée : il n'y a plus d'élargissement de la base de sustentation et les mouvements des jambes sont beaucoup plus souples.

Au cinquième mois du traitement, la patiente a été capable de venir à Liège, de s'y promener seule, en attendant l'heure de son rendez-vous.

Il faut signaler enfin que, depuis le début du traitement, elle n'a plus présenté d'épisode dépressif et que son état psychique général s'est fortement amélioré, notamment dans le cadre de ses relations familiales.

Nous avons revu récemment cette malade qui avait présenté une nouvelle manifestation agoraphobique peu intense au printemps, par un jour très ensoleillé : son angoisse avait disparu dès le moment où elle avait porté des lunettes solaires.

Discussion

Les traits de personnalité dominant chez cette patiente sont de toute évidence hystériques : en témoignent en particulier le plaisir évident de la malade de parler de ses troubles, l'existence de manifestations de conversion; le type des rêves; son attraction pour le lit (marquant sans doute à la fois son désir de régression infantile et de refuge dans les fantasmes); la fonction symbolique de son désir d'adoption; son attitude générale vis-à-vis de sa maladie qui rejoint par certains aspects la « belle indifférence » de Charcot; l'importance du bénéfice secondaire que lui procure sa névrose; le caractère très labile des épisodes dépressifs et enfin son agoraphobie exacerbée à la mort de la mère.

La phobie s'est installée par le remplacement de l'angoisse (née d'un conflit issu d'une relation perturbée avec le mari) par la peur d'un danger externe qui, dans le cas de l'agoraphobie, s'est cristallisée dans une phobie de l'espace, dans la peur de sortir. Dès que la patiente se trouve dans la situation phobogène, elle est en proie à une grande crise d'angoisse avec toutes ses manifestations psychologiques. Aussi s'efforce-t-elle d'éviter ces situations anxiogènes, ce qui aboutit à un véritable confinement chez elle et, lorsque la situation est exacerbée par un état dépressif réactionnel, à la fuite dans le sommeil.

Notons le phénomène (quasi constant dans l'agoraphobie) des « présences » rassurantes : ainsi la patiente se trouve en sécurité lorsqu'elle se promène au bras de son mari ou de sa fille, et tous les symptômes de conversion ébauchés disparaissent alors. C'est par l'intermédiaire de cette « conduite de sécurisation » qu'une thérapeutique par « inhibition réciproque » a pu être envisagée dans ce cas. (D'aucuns, moins intéressés que le thérapeute par les conceptions contemporaines sur le conditionnement, considéreraient qu'il s'agit d'une simple psychothérapie de suggestion, d'autres encore d'une « pseudo-guérison de transfert »).

Il va sans dire que l'amélioration ainsi obtenue ne peut être considérée comme une guérison. Il s'agit d'un traitement symptômatique qui laisse intacts les conflits originels en cause. On peut le comparer à l'effet, chez un cardiaque atteint d'insuffisance valvulaire, d'une cure digitalique qui fait disparaître les symptômes de décompensation mais ne saurait prétendre mettre le patient à l'abri d'une rechute. Par ailleurs on doit admettre aussi que des cercles vicieux se créent, entretenant les mécanismes névrotiques et favorisant la régression : toute thérapeutique « coupant » ces cercles vicieux peut entraîner des progrès de qualité supérieure à une simple amélioration symptomatique.

■

Il existe d'innombrables autres modalités de phobies, et il serait inutile et fastidieux d'énumérer tous les thèmes de craintes :

phobies d'objets (feu, eau),
    «   de lieux (transports en commun, claustrophobies),
    «   des êtres vivants (serpents, araignées, souris...)

Quand le sujet est placé dans la situation phobogène, il présente un état d'anxiété avec ses concomitants somatiques habituels : tachycardie, oppression, sueurs, tremblements, lipothymie, faux vertiges, sensation de dérobement des jambes : d'où les mesures (dites contre-phobiques) d'évitement et de réassurance, pour rechercher un appui d'ordre *imaginaire* (être accompagné peut supprimer toute manifestation d'angoisse). Ainsi l'agoraphobe se fixera un « périmètre de sécurité », qu'il pourra agrandir grâce à l'utilisation d'une voiture. Le claustrophobe s'assurera de ne pas avoir à *dépendre* de quelqu'un pour assurer la *liberté* de sa communication avec l'extérieur; il doit, au propre ou au figuré, posséder la « *clé* ».

L'angoisse des transports est très apparentée : le sujet veut pouvoir stopper à son gré le véhicule, au cas où « le malaise » le saisirait.

C'est dans le *vertige* qu'apparaît bien la transition entre hystérie de conversion et hystérie d'angoisse; pour certains phobiques en effet c'est là que se trouve l'essentiel de leur trouble : vertige des lieux élevés à l'approche d'une fenêtre, au passage d'un pont; là encore la présence d'un *alter ego* peut être sécurisante. Et il est vraisemblable que dans toute psychothérapie de phobie, qu'elle s'appuie sur la suggestion, sur des médicaments, sur une théorie de conditionnement ou sur la théorie psychanalytique[1], c'est un alter ego privilégié qui intervient.

---

[1] Voir NACHT, S. — Particularités techniques du traitement des phobiques — in Rev. Fr. Psychanal. 1964 — XXVIII, p. 717-720.

CHAPITRE IV

OBSESSIONS,
NÉVROSE OBSESSIONNELLE,
PSYCHASTHÉNIE

DÉFINITIONS ET HISTORIQUE

Le terme de psychasthénie, qui remonte à JANET, est encore utilisé par beaucoup de psychiatres comme synonyme de névrose obsessionnelle. A l'opposé, beaucoup ne l'emploient plus, considérant qu'il n'a plus qu'une valeur historique et qu'il est trop entaché de la théorie constitutionnaliste qui était celle de JANET. Nous admettrons ici que le terme de psychasthénie mérite d'être conservé, sur un plan de description clinique et sans lui attacher de signification étiologique, en admettant qu'il peut être utile pour individualiser une forme clinique bien particulière de la névrose obsessionnelle, admirablement étudiée dans les travaux de JANET.

Comme dans notre étude de l'hystérie nous irons du plus évident au plus subtil, de ce qui a frappé d'abord les cliniciens classiques à ce qui relève d'une analyse psychologique plus fine, de la névrose obsessionnelle typique aux petits symptômes tellement répandus qu'on peut les retrouver dans une partie importante de la population.

Il importe de souligner tout d'abord que le fait d'avoir une obsession n'implique pas nécessairement d'être atteint d'une névrose obsessionnelle. Tout sujet normal peut présenter une idée obsédante; l'homme amoureux, l'étudiant préparant un examen peuvent avoir l'esprit plus ou moins continuellement absorbé par l'image de l'être aimé ou par des formules mathématiques. Par ailleurs, certains malades mentaux peuvent se plaindre d'obsessions sans que le diagnostic clinique soit celui de névrose obsessionnelle : il en est souvent ainsi au début d'une schizophrénie ou d'une mélancolie. Mais le terme de *névrose* obsessionnelle implique toute une organisation de la personnalité consciente et inconsciente; il y a un mode obsessionnel d'existence comme il y a un mode d'existence hystérique. Entre les deux grandes névroses existe d'ailleurs une relation dynamique complexe, qui fait que la distinction entre l'hystérie et la névrose obsessionnelle est aux yeux du psychanalyste commode mais superficielle, car au cours d'une cure analytique il sera rare de ne pas mettre en évidence des mécanismes obsessionnels chez un hystérique et inversement.

Qu'entend-on tout d'abord par obsession ? Le mot le dit admirablement : le sujet obsédé est assiégé (obsidere : mettre le siège devant) par des idées qui tendent à emplir constamment le champ de sa conscience. Il peut en être de même dans le délire mais tandis que, dans ce cas, l'idée déraisonnable est acceptée, intégrée, annexée par la personnalité (avec la conviction affective, la certitude absolue qui spécifient l'idée délirante), ici l'idée obsédante s'impose à la conscience malgré le désaveu de la critique. Elle a un caractère *parasitaire*. Le sujet *lutte* contre l'obsession, et c'est en raison de cette *conscience* de sa nature maladive que la névrose obsessionnelle, même lorsqu'elle en vient à perturber très gravement le comportement du sujet, entre dans la catégorie nosologique des névroses.

Outre des idées et des sentiments, le sujet peut ressentir aussi comme s'imposant à lui, de façon plus ou moins irrésistible, des conduites, des actes ; il se sent poussé à les accomplir et devient de plus en plus anxieux s'il résiste. On donne à ce besoin d'accomplir certains actes contre son gré le nom de compulsion, d'où, dans la psychiatrie anglo-saxonne, le terme de « obsessive-compulsive neurosis ». Dans le cadre de ces compulsions entrent en particulier les rituels ou cérémonials de défense qui permettent à l'obsédé de lutter contre ses obsessions, tout en devenant à leur tour obsédants (par exemple lavages de mains répétés, signes de croix etc.).

Classiquement il n'y a pas de forme de passage de l'obsession au délire et inversement. Tous les psychiatres classiques (FALRET, MAGNAN, WESTPHAL...) insistaient là-dessus. Mais en fait on peut voir des transformations réciproques. Il demeure vrai que le médecin aura toujours raison d'affirmer à un obsédé qu'il ne risque pas de perdre la raison : ces évolutions en effet sont rares et de toute façon même si cette réassurance n'a qu'une efficacité limitée, il importe de soulager dans la mesure du possible l'inquiétude souvent dramatique de ces malades.

Au XIXe siècle, l'époque du mécanicisme en clinique psychiatrique, les obsessions étaient décrites (CLÉRAMBAULT, MAGNAN) comme des phénomènes primitifs isolés, à rapprocher des hallucinations. On les considérait comme un dérèglement d'un mécanisme cérébral (d'un circuit diraient les cybernéticiens d'aujourd'hui), échappant de ce fait au contrôle de la raison, sorte de court-circuit local perturbant l'organisation harmonieuse et hiérarchisée du psychisme. De même, nous avons vu qu'à cette époque l'hystérie était considérée comme en quelque sorte étrangère à la person-nalité et indépendante d'elle. Aux débuts du XXe siècle se dessine la même évolution que dans l'histoire de l'hystérie; on en vient à s'intéresser aux racines du symptôme obsessionnel : à savoir les origines de l'anxiété, souvent d'abord diffuse et se concentrant secondairement sur certains actes ou certaines idées. L'obsession cesse d'être un phénomène psychique isolé, elle devient symptôme d'un mode morbide « d'être au monde », comme disent les phénoménologistes, elle est considérée comme une véritable affection, la névrose obsessionnelle, à l'étude de laquelle s'attachent les noms de JANET et de FREUD.

CLASSIFICATION DES FORMES CLINIQUES

Les modalités de la névrose obsessionnelle sont innombrables, tout autant peut-on dire que celles de l'hystérie. Ses formes larvées sont extrêmement fréquentes, et dissimulées plus ou moins consciemment par les patients : ils consulteront pour une insomnie ou des manifestations somatiques d'angoisse, beaucoup plus souvent que pour des obsessions ou des rituels conjuratoires. Seule une anamnèse soigneuse amènera alors au diagnostic. Sans prétendre que cette façon d'ordonner les symptômes soit meilleure qu'une autre, nous prendrons comme exemples de grands types cliniques :

1°) *Les formes phobiques où existe encore beaucoup d'angoisse et d'émotivité ;* il est logique de commencer par elles car elles semblent, génétiquement, plus proches de l'hystérie : si on considère que les mécanismes fondamentaux de la névrose obsessionnelle tendent à tenir à distance du champ de la conscience les affects anxiogènes, on peut considérer ces formes comme, plus ou moins, de transition avec les phobies hystériques.

2°) *Les formes phobiques sans angoisse* (du moins sur le plan superficiel) qu'on pourrait encore appeler formes « froides » ou « refroidies ». Les processus obsessionnels y sont plus manifestement purs que dans les précédentes, ainsi les mécanismes de rationalisation. Elles apparaissent souvent donc dans des symptômes essentiellement intellectuels.

3°) Les formes à prédominance *d'inhibitions* des diverses fonctions, somatiques ou psychiques.

4°) Les formes *psychasthéniques*, où nous retrouverons une partie de la séméiologie décrite par JANET.

Quant aux formes *caractérielles*, nous préférons les envisager dans un chapitre ultérieur (névroses de caractère), parallèlement aux caractères hystériques.

I. *FORME PHOBIQUE AVEC ANXIÉTÉ ET ÉMOTIVITÉ MANIFESTES*

On peut en prendre pour type de description la phobie des microbes. Cette phobie est très banale et nous l'avons trouvée particulièrement fréquente, sous forme évidente ou larvée, dans les antécédents des bactériologistes. Ceux-ci ont souvent une personnalité de structure obsessionnelle : ils sont généralement minutieux, « cherchent la petite bête », ce qu'on ne saurait leur reprocher comme fondement de leur vocation.

Lorsqu'il s'agit d'une névrose caractérisée, la phobie des microbes est en général extensive.

Observation 4

Après la naissance de son deuxième fils, une jeune femme se met à craindre la souillure par les microbes et vérifie tout ce qui touche à ce domaine. Elle nettoie très scrupuleusement la vaisselle et les fruits destinés à ses enfants. Mais le doute s'accroît, la contamination peut gagner tel objet qui, par contact, a pu toucher tel autre : et ainsi il va falloir tout vérifier, laver, nettoyer, épousseter. Le doute va s'emparer des actes mêmes qui étaient destinés à lutter contre l'angoisse : les vérifications et les lavages. Aucune vérification ne sera certaine, aucun lavage ne sera suffisant, même s'il obéit aux lois les plus strictes de l'asepsie opératoire.

La malade multiplie les systèmes de preuves qu'elle se donne à elle-même, les répétitions. Elle imagine un nombre de répétitions qui, pour elle, acquiert une valeur sacrée, véritablement magique; d'où une manière rigide, fixée dans les moindres détails, d'opérer cette vérification afin de pouvoir être sûre de se rappeler qu'après tel geste elle a sûrement fait tel autre. Chaque lavage pouvant être le sujet d'une erreur possible, elle arrive ainsi à une complication indéfinie de cet ensemble *rituel,* où elle a perdu toute liberté, toute spontanéité. D'autant plus que la même crainte va s'étendre aux gens comme elle a gagné les objets : les membres de la famille de la malade vont et viennent et peuvent donc plus qu'elle-même se contaminer. Elle leur imposera alors les mêmes vérifications, les mêmes rituels, les mêmes soucis de propreté : lavages, rinçages, rangements. Naturellement la famille ne pourra s'y plier, d'où crises d'angoisse, d'agressivité violente, de désespoir.

Ainsi perdue au milieu d'un programme minutieux, la malade abandonne peu à peu tout ce qui était l'essentiel de sa vie, vivant alors paradoxalement au milieu d'un désordre plus ou moins repoussant, ou confinée au lit parce que ne pouvant plus satisfaire à la réalisation de ses exigences critiques et ne s'intéressant plus qu'aux rites de défécation.

Commentaires

On voit apparaître ici les différences fondamentales entre la structure de la phobie hystérique (hystérie d'angoisse), dont nous avons vu des exemples antérieurement, et celle d'une phobie obsessionnelle telle que celle-ci : la phobie hystérique exprime la peur de la perte d'amour, l'obsessionnelle la peur des pulsions (en particulier agressives), donc la peur du sur-moi. L'attitude contre-phobique hystérique accroche le malade à l'objet (la mère ou les images maternelles), l'obsessionnelle évite l'objet. La menace est extérieure dans le premier cas, intérieure ici.

Schématisant un peu abusivement les choses, on pourrait comparer la peur de l'hystérique à celle issue d'une histoire d'amour (malheureux), la peur de l'obsessionnel à celle vécue dans un roman policier.

Observation 5

Hector est âgé de 55 ans. Sa mère est elle-même atteinte de phobie des microbes, assez bénigne. Hector, à l'âge de 7 ans déjà, influencé dit-il par le comportement maternel, avait une peur insurmontable des microbes et avait élaboré un rituel, considéré par ses parents comme « un jeu d'enfant » consistant à tourner trois fois sur lui-même pour conjurer sa peur. A la même époque, il allait à toutes les messes parce qu'il se reprochait des moments de distraction; il recommençait sans fin ses confessions, n'étant jamais satisfait de son état de contrition.

A l'âge de 12 ans, ses amis l'initient à la sexualité et à la masturbation. Doublée de l'angoisse d'être « impur », sa peur des microbes s'aggrave fortement. Il se lave les mains trente fois avant chaque repas sans arriver à se libérer de son inquiétude. Il ne mange jamais la partie de pain qu'il a tenue entre ses doigts. Ses bains durent trois à quatre heures.

A 14 ans, il est hospitalisé pour appendicite. Il éprouve vis-à-vis d'une infirmière un désir sexuel « tout à fait particulier, sous une forme que je pense être le seul à avoir découvert ». Il s'exprime avec grande réticence à ce propos, affirme ne pouvoir citer le nom de la clinique sous peine d'aggraver son anxiété et use de subterfuges pour expliciter cet incident-clef : « supposez, dit-il, que quelqu'un soit dans un hôpital, voie une infirmière et ait vis-à-vis d'elle des idées à contenu sexuel. Dès ce moment l'infirmière est souillée, tout ce qu'elle approche est souillé par elle comme sont souillées toutes les personnes fréquentant les mêmes milieux qu'elle. Ces personnes à leur tour contaminent tout ce qu'elles approchent, voient ou touchent (lieux, journaux, films de cinéma...) ».

La « contamination » s'étend ainsi de façon foudroyante à toute la ville : Hector est obligé de trouver des horaires et des trajets extrêmement compliqués pour circuler sans être contaminé. Malgré son intelligence supérieure, son rendement scolaire tombe à zéro. Ses parents, d'une excellente famille, lui trouvent diverses situations qu'il doit chaque fois abandonner parce qu'il côtoie des personnes susceptibles d'avoir été souillées. Il en arrive à confiner son existence à deux gares distantes d'une centaine de kilomètres, ainsi qu'aux trains qui les joignent, seuls lieux qui pour lui ne sont pas souillés. Ses parents doivent venir l'y ravitailler.

Pour arriver à endiguer son angoisse, il imagine un système très complexe de rituels, qu'il appelle très adéquatement ses « contre-phobies » : par exemple lui-même n'étant pas souillé mais contaminé par l'extérieur, il inspire l'air pollué et court le rejeter au loin en se concentrant pour ne pas le sentir passer dans ses voies respiratoires lorsqu'il l'expire; ou il imagine être un protoplasme qu'il répartit en deux zones : par un effort d'imagination, il concentre dans l'une de ces deux zones toutes les pollutions qui l'auraient contaminé et fait une section dans le protoplasme qu'il rejette très loin de lui, par exemple au sommet de l'Everest.

Ou encore, il décide que telle personne est « favorable », cette personne entre en lui et se substitue véritablement à lui au point qu'il prend ses attitudes : « c'est une sorte de transsubstantiation comme lorsque je communie ». Malgré cela, il ne parvient pas à dominer sa phobie, bien qu'il se rende parfaitement compte de l'absurdité de son comportement.

A 25 ans, il finit par accepter une hospitalisation au cours de laquelle on le traite par cure de sommeil et chimiothérapie; il en sort amélioré. Toutefois, son angoisse demeure présente sous forme atténuée; pour la surmonter le patient s'efforce de porter une sorte de défi aux situations qui précédemment l'effrayaient : il fréquente le plus possible les endroits contaminés, les personnes « polluées ». Devant la sédation de ses phobies, il décide de se marier : il se lance à corps perdu dans la vie professionnelle, où il a une activité débordante.

Mais tout recommence lorsqu'il apprend un jour, par hasard, que la femme de ménage de sa mère habite la zone considérée par lui comme interdite. Il décide ses parents à la congédier, puis il se met à purifier par son rituel respiratoire la maison paternelle.

Malheureusement, il oublie en rejetant l'air pollué à l'extérieur que sa voiture est rangée le long du trottoir. L'air pollué pénètre et se niche dans le coin avant gauche près du volant. Dès lors, Hector est obligé de conduire la tête constamment tournée à droite. Un jour il a un accident de voiture : bien qu'étant dans son droit, il se culpabilise profondément, incriminant sa façon de conduire et se donnant tous les torts.

L'angoisse redevient progressivement ce qu'elle était avant sa première hospitalisation, à tel point que la vie devient pratiquement impossible pour lui : il décide de « couper les ponts », vend sa maison, ses meubles, sa voiture, abandonne sa situation pour venir s'installer à Mons où « l'air est beaucoup plus pur » pour lui. Par malheur, la maison qu'il était venu voir à Mons avec son ancienne voiture polluée risque elle-même d'avoir été souillée à son tour : le cycle infernal recommence.

Sur le plan caractériel, Hector se décrit comme suit : « je n'ai pas de personnalité propre, je ne sais jamais me décider même pour des choses insignifiantes; je doute de toutes mes décisions, je n'agis jamais que forcé par les événements et toujours j'ai l'impression que ce que je fais sera un échec. »

En outre, on trouve chez ce malade une multitude d'attitudes superstitieuses portant sur tous les domaines de la vie courante : telle chemise porte chance, tel cendrier doit être placé à droite sur le bureau pour avoir une journée calme; du point de vue professionnel, la journée sera bonne si en passant sur le pont il surplombe un chaland chargé, par contre elle sera mauvaise si le chaland est vide...

Lorsque ce malade a été vu par nous, il avait subi sans succès de multiples chimiothérapies. Son âge contre-indiquait une cure analytique, ainsi que l'extension de sa névrose et de ses rituels. On a instauré un traitement par *déconditionnement* de ses phobies, en s'efforçant de créer des situations où l'anxiété est atténuée. On a utilisé dans ce but le *training autogène (relaxation de* SCHULTZ)[1]. Après avoir établi une échelle de toutes les situations anxiogènes, allant de la plus faible à la plus forte, on évoque ces situations au cours des séances de training autogène.

---

[1] Cf. infra chapitre « Psychothérapies ».

Ce patient s'est remarquablement bien prêté à cette méthode. Il se sent de plus en plus maître de lui-même et commence à prendre des décisions importantes. Ses systèmes phobiques sont en fait remplacés par un système de superstition plus élaboré que précédemment et dépourvu de charge anxieuse, évidemment moins nuisible à ses relations.

Commentaires

On retrouve dans cette observation divers aspects bien illustratifs des phobies obsessionnelles :

— le *début dans l'enfance*, souvent fruste avec *réactivation* lors de la puberté. Même sur le plan conscient, on trouve souvent en premier, comme ici, la culpabilité sexuelle (masturbation etc). D'où des rituels religieux, utilisés comme moyens de défense contre les pulsions sexuelles (phénomène très fréquent, à l'adolescence en particulier, même en l'absence d'une névrose caractérisée).

— *l'inhibition scolaire* (cf. infra d'autres cas où ce symptôme est au premier plan.)

— *la réticence* sur certains aspects. Encore ce malade-ci n'est-il que relativement peu réticent; c'est souvent le contraire : nombre d'angoissés et de phobiques dissimulent leurs obsessions, maintiennent une façade de comportement normal et le médecin qui néglige l'anamnèse psychologique leur prescrira un hypnotique quelconque ou une poudre alcaline. Innombrables sont les cas de névrose obsessionnelle, même grave, méconnus par les médecins et traités pour des « troubles neuro-végétatifs », un « déséquilibre sympathique » etc...

— *la pensée magique* : notre patient ne peut prononcer le nom de la clinique où il a été assiégé par des pensées impures. S'il le dit, « quelque chose » risque d'arriver.

— *le désaccord entre la compulsion et l'autocritique*. L'obsédé garde toujours un certain recul vis-à-vis de son obsession, mais on pourrait le prendre pour un psychotique à un examen superficiel lorsque, comme c'est le cas ici, son comportement devient très anormal.

— la *scrupulosité* et la *compulsion de purification*, présentes ici, sont deux autres caractéristiques fréquentes de l'angoisse obsessionnelle.

On notera que la thérapeutique a été ici essentiellement psychothérapique, basée sur l'enkystement des rituels, la désensibilisation sous relaxation.

■

Un deuxième type clinique fréquent de phobie est la *phobie d'impulsion.*

Ainsi, quelques semaines après avoir accouché, une jeune femme est saisie par la terreur de donner un coup de couteau à son nouveau-né. Elle sait qu'elle ne le donnera pas, elle aime son enfant, mais elle est hantée par la crainte de perdre la raison et de passer à l'acte. D'où une série de rituels contre-phobiques : elle range les couteaux dans un endroit particulier etc.

On peut enfin mentionner au passage ici, comme se rattachant particulièrement à la peur du jugement d'autrui qui caractérise les obsédés, l'éreutophobie (peur de rougir en public) dont, parmi tant d'autres, Jean-Jacques ROUSSEAU était atteint. Ces sujets expliquent longuement le ridicule de cette peur, expliquent aussi qu'ils savent que l'idée d'avoir peur de rougir déclenche le phénomène vasomoteur, mais dès qu'ils sont soumis au regard d'autrui (comme le décrit si bien SARTRE dans la Nausée), ils ressentent un malaise et l'obsession de rougir. Souvent ils rationalisent cette peur en disant qu'ils craignent le ridicule, l'ironie des autres ou qu'ils ont un « complexe d'infériorité. »

Les scrupules obsédants (phobie du péché) sont également fréquents.

L'obsession perfectionniste se manifeste souvent chez l'enfant dès 10 à 12 ans, à propos des premiers examens, des premières compositions.

Il ne sera jamais satisfait, recommencera dix fois ses devoirs, étudiera sans arrêt la même leçon; ce n'est jamais assez bien. Souvent trop ordonné, trop méticuleux, vérifiant sans arrêt son cartable, il gardera longtemps la manie des présages, craignant s'il marche sur l'interstice qui sépare deux pavés, ou le contraire, qu'il y ait là le signe certain qu'il va se faire attraper par le surveillant général. Il a toujours peur de répondre, il n'osera jamais se lever pour demander à sortir pendant la classe, créant même des inhibitions, des « manies », pour atténuer la sensation du besoin d'uriner.

Chaque geste aura pour lui le pouvoir magique d'arrêter ou de déclencher des catastrophes.

Dans les devoirs religieux, le scrupule se donne libre cours, surtout si les directeurs de conscience ne sont pas au courant de ces formes infantiles ou juvéniles de l'obsession : le scrupuleux ne sera jamais apaisé, l'inquiétude l'obligera à recommencer indéfiniment la pénitence qui doit lui faire pardonner une faute qu'il n'a pas commise, mais qu'il pourrait commettre.

La maxime évangélique selon laquelle la seule pensée d'une faute constitue un péché aussi grave que sa réalisation constitue, on peut l'imaginer, le noyau de multiples obsessions. De même la notion de péché contre l'esprit, faute à jamais impardonnable.

Ces malades sont souvent obsédés par la crainte d'avoir l'esprit traversé par une idée obscène, de prononcer des injures durant les offices religieux. Ainsi scrupules et remords vont pénétrer toute leur vie : sans cesse l'obsédé va chercher à dépister la faute, accomplir les expiations en vérifiant la valeur de l'expiation elle-même qui, mal faite, est une faute. D'où les rites, les stéréotypies qu'on prend souvent à tort pour des tics ou pour des stéréotypies de schizophrène.

Les scrupules sexuels atteignent une intensité rare dans le cas suivant.

Observation 6

Robert, étudiant de 33 ans, consulte pour « obsessions sexuelles ». Son père, actuellement âgé de 70 ans, a dû être mis prématurément à la retraite de ses fonctions d'employé de banque parce qu'il était atteint « de neurasthénie ». En réalité cet homme, qui avait toujours eu peur des responsabilités, craignait de mal assumer ses fonctions qui impliquaient la comptabilité de grosses sommes d'argent. Le malade le décrit comme un homme anxieux, scrupuleux, spécialement dans le domaine professionnel où il était particulièrement méticuleux et n'admettait aucune entorse au règlement, et dans le domaine religieux où la pratique des sacrements l'avait toujours angoissé. Chez lui tout prenait allure de catastrophe. Au contraire, son épouse, actuellement âgée de 73 ans, a toujours réagi dans la mesure de ses moyens au caractère exagérément perfectionniste de son mari et à la dépendance particulièrement marquée qu'il manifeste à son égard.

Il n'y a rien de particulier à signaler au point de vue psychopathologique dans l'enfance du malade. Il se souvient seulement des frustrations multiples que son frère et lui ont eu à subir à cause du besoin véritablement maladif de leur père de faire des économies.

Sur le plan de la scolarité, il a toujours fait d'excellentes études jusqu'à l'université. Cependant, bien qu'ayant subi avec succès ses derniers examens universitaires, il n'a pas pu présenter sa thèse à cause de sa maladie, ce qui fait qu'actuellement il n'est encore porteur d'aucun titre ni diplôme universitaire. Le service militaire s'est passé normalement.

C'est vers l'âge de 12 ans que les premières manifestations pathologiques se sont installées : à cette époque, le malade devient brusquement extrêmement scrupuleux. Les premières impulsions sexuelles constituent pour lui un traumatisme psychique grave. Quelques attouchements avec un compagnon de son âge lui laissent un fort sentiment de culpabilité; pas autant cependant que ses premières masturbations.

Déjà à la fin de ses études moyennes, les sentiments de culpabilité et d'infériorité déclenchés par la pratique de la masturbation étaient intenses et paralysants; le malade déclare : « J'étais profondément humilié de ne pas avoir pu respecter une règle morale, je n'ai aucun droit de diriger quiconque dans quelque domaine que ce soit si, dans un seul, je suis incapable de respecter intégralement la loi. Je n'ai donc pas le droit d'exercer un métier. » Le malade va chercher à faire disparaître par tous les moyens les traces matérielles des actes qu'il se reproche : il passe plusieurs heures par jour à des bains, douches, lavages, brossages interminables allant jusqu'à provoquer des érosions cutanées. Les couvertures, draps de lit, vêtements de corps subissent le même sort. Il passe des heures à gratter les interstices des planches du parquet pour récupérer et éliminer les souillures spermatiques possibles. Malheureusement une implacable logique le conduit à des réflexions de ce genre : « Le sperme que j'ai éliminé dans les latrines a dû normalement, par les voies d'égoût habituelles, arriver dans un fleuve et d'un fleuve dans la mer; du fait de l'évaporation il s'est trouvé entraîné dans la formation de nuages qui finalement se condensent sous forme de pluie et toute la Terre peut être inondée de mes souillures. » Soulignons qu'il est parfaitement conscient du ridicule de pareil raisonnement : mais le fantasme n'en est pas moins obsédant.

Quand il doit s'absenter, malgré la série de rituels de désinfection et de purification, Robert se débarrasse de ses vêtements et doit s'en procurer des neufs qu'il manipule avec les plus extrêmes précautions pour ne pas souiller des rues, des quartiers, des villes entières où il n'a pas encore mis le pied; il essaie de détruire les photos de sa maison : en effet; puisque cette habitation a été souillée, les rayons lumineux qui ont frappé la pellicule photographique ne sont pas les mêmes que s'il n'en avait rien été; par conséquent, la photo porte une trace lointaine mais certaine de la souillure initiale. Tout raisonnement visant à lui prouver que la finesse du grain photographique est insuffisante pour reproduire réellement et matériellement les traces de ses prétendues souillures n'atténue en rien ses préoccupations.

A l'âge de 19 ans, devant la profondeur de sa dépression, une série d'électrochocs a été appliquée dans un hôpital psychiatrique, sans amélioration. Quelques années après, un traitement psychanalytique est commencé pour être abandonné quelque trois mois plus tard, au moment où le malade cesse ses études. Des séjours dans plusieurs pays étrangers n'ont, bien entendu, rien changé aux obsessions. Le dernier de ceux-ci a dû être interrompu rapidement à cause de l'arrivée, dans le village même où il s'était retiré, d'habitants de son village natal qui, après avoir contaminé tous les pays par lesquels ils étaient passés, venaient « sur-contaminer » le repaire même du patient désespéré.

Commentaires

Il s'agit d'une névrose obsessionnelle typique : les manifestations névrotiques débutent à la puberté par des scrupules liés à la pratique de la masturbation. La personnalité rigide et perfectionniste du malade étant incompatible avec toute transgression de la loi morale, des sentiments d'infériorité et de culpabilité amènent bientôt des rituels de purification dans un but réparateur. Incapable de terminer ses études et d'obtenir un diplôme universitaire, voué à une inactivité professionnelle totale, le malade emploie tout son temps à ses purifications compulsives qui soulagent. temporairement son angoisse.

Diverses chimiothérapies et tentatives de psychothérapie ont été inefficaces. Une cure psychanalytique ne peut être tentée, l'analyste étant immédiatement « contaminé » et investi de tabous qui en interdisent l'approche. Ce malade est donc un grand invalide psychique; son cas a été de ce fait considéré comme une indication de psychochirurgie. Une cingulectomie (ablation d'une partie des gyri cingulaires) a été pratiquée récemment, visant à atténuer la charge anxieuse et à rendre le malade relativement indifférent à son obsession. Le sujet doit ensuite être placé dans un centre de réadaptation sociale et une psychothérapie sera à nouveau tentée.

■

II. *FORMES PHOBIQUES DONT L'ANGOISSE A GÉNÉRALEMENT DISPARU (« FROIDES » OU « REFROIDIES »)*

Par la religion, la métaphysique, la science, l'homme cherche à maîtriser l'angoisse qui le menace constamment dans la vie et dans la mort. De même, l'obsédé cherche à se défendre contre l'angoisse paralysante en se « *désaffectant* » au sens étymologique, c'est-à-dire en se mettant à l'abri de ses émotions derrière un rempart intellectuel, qui peut lui permettre de garder un contact social pratiquement normal.

Certains sont atteints d'*onomatomanie*. Ils éprouvent le besoin de conserver, dans leur mémoire, dans un calepin ou dans un journal intime, les noms de toutes les personnes qu'ils rencontrent, de toutes les rues qu'ils traversent, de tous les noms prononcés devant eux. Une telle « manie » (au sens banal et non psychiatrique du mot) peut n'interférer guère avec une existence normale, ni faire souffrir le sujet, dans la mesure où il n'éprouve pas de difficultés à satisfaire sa compulsion.

D'autres, sont atteints d'*arithmomanie*. Ils se sentent, par exemple, obligés de conserver tous les numéros de téléphone possibles ou d'effectuer des calculs sur toutes les plaques minéralogiques des voitures qu'ils voient. Sur ces opérations pèse toujours une atmosphère de magie, de superstition (si je me trompe, mon père va mourir); des impulsions agressives sont ainsi endiguées par le rituel et parfaitement inconscientes.

D'autres encore ont des *obsessions métaphysiques*. Ils peuvent en arriver à consacrer tout leur temps à des ruminations sur des problèmes métaphysiques, par définition difficilement solubles : ils s'interrogent sur l'existence de Dieu, sur le Bien et le Mal etc, tout cela sans angoisse, comme s'ils n'étaient pas personnellement concernés par le thème de l'obsession mais s'y intéressaient de façon purement intellectuelle.

III. INHIBITIONS OBSESSIONNELLES

Ici, l'activité du malade est paralysée, ou du moins gravement entravée, dans tel ou tel secteur. Les symptômes sont donc surtout des symptômes négatifs, soit que le sujet perde l'appétence, soit qu'il se sente incapable de travailler de façon incompréhensible pour lui et pour son entourage, dans une branche d'activité, intellectuelle (inhibition scolaire) ou professionnelle. De telles entraves sont manifestes d'ailleurs dans des cas déjà détaillés. Tout se passe comme s'il y avait immobilisation d'un capital que le malade a théoriquement à sa disposition mais auquel il n'a plus accès, comme quelqu'un qui aurait un compte en banque mais n'aurait plus droit à la signature.

Il est souvent artificiel de séparer les formes phobiques des formes à prédominance d'inhibition. En effet, il existe toutes sortes d'inhibitions où les phobies causales sont au premier plan, l'obsession et la phobie entraînant dans le comportement du patient des attitudes *d'évitement* des situations anxiogènes. Ainsi la phobie des microbes amène ces sujets à éviter toute une série de situations où ils pourraient se souiller; la phobie d'impulsion de la jeune maman peut amener celle-ci à restreindre au minimum ses contacts avec son enfant; l'obsession métaphysique peut comporter la phobie du temps perdu, donc l'évitement de tout objet de distraction, les femmes étant par exemple considérées comme telles. Cependant il existe des cas où n'apparaît pas de phobie consciente mais une simple réduction passive des activités : sexuelles, alimentaires (anorexie mentale), scolaires, professionnelles etc .. Ces inhibitions ont souvent pour base *un sentiment de culpabilité*; l'inhibition satisfait le besoin d'autopunition du sujet. Elles sont souvent aussi liées au *doute*, trait fondamental de la névrose obsessionnelle. Le sujet oscille vis-à-vis d'une même personne entre l'amour et la haine; il se trouve dans une situation d'ambivalence, partagé entre un sentiment positif et un sentiment négatif; ce conflit intérieur peut aboutir à paralyser ses activités.

Observation 7

Paul, étudiant de 22 ans, se retranche dans sa chambre où il lit et écoute des disques. Il se désintéresse du monde extérieur : « A quoi sert de travailler puisque de toute façon je mourrai un jour ou l'autre ? » Mais il ne manifeste aucune angoisse. Son repliement sur lui-même a fait évoquer par un médecin le diagnostic de schizophrénie. Une anamnèse soigneuse révèle qu'il a présenté à la puberté un syndrome agoraphobique, et ce sont des mesures contrephobiques (évitement de la femme) qui expliquent son comportement.

Observation 8

Jacques, 14 ans, a été opéré à l'âge de 3 semaines pour sténose pylorique. C'est à cette opération que sa mère attribue le retard de language qu'a présenté son fils les premières années. A 2 ans et demi, il ne dit pas encore un seul mot. A 5 ans, on tente une rééducation du langage, laquelle doit être interrompue car l'enfant ne dort plus, épèle des lettres et des syllabes à longueur de nuit.

Entrant à 7 ans à l'école primaire, il se met brusquement à parler et acquiert, en quelques semaines, une language pratiquement normal.

Jusqu'à la fin de l'école primaire, il est premier en classe. Cependant, il ne parle guère avec ses petits camarades et préfère s'isoler; on note chez lui un sentiment d'infériorité, une irritabilité marquée et de l'insomnie rebelle. Les choses se gâtent ensuite sur le plan scolaire. Il termine péniblement sa classe de sixième, doit répéter sa cinquième.

Lorsque le professeur l'interroge, il rougit violemment et ne dit mot, alors qu'il a longuement étudié sa leçon; il semble submergé par une hyperémotivité qui l'inhibe. Même comportement envers ses parents, avec lesquels il se montre de plus en plus timide. Lorsqu'il a fini d'étudier, il se met dans un fauteuil, le regard vague; il n'a aucune activité extra-scolaire.

Il laisse tout dire et tout faire; ses camarades le battent sans qu'il réagisse. Il est cependant capable d'explosions agressives. Ainsi, à la fin d'un séjour sur la Côte d'Azur, il est gentiment prié par son père de trier les pierres qu'il a collectionnées pendant ce séjour de manière à ne ramener que les plus belles. Pris d'un accès de colère épouvantable et inattendue, l'enfant prend toutes ses pierres et les jette par la fenêtre. Mais quand son père lui fait remarquer comme son geste peut être dangereux pour les passants, il s'effondre, en syncope. A l'examen, on est frappé par sa bradypsychie. Il reste de longues minutes sans répondre pour finir par donner une réponse banale «Que veux-tu faire plus tard?» «...professeur de sciences» «Pourquoi?» «...Je ne sais pas».

Le T.A.T. est très peu productif. A chaque planche, il répond de la manière la plus banale ou donne plusieurs réponses sans choisir entre elles. Il ne s'engage jamais. Il est manifestement sur la défensive vis-à-vis des affects que la planche pourrait évoquer en lui. La passation du test dure un temps inhabituel du fait de ce comportement (2 heures 15).

Commentaires

Nous pouvons relever comme éléments à souligner :

— *le retard de langage* : premier signe d'inhibition. L'acquisition normale du langage à partir de la deuxième année représente un moyen de maîtrise de la réalité qui, comme tous les autres, peut être l'occasion d'angoisse, donc d'inhibition possible de la fonction concernée. Les mots ordonnent le chaos initial des objets réels. Ils donnent à l'enfant la sensation de *posséder* de façon quasi magique les êtres et les choses qu'il nomme; en particulier, il fait de sa mère une esclave à l'aide du cri puis de la parole. D'ailleurs, la magie a donné de tous temps au mot une place centrale. Nous ne serons donc pas étonnés de constater souvent des retards de langage chez des enfants prédisposés à la névrose obsessionnelle. L'enfant qui, à la suite de troubles précoces de sa relation avec son · entourage, éprouve comme anxiogène (agressif par exemple) ce processus de maîtrise magique, pourra voir inhibée pendant des mois ou des années l'acquisition du langage et on pourra le considérer à tort comme un sourd ou un débile mental. Plus tard il pourra développer sur cette inhibition primitive une surcompensation, par exemple dans l'acquisition d'une science (mécanisme de maîtrise comparable à celui existant dans l'onomatomanie citée plus haut).

Comme l'enfant, l'adulte obsédé ressent ses paroles et ses pensées comme toutes-puissantes (par exemple, parler de la mort de son père ou y penser risque de la provoquer, de même qu'un rituel verbal ou gestuel peut annuler ce risque).

— *l'inhibition scolaire :* nous l'avons déjà citée à l'occasion de l'observation 5. L'activité intellectuelle peut se dégrader plus tardivement, à l'université aussi bien qu'à l'école primaire. Le patient s'efforce de travailler mais il est habité par toutes sortes de fantasmes, de rêveries. Sa relation à autrui est inhibée, il se sent toujours en situation examinateur/examiné, avec ses parents aussi bien qu'avec les professeurs ou le thérapeute. Il ne faut évidemment pas confondre cette bradypsychie avec celle des syndromes mélancoliques, confusionnels ou démentiels.

— *alternance de passivité et d'explosions agressives* : l'agressivité reste le plus souvent latente mais elle peut s'extérioriser de façon imprévisible. Cependant, elle est tellement chargée de culpabilité que le mécanisme d'autopunition est mis en jeu. Dans l'épisode de la Côte d'Azur, on assiste à la séquence : explosion de colère, culpabilité, syncope; la syncope représente très probablement l'autopunition inconsciente.

■

L'obsessionnel a sa liberté et sa créativité constamment contraintes par l'attente du jugement d'autrui : tel ce malade écrivant chaque soir son journal intime où il tient une véritable comptabilité des louanges et des blâmes que sa conduite lui attire (de façon manifeste de la part de son entourage ou imaginée par lui).

Cette *inhibition de la confiance en soi* peut atteindre une intensité quasi paranoïaque : certains sujets décrits par KRESTSCHMER sous le terme de « sensitifs » en viennent à être tellement inquiétés par les jugements attendus qu'ils finissent par en voir partout des marques péjoratives. Projetant sur chacun leurs sentiments inconscients de culpabilité, ils se jugent perpétuellement condamnés et voient partout des indices de cette condamnation.

Observation 9

C'est l'épouse de Georges qui nous demande de le prendre en traitement dans le but d'essayer de le réadapter à un emploi en accord avec ses capacités intellectuelles. Docteur en philosophie, le patient, âgé de 32 ans, travaille comme manœuvre dans une usine.

Sa présentation guindée, sa mimique forcée, ses gestes maladroits frappent l'observateur d'emblée. Sa difficulté à s'exprimer provient du fait qu'il cherche toujours le mot juste, le geste adéquat, sans parvenir à d'autre résultat que d'avoir l'air tout à fait emprunté. Lorsqu'on lui pose une question, il grimace, reste longtemps sans répondre, à tel point qu'on a l'impression qu'il n'a pas entendu. En fait, il s'absorbe tellement dans l'élaboration de sa réponse qu'il peut effectivement lui arriver de ne pas entendre les questions suivantes. Sa pensée est d'ailleurs ruminante : on le voit souvent répondre tout à coup à une question qu'on lui a posée vers le début de l'entretien et à laquelle il n'a pas cessé de penser. Il a toujours l'impression qu'il existe un mot plus juste que celui qu'il a dit, une réponse meilleure. Il va de soi que cela n'est pas fait pour faciliter l'exploration de son cas.. Ancien universitaire, le patient se reconnaît d'ailleurs actuellement incapable de se livrer à une activité intellectuelle même modeste, par exemple celle qui consisterait à corriger les devoirs de ses deux enfants de 9 et 12 ans.

Cependant si on l'en croit, il n'était atteint, jusqu'à 25 ans, d'aucune inhibition intellectuelle. A la Libération, il s'est engagé comme volontaire jusqu'à la fin de la guerre. C'est au sortir de la vie militaire, lorsqu'il a voulu reprendre ses études, que les inhibitions intellectuelles, accompagnées d'une panique au moment des examens se sont véritablement déclarées. Après plusieurs échecs, il réussit quand même à obtenir son diplôme. Il ne s'en servira jamais. Ayant obtenu un travail d'employé, il s'effondre après quelques mois devant une légère augmentation de ses responsabilités. Il commence alors à se droguer, tout d'abord avec des amphétamines, ensuite avec des tranquillisants ou des somnifères dont il prend jusqu'à 20 comprimés par jour, tant est grande son anxiété.

Actuellement, il se sent diminué par son état de manœuvre. Il perd d'ailleurs successivement tous ses emplois, estimant qu'on l'exploite, s'arrangeant pour être refusé lorsque, poussé par sa femme, il postule un nouveau travail et se considérant ensuite comme une victime quand on le congédie. C'est son épouse qui subvient pratiquement seule aux besoins de la famille. Le patient reste à son domicile, probablement dans un état de complète inactivité. Il ne prendrait plus que des doses réduites de tranquillisants (5 comprimés par jour, affirme-t-il) qui lui donnent une assurance contre sa crainte permanente de ne pas bien faire, d'être ridicule, de ne pas se montrer à la hauteur de la situation, par exemple si le facteur vient sonner à la porte ou s'il doit répondre au téléphone.

Dans son enfance, il a subi l'influence néfaste d'une mère autoritaire, frustrante, aux principes religieux très sévères, facilement punitive. Le père également ne cherchait guère à valoriser son fils.

Lorsqu'il s'engagea comme volontaire, il demanda à servir dans les lance-flammes. A l'armée, il se sentit fort à l'aise; c'est même là qu'il a été le plus heureux. Au lieu de sortir, comme les autres, en compagnie de femmes, il s'adonnait soit à des activités sportives soit à des lectures avec un ami.

Quand il a repris ses études universitaires, il a quelquefois été poussé par ses camarades à visiter les maisons closes. « On se moquait de lui parce qu'il était encore puceau ». A chaque fois il se sentait profondément dégoûté. On retrouve une culpabilité de masturbation mais il est pratiquement impossible d'obtenir beaucoup d'éclaircissements à ce sujet, le patient se montrant tout à fait bloqué lorsque l'on aborde cette question. Avec l'autorisation de son confesseur, il pratique le coïtus interruptus au cours des rapports avec son épouse. Comme c'était le cas lors de ses masturbations, il semble qu'il n'ait pas de fantasmes hétérosexuels à ces occasions mais plutôt des activités mentales automatiques : par exemple il se récite la table de multiplication...

Les essais de psychothérapie et de chimiothérapie sont restés sans succès, particulièrement en raison de l'inertie mentale de ce malade. Lorsque il lui a été proposé de le soumettre à des explorations sous acide lysergique, en vue de faire resurgir l'anxiété ou des productions mentales nouvelles, il ne s'est pas présenté au rendez-vous convenu.

Signalons qu'à côté de sa symptomatologie obsessionnelle et de ses tendances toxicomaniaques, ce malade présente des traits paranoïaques non négligeables. Il se plaint amèrement de ses différents employeurs, des religieuses qui éduquent ses enfants, des lois sociales, il exprime des positions politiques revendicatives, se révolte contre la peine de mort, le colonialisme, s'identifie à l'opprimé et prend sa défense dans tous les domaines.

Enfin, au moins à deux reprises, on a constaté chez lui des crises motrices avec perte de conscience dont il n'a pas été possible de préciser si elles étaient comitiales ou névropathiques.

Commentaires

La présentation du malade, sa méticulosité verbale improductive révèlent d'emblée une *névrose obsessionnelle* avec inhibition intellectuelle. Les sentiments de culpabilité sont actuellement atténués; l'anxiété, vraisemblablement très marquée au moment de l'exacerbation de la maladie, paraît également avoir rétrocédé, malheureusement au profit d'une toxicomanie et d'un isolement social sans cesse croissant.

Une agressivité profonde transparaît dans certaines expressions du patient, dans le choix de ses armes au service militaire, dans le développement de traits paranoïaques, ces derniers étant également en accord avec les tendances bi-sexuelles que suggère le comportement du patient pendant son service militaire. Les sentiments de persécution peuvent aussi se comprendre comme faisant partie des rationalisations grâce auxquelles le malade est parvenu à se débarrasser des responsabilités anxiogènes que lui imposent la société et en particulier son épouse.

■

Ainsi, beaucoup d'inhibitions cliniquement évidentes chez des obsédés correspondent à des superstitions persécutives. FREUD avait déjà montré « les similitudes de la vie mentale dans les civilisations primitives et chez les obsédés »; on peut en citer comme exemple le cas rapporté par FENICHEL[1] : un jeune homme accroche son manteau dans un placard, quand il entend une voix intérieure (non hallucinatoire, la voix de sa conscience peut-on dire) : « pends ce manteau avec plus de soin ». Il résiste « Je suis trop fatigué ». « Si tu ne le fais pas », répond la voix de la conscience, « il y aura la guerre ». Quelques jours plus tard, la guerre (qui menaçait depuis quelque temps) éclate. Immédiatement l'épisode du manteau revient à la mémoire du patient, avec l'idée obsédante (auto-critiquée, mais obsédante) que son manque de soin aurait contribué, en indisposant la Divinité, à provoquer la guerre. Quelque temps auparavant, il s'était convaincu qu'il mourrait pendant une guerre; il ressentait donc celle-ci comme une punition.

Sa préoccupation de la guerre avait une longue histoire : enfant, il craignait son père tyrannique et se défendait

---

[1] FENICHEL : La théorie psychanalytique des névroses, Presses Universitaires de France, Paris, 1953.

contre cette peur en effrayant son jeune frère. (Identification avec l'agresseur, déplacement de l'agressivité : deux mécanismes défensifs en jeu pour lutter contre son angoisse.) Il se comportait quelque peu sadiquement envers ce jeune frère, en particulier en jouant à la guerre. A l'adolescence, le jeune frère mourut de maladie et, dès lors, se développa l'obsession : « je mourrai à la guerre », dont la signification apparut assez claire à l'analyse : « le jeu de la guerre traduisait le désir de tuer mon frère, Dieu me punira, suivant la loi du talion, en me faisant périr à la guerre ».

Le père du malade était très ordonné. Pendre correctement le manteau signifiait lui obéir. Lui désobéir, ne pas se soumettre à sa loi, finissait par avoir la signification magique de le tuer, d'où la genèse de l'idée obsédante superstitieuse « si tu ne le fais pas, il y aura la guerre »...

On s'approche ici de la frontière, parfois mal définie, entre névrose et psychose : du caractère obsessionnel-paranoïaque on peut passer à la paranoïa franche.

Jean-Paul SARTRE en donne de belles illustrations : on a pu relever dans ses œuvres plus de 7.000 indications de regard. Il écrit lui-même s'identifier à son héros Antoine ROQUENTIN de « la Nausée ». Or ce dernier ne dit-il pas, au restaurant : « Tout le monde me regarde; les deux représentants de la jeunesse ont interrompu leur doux entretien. La femme a la bouche ouverte en cul de poule. Ils devraient bien voir, pourtant, que je suis inoffensif. (...) Je n'ai pas besoin de me retourner pour savoir qu'ils me regardent à travers les vitres : ils regardent mon dos avec surprise et dégoût; ils croyaient que j'étais comme eux, que j'étais un homme et je les ai trompés. Tout d'un coup, j'ai perdu mon apparence d'homme et ils ont vu un crabe qui s'échappait à reculons de cette salle si humaine. (...) Ça m'agace de sentir dans mon dos tout ce grouillement d'yeux et de pensées effarées. (...)

Si j'en prenais un par le revers de son manteau, si je lui disais « Viens à mon aide », il penserait « qu'est-ce que c'est que ce crabe ? » et s'enfuirait en laissant son manteau entre mes mains. »

D'ailleurs Sartre nous est décrit par Simone DE BEAUVOIR comme ayant présenté pendant plusieurs mois une ébauche de délire de persécution : chaque fois qu'il passait boulevard Saint Germain, il avait l'impression qu'une langouste le suivait.

KAFKA nous donne aussi, dans toute son œuvre, la description d'un sentiment de culpabilité tellement extensif qu'il imprègne toutes les relations sociales. Monsieur K., dans le Procès, vit dans une ambiance de persécution obsédante qui paralyse complètement chez lui toute possibilité de bonheur ou même de plaisir. On peut dire que le monde de Kafka est un univers obsessionnel paranoïaque assez proche de celui de Sartre, bien que ce dernier soit moins angoissant. Sartre et ses héros trouvent dans le combat politique et philosophique une issue, agressive mais satisfaisante, que Kafka et ses héros sont incapables d'atteindre : de même d'ailleurs que ses personnages n'échappent pas à une angoisse profonde et véritablement destructive de leur existence, de même Kafka terminera sa vie d'une façon précoce et tragique.

IV. FORMES PSYCHASTHÉNIQUES

Le syndrome psychasthénique a été isolé, décrit et nommé par JANET. Il impliquait dans l'esprit de cet auteur, nous l'avons vu, une conception étiologique. Garder le terme de psychasthénie pour certains symptômes de la névrose obsessionnelle comme nous le faisons ici, n'implique évidemment pas l'adoption de la pathogénie admise par Janet.

Ces *stigmates psychasthéniques*, que l'on ne trouve pas chez tous les obsédés, comprennent d'abord et surtout *un sentiment d'incomplétude*, fait *d'insatisfaction permanente* de soi, de grisaille de toute l'existence, de *demi-anesthésie affective*, d'impossibilité de se sentir émotionnellement impliqué dans les situations où il est normal de l'être. Le sujet a l'impression qu'une coque de verre le sépare en permanence de la réalité, êtres humains et objets. Ce sentiment peut culminer dans des manifestations paroxystiques de *sentiment d'étrangeté, de dépersonnalisation :* impression de vivre dans un décor de théâtre ou d'être soi-même un acteur, impression de déjà vu, de jamais vu. Bref, il y a une distance anormale par rapport aux objets et aux êtres vivants, plus ou moins continue ou paroxystique selon les cas.

A ces symptômes typiquement psychasthéniques s'associent des symptômes appartenant à la série dépressive, que nous développerons au chapitre suivant : incapacité de concentrer son attention, asthénie physique, insomnie, émotivité.

Certains sujets présentent un syndrome psychasthénique sans phobies tandis que d'autres, nombreux, ont des phobies sans présenter de symptômes proprement psychasthéniques.

ETIOPATHOGÉNIE DE LA NÉVROSE OBSESSIONNELLE

Pour JANET, le trouble primitif est un *déficit constitutionnel*, un manque de force psychologique, d'où le nom de psychasthénie. Il y aurait incapacité héréditaire de concentrer suffisamment le champ de la conscience, ce déficit donnant libre cours aux obsessions et au sentiment de dépersonnalisation.

Pour FREUD, au contraire, la névrose obsessionnelle est le résultat d'un *conflit* intrapsychique. Si, par exemple, le malade est paralysé par le doute, on peut comparer son état à la scène représentée par deux lutteurs tirant chacun vers soi les deux bouts d'une corde : bien qu'immobiles, ils dépensent une grande énergie et s'épuisent. Il n'y a pas asthénie mais dépense infructueuse, gaspillage d'énergie psychique. Les deux lutteurs sont deux parties de la personnalité : d'un côté, les pulsions instinctives[1] qui cherchent une issue; de l'autre côté, une instance psychologique héritée de l'éducation, i.e. de ses relations primitives avec le couple parental (qui ont élaboré le *Surmoi* du sujet). L'inhibition n'est donc pas, dans l'hypothèse de FREUD, le témoin d'un déficit constitutionnel mais au contraire d'un conflit entre instincts et Surmoi.

Ces deux points de vue ne s'excluent pas. On peut concevoir qu'un individu prédisposé constitutionnellement subisse avec plus de retentissement l'influence des traumatismes et des situations conflictuelles et présente les symptômes obsessionnels consécutifs. Des observations comme celle qui suit permettent de dissocier l'influence de la constitution et celle de la psychogenèse.

Observation 10

Chez un couple de sœurs jumelles univitellines (donc ayant un patrimoine héréditaire exactement identique), on assiste au développement d'une névrose obsessionnelle chez une seule, l'autre demeurant apparemment normale.

Le père, jardinier, a un rôle très effacé dans la famille. La mère, par contre, est une femme énergique, obsédée de propreté. Les jumelles ont une sœur aînée qui présente des phobies mineures; elles ont aussi un frère aîné, mort

---

[1] Le « çà » dans la terminologie psychanalytique.

à 30 ans d'une recto-colite hémorragique après avoir souffert depuis la guerre d'une diarrhée nerveuse.

Les jumelles, souvent confondues l'une avec l'autre, imaginent un troisième prénom qui leur est commun.

Anne, dominante dans le couple gémellaire, s'éprend à 17 ans d'un fermier qui l'engrosse. A la même époque, son employeur abuse d'elle, ce qu'elle n'ose avouer à sa jumelle (malgré cela, Gisèle prétendra toujours que la névrose de sa sœur doit avoir un rapport avec l'employeur et non, comme chacun croit, avec la grossesse illégitime). Comme ses parents font opposition au mariage, elle va accoucher dans un village voisin.

Le père de l'enfant meurt. Apparaît alors une première idée obsédante : Anne a peur que son rapport sexuel avec l'employeur ait contaminé le fœtus. Quoi qu'il en soit, pour que son fils ait un nom, elle épouse un homme qui lui fait la cour. Ce mariage est un échec : le mari fréquente les cafés, passe son temps à jouer aux cartes, s'enivre. La malade déménage et va habiter une maison d'où elle peut voir, par la fenêtre de sa chambre à coucher, la maison de l'ancien employeur. Chaque fois qu'elle pénètre dans cette chambre, elle éprouve une sensation indéfinissable, très désagréable. Elle finit par ne plus pouvoir y entrer et elle en fait la chambre de son fils naturel, qu'elle aime beaucoup.

Bientôt, elle éprouve pour lui de la répulsion. Elle n'ose plus l'approcher de peur de le souiller ou d'être souillée par lui. Elle ne peut plus laver ses vêtements et doit le faire faire par Gisèle. La névrose prend une telle extension que le fils doit quitter la maison, sa mère ne pouvant même plus supporter sa vue. Puis l'obsession est déplacée sur le deuxième fils, né du mariage. Celui-ci doit aussi s'éloigner à son tour.

Finalement, la malade se lave sans cesse les mains et oblige toute la famille à assister à ses rituels de lavage.

Elle va mieux chaque fois qu'elle quitte sa maison mais rechute chaque fois qu'elle y revient. Elle a dû faire ainsi neuf séjours en hôpital psychiatrique.

Cette observation montre comment, dans certains cas privilégiés d'études de jumeaux, l'influence des événements vécus peut être dissociée du rôle de la constitution. Dans le couple gémellaire, c'est Anne, qui assume la position de dominance, qui présente une névrose obsessionnelle, en d'autres termes celle qui est la moins féminine des deux. Son activité sexuelle entraîne des sentiments de culpabilité auxquels sa sœur, dont l'existence est « sans histoire », échappera.

TRAITEMENT

Les névroses obsessionnelles posent souvent des problèmes thérapeutiques délicats.

La cure psychanalytique chez les obsédés est souvent longue et difficile, ceci d'autant plus que les processus d'intellectualisation et de rationalisation y sont plus marqués. Les cas les plus accessibles à la cure psychanalytique sont les phobies où l'anxiété demeure très vive. Autant il est aisé de traiter une phobie hystérique, autant il est difficile d'atteindre une phobie plus intellectualisée. Quant aux formes typiquement psychasthéniques, elles sont souvent rebelles à la psychanalyse et aux psychothérapies qui en sont inspirées. L'utilisation d'adjuvants à la psychothérapie (psychodysleptiques ou thymanaleptiques, cf. infra chapitre psychothérapies) peut rendre de grands services.

Les traitements chimiothérapiques, en particulier antidépressifs, sont utiles dans beaucoup de cas, les améliorations symptomatiques qu'ils apportent permettent d'amorcer une sociothérapie ou une psychothérapie difficilement réalisables isolément. Presque toujours ils devront être combinés, pour que le résultat soit durable, avec une psychothérapie d'inspiration psychanalytique.

Enfin, chez les grands obsédés chroniques avec composante dépressive importante, on peut avoir recours à l'électrochoc (donnant des rémissions plus ou moins durables) ou à une intervention psychochirurgicale (*leucotomie*, ou lobotomie, consistant à sectionner les fibres nerveuses qui relient le cortex préfrontal au thalamus, *topectomies* diverses consistant en l'ablation d'aires corticales). Ces interventions sont réservées aux cas paralysants rebelles à toutes les autres thérapeutiques ; elles produisent, dans certains cas, une sédation marquée de l'angoisse avec une réadaptation sociale inespérée.

CHAPITRE V

DÉPRESSIONS NÉVROTIQUES

Le mot de « dépression nerveuse », comme celui de neurasthénie, est galvaudé dans le langage courant. Celui-ci désigne volontiers sous ce nom tous les troubles mentaux (qu'il s'agisse d'un épisode schizophrénique, d'un délire chronique, d'une manie, de n'importe quelle période d'aggravation d'une névrose etc...).

Au contraire, le syndrome dépressif demande à être bien individualisé et défini. Sa connaissance est extrêmement importante pour tout praticien de la médecine car les dépressions larvées, pauci-symptomatiques, sont extrêmement fréquentes et faire le diagnostic de dépression a le plus souvent des incidences thérapeutiques très importantes. Combien de malades venant consulter pour un manque d'appétit, un état de fatigue ou des courbatures, une lombalgie, sont en fait des déprimés qu'il faut savoir dépister. Nous décrirons donc d'abord le syndrome dépressif : tous ses éléments peuvent être présents aussi bien dans les dépressions névrotiques que dans les dépressions psychotiques. Puis nous examinerons ce qui spécifie la dépression névrotique, et nous en passerons en revue les diverses variétés.

DÉFINITION

La dépression se définit avant tout par :

1) la perte de *l'élan vital*, du goût de vivre : le déprimé, dit-on vulgairement, «voit tout en noir». Cette perte d'intérêt pour tout ce qui constitue son activité habituelle, pour ses proches, ses enfants, son métier, peut aller jusqu'aux idées de suicide.

2) A cette perte d'élan vital peuvent être rattachés nombre de *symptômes somatiques* et spécialement anorexie, asthénie, diminution de la libido, amaigrissement.

3) Le sentiment de *dévalorisation* (perte de l'estime de soi).

Dans la dépression névrotique, contrairement à ce qui se passe chez le mélancolique, le sentiment de dévalorisation reste souvent modéré, le malade cherche la réassurance, le réconfort. Il demeure alors sensible aux situations extérieures. Il y a bien des façons de dire « je ne vaux rien, je suis un raté »; le déprimé névrotique peut parfois le dire pour qu'on lui dise le contraire. Il peut être sensible à une revalorisation, par exemple dans un nouveau milieu (encore que cette sensibilité de la dépression à l'influence de l'entourage soit inconstante). Tandis que le déprimé psychotique (le mélancolique) a la conviction inébranlable de sa culpabilité : la modification de l'ambiance ne l'influence en rien.

SYMPTÔMES PHYSIQUES DE LA DÉPRESSION

Souvent le déprimé se reconnaît au premier abord par son maintien et son attitude; il ne faut pas croire cependant qu'il en est toujours ainsi et la dépression peut se dissimuler derrière une façade souriante; mais dans les cas typiques le déprimé se présente le regard morne, le visage atone, ou même avec un masque de tristesse profonde ou anxieuse.

Son activité est réduite, il est économe de ses gestes, il peut rester inerte, assis ou allongé. Sa démarche est lente et sans souplesse.

Souvent on relève des signes neuro-végétatifs : amaigrissement, insomnie, ralentissement des fonctions digestives (anorexie, dyspepsie hypotonique, constipation, état saburral); une hypotension artérielle légère n'est pas rare, avec parfois dyspnée d'effort. Mais le symptôme le plus souvent rencontré est l'asthénie.

On voit dans la pratique médicale courante une multitude de gens *fatigués*. Le médecin doit, bien entendu, vérifier d'abord l'absence de diverses affections somatiques susceptibles de provoquer la fatigue, tels tuberculose pulmonaire et autres états infectieux larvés, diabète, anémies, insuffisance surrénale etc... Mais il doit aussi avoir la préoccupation de chercher une cause psychique à la fatigue car, mis à part les cas de surmenage véritable, on peut dire que la fatigue neuf fois sur dix est *symptômatique d'une dépression*. N'agit pas en bon médecin celui qui, au lieu de préciser le diagnostic de fatigue névrotique en recherchant d'autres éléments du syndrome dépressif et les conflits qui peuvent amener le sujet à la dépression, se contente d'administrer un fortifiant. On peut trouver à la prolifération des fortifiants sur le marché pharmaceutique au moins deux significations :

a) elle peut témoigner du fait que la majorité des médecins sont encore fermés à tout ce qui n'est pas le domaine de la pathologie organique;

b) ou le fortifiant peut être essentiellement utilisé comme placebo par le médecin, conscient de l'origine psychique de l'asthénie mais estimant que la suggestion, appuyée sur le placebo, constituera un traitement psychologique suffisant (ce qui est loin d'être toujours le cas).

CLASSIFICATION DES DÉPRESSIONS NÉVROTIQUES

Laissant ici en dehors de notre champ d'études les dépressions d'origine organique (secondaires par exemple à une tumeur cérébrale, à une épilepsie, à un traumatisme crânien, à une endocrinopathie ou à d'autres affections somatiques), nous avons simplement à distinguer :

1) Les états dépressifs « essentiels », chroniques, où la composante constitutionnelle paraît majeure ;

2) Les dépressions symptômatiques, réactionnelles.

I. ÉTATS DÉPRESSIFS CONSTITUTIONNELS

Ce sont les sujets dont on dit couramment qu'ils sont « nés fatigués ». Ils se caractérisent le plus souvent par :

1) dans les antécédents familiaux, la fréquence d'une hérédité neuro-arthritique ;

2) au point de vue morphologique, une apparence longiligne, corrélative souvent d'hypotension artérielle ;

3) *des marges de tolérance faibles* sur le plan biologique (à l'effort, aux infections, aux variations alimentaires, aux médicaments) ;

4) sur le plan caractériel, un seuil de *tolérance à la frustration* également bas, d'où des syndromes dépressifs à rechute ;

5) la prédisposition à certaines maladies psychosomatiques, cette fragilité étant liée en proportions variables d'une part au terrain biologique (suivant des modalités encore bien mal précisées), d'autre part au terrain psychologique : allergie, asthme, tuberculose torpide, migraine, colite spasmodique sont parmi les plus fréquentes de ces affections organiques.

Les frontières entre ce syndrome de dépression constitutionnelle et ce qu'on appelle la neurasthénie sont assez imprécises.

La neurasthénie.

Cette affection, décrite en 1880 par le psychiatre américain BEARD, a connu une grande fortune à la fin du XIXᵉ siècle. Si bien que le mot est encore un de ceux qui sont utilisés le plus abusivement dans la langue commune, pour désigner non seulement tous les états dépressifs mais toutes les névroses.

Chez les psychiatres contemporains, du fait même de cette extension populaire exagérée, le terme tend à être négligé par beaucoup. Il semble cependant qu'on puisse le conserver pour décrire les états dépressifs où la *fatigue* constitue le symptôme prévalent. Cette asthénie permanente, surtout orthostatique, est maximale au réveil et s'améliore souvent en fin d'après-midi.

La sensation de fatigue mentale et physique est ordinairement associée à toute une série de malaises :

A) *troubles sensitifs* : céphalées en casque, ou de type variable, malaises avec troubles cénesthésiques divers; rachialgies cervicales, lombaires ou sacrées, névralgies erratiques, hyperesthésies superficielles et profondes, paresthésies diverses;

B) *troubles sensoriels* : hyperesthésies (phobie du bruit, photophobie); asthénopie accommodative; bourdonnements d'oreilles;

C) *troubles fonctionnels polyviscéraux* :

— *digestifs* : ptoses viscérales, spasmes gastriques et coliques, troubles sécrétoires gastro-intestinaux et hépatiques, auto-intoxication digestive (constipation, coliba-cillose, syndrome entéro-hépato-rénal), aérophagie, aéro-colie;

— *cardiovasculaires* : hypotension, troubles neurotoniques, lipothymiques;

— *génitaux* : impuissance, frigidité;

— *urinaires* : polyurie transitoire, pollakiurie;

— *respiratoires* : oppression, pseudo-asthme;

D) *endocrino-végétatifs* : déséquilibre vago-sympathique, dysthyroïdie, dysovarie etc.

Sur le plan psychique, les neurasthéniques se plaignent en outre d'une dysmnésie de fixation, d'une labilité de l'attention, qui traduisent le syndrome d'asthénie psychique. Ils présentent souvent des troubles caractériels sous forme d'irritabilité, d'aboulie, et des manifestations d'anxiété associée.

Ce tableau, variable, capricieux, n'est souvent pas pris au sérieux, ni par l'entourage qui parle de maladie imaginaire, ni par le médecin qui se contente souvent de traiter le trouble fonctionnel prédominant.

Les théories pathogéniques en sont multiples :

a) Pour les uns, il s'agit d'un état d'anxiété chronique, entrant plus ou moins sur le plan caractérologique dans le cadre de l'hystérie.

b) Pour les autres, il s'agit essentiellement d'un désé-quilibre sympathique, soit constitutionnel, soit réflexe à un processus organique torpide (en particulier imprégnation tuberculeuse, péri-viscérites diverses etc.) Il faut mettre à part les syndromes neurasthéniques posttraumatiques, fréquemment observés après un traumatisme crânien.

c) Enfin, certains considèrent que la neurasthénie doit être intégrée au syndrome de stress de SELYE, cet état de fatigue névrotique pouvant survenir à la suite d'une série d'*émotions* : l'émotion constitue en effet un stress, et comme l'ont montré les travaux de SELYE, une réaction psychophysiologique d'épuisement peut s'ensuivre.

d) L'alcalose, constatée par beaucoup d'auteurs, prédominant dans la matinée et diminuant dans l'après-midi pourrait être rapprochée du syndrome de stress (?)

Sur le plan thérapeutique, cette alcalose a fait proposer comme traitement électif de la neurasthénie l'acide phosphorique, qui tend à être remplacé actuellement par les médicaments thymanaleptiques inhibiteurs de la monoamine oxydase qui semblent trouver ici une assez bonne indication.

II. *ÉTATS DÉPRESSIFS SYMPTOMATIQUES (OU SECONDAIRES OU RÉACTIONNELS)*

Lorsqu'un événement plus ou moins grave surgit dans l'existence d'un sujet, il peut réagir par une dépression.

En fait la dépression est une expérience universelle, lorsqu'elle ne se prolonge pas plus de quelques heures ou quelques jours; on peut même dire que la *capacité d'être déprimé* est un signe positif de bonne santé psychique. Melitta SCHMIDEBERG a décrit, sous le nom de « névrose de santé » (health neurosis)[1], un état pathologique caractérisé par la conviction de jouir d'une excellente santé tant physique que psychique, et la propension à détecter les troubles

---

[1] SCHMIDEBERG, M. After the analysis, Psychoanalytic Quarterly, 1938, 7.

(en particulier névrotiques) chez les autres. De tels sujets ne peuvent se permettre de se sentir malades ou déprimés, ne serait-ce que quelques heures.

Le type de la dépression normale est la réaction de deuil mais, chez le sujet normal, certains mécanismes psychologiques lui permettent de s'en dégager rapidement et de « reprendre le dessus ». Lorsque l'état se prolonge anormalement, ou lorsqu'il est disproportionné avec la cause qui l'a produit, on peut considérer qu'il existe un état dépressif réactionnel.

Il est bien évident qu'une telle dépression ne survient que chez des sujets prédisposés et essentiellement chez ceux qui présentent un terrain névrotique que nous connaissons déjà, c'est-à-dire soit un terrain hystérique, soit un terrain obsessionnel ou psychasthénique.

Nous pouvons donc étudier maintenant ce qui caractérise la dépression survenant chez un hystérique et celle survenant chez un obsessionnel. Nous dirons quelques mots pour terminer de l'hypochondrie qui peut venir compliquer aussi bien une dépression chronique, une neurasthénie, qu'une névrose de structure hystérique ou obsessionnelle.

A. DÉPRESSION HYSTÉRIQUE

Nous avons décrit plus haut les caractères particuliers de l'immaturité des hystériques, leur avidité affective, leur besoin toujours insatisfait d'affection, de sympathie, et de marques d'amour. L'hystérique a tendance à chercher continuellement auprès d'autrui une aide pour se valoriser. Son autonomie est réduite, ainsi que sa tolérance à la frustration; sa dépendance (vis-à-vis des personnes de son entourage importantes pour lui) est extrême.

Ces caractéristiques de la personnalité hystérique suffisent à rendre compte de la nature spécifique de la dépression hystérique. Tout abandon ou menace d'abandon est susceptible d'entraîner une dépression plus ou moins durable. Par exemple, sera ressenti plus ou moins consciemment comme une perte d'amour le fait, pour un homme, d'avoir un enfant avec qui il devra partager désormais l'affection de sa femme. D'où la possibilité chez l'homme de dépressions, souvent anxieuses, qu'on peut légitimement qualifier de « post-partum ». Un mécanisme analogue est souvent observé chez une femme au moment du mariage de sa fille, où l'on verra une dépression de quelques semaines ou de quelques mois précéder le conflit classique de la belle-mère avec le gendre.

La perte peut, aussi bien, être la mort ou le départ de la personne dont l'hystérique est dépendant, que sa dévalorisation à ses yeux.

Des manifestations agressives, liées à la revendication affective et au sentiment d'injustice dont souffre le malade, sont fréquemment associées au syndrome dépressif.

C'est un fait reconnu que ce type de dépression est environ deux fois plus fréquent chez la femme que chez l'homme. Une explication de ce fait peut être trouvée sur le plan de la psychogénèse, dans la plus grande complexité du développement psychologique de la petite fille au cours des premières années, par rapport au développement du garçon. Par ailleurs, des facteurs endocriniens peuvent jouer leur rôle et s'associer à des facteurs psychogénétiques pour entraîner un syndrome dépressif de structure hystérique.

Observation 11

Isabelle, âgée de 24 ans, consulte pour un état dépressif qu'elle explique de la façon suivante : elle est actuellement la maîtresse d'un médecin plus âgé qu'elle de 20 ans. Cet homme habite Liège. Elle-même est infirmière à Louvain, et les trajets qu'elle doit faire fréquemment pour rejoindre son amant la fatiguent énormément. La solution serait, dit-elle, de trouver une situation à Liège, auprès de lui. Cependant, elle n'a jamais fait la moindre démarche dans ce sens et attend que ce soit sa mère, pourtant opposée à ce projet, qui la fasse.

Depuis quelque temps, la patiente vit dans un état d'asthénie et de découragement total. Elle émerge de temps en temps de son désespoir pour y retomber à chacun des coups de téléphone (fréquents) de sa mère.

Au cours de l'entretien elle apparaît comme une jeune femme séduisante, habillée de façon voyante. Elle présente les signes d'un violent désespoir, pleure, se tord les mains, proteste de son état d'épuisement (comme si on risquait de ne pas la croire). Elle exprime une grande agressivité vis-à-vis de sa mère à qui elle reproche d'être possessive, égoïste, de l'empêcher de s'épanouir.

La patiente est fille unique. Sa mère est également infirmière. Le père, mort il y a plusieurs années, était coiffeur, tuberculeux. Il a fait un séjour de 3 ans en sanatorium, commencé lorsque la malade avait environ 8 ans. Etant donné la maladie du père, c'est la mère de la patiente qui assurait la vie matérielle du ménage. C'est elle aussi qui s'occupait de l'enfant, et le père semble avoir été exclu très tôt de la relation des deux femmes. Cette mère est décrite comme abusive, autoritaire, maintenant la patiente dans un état d'étroite dépendance et se refusant encore actuellement à la considérer autrement que comme une enfant. Le père était violent, il ne s'occupait jamais d'Isabelle qui se souvient uniquement des coups qu'il lui aurait donnés. Elle déclare que ce manque d'affection de la part de son père ne l'a jamais fait souffrir : sur un plan superficiel cet homme, d'un niveau intellectuel très inférieur à celui de sa femme, et en outre fréquemment absent à cause de sa maladie, semble avoir joué un rôle, surtout par défaut, dans la genèse des troubles de sa fille.

Celle-ci se décrit comme ayant toujours été dès l'enfance capricieuse, superficielle, changeante. Elle faisait fréquemment des crises de colère, quand on ne la satisfaisait pas. Très longtemps, elle a rêvé de devenir comédienne mais, finalement, « elle a choisi la solution raisonnable, être infirmière ».

Sur le plan sentimental, après de multiples aventures sans lendemain, elle s'est attachée à ce médecin plus âgé qu'elle et divorcé. Elle est très réticente pour parler de sa vie sexuelle qui, selon toutes apparences, n'est pas très satisfaisante. Depuis qu'elle est déprimée, elle cherche sans arrêt des motifs de querelle avec son amant, et le regrette ensuite amèrement. Elle sent très bien qu'elle n'ose pas prendre la décision d'abandonner sa mère, et que c'est là un des facteurs déclenchants de son état actuel.

En conclusion : il s'agit d'une névrose caractérielle hystérique typique, se manifestant en particulier par la superficialité des affects, la coquetterie, le goût du théâtre, le besoin de succès et de conquêtes masculines. Au plan de la psychogénèse, on retrouve la fixation à une mère à la fois détestée et aimée et dont il est impossible à Isabelle de se détacher.

La culpabilité à l'égard de la vie sexuelle est nette : quand elle devient amoureuse, c'est d'un homme difficile à « posséder », pour la conquête duquel existent de multiples complications. Cet homme, divorcé, beaucoup plus âgé qu'elle, est manifestement une image du père qu'elle n'a pas vraiment eu, qui ne l'a jamais aimée.

Isabelle est actuellement dans une situation œdipienne inversée typique : forcée de quitter sa mère, pour un homme qui constitue une image paternelle, elle ne peut s'y résoudre, et c'est la hantise de perte de l'objet (l'amant ou la mère) qui crée l'état dépressif.

La thérapeutique a dû être limitée à un traitement médicamenteux antidépressif. En effet, la patiente, après avoir paru accepter avec enthousiasme l'idée d'une psychothérapie, l'a abandonnée au bout de quelques séances, sans que le motif de cette interruption soit clair.

∎

B) DÉPRESSIONS AU COURS DE LA NÉVROSE OBSESSIONNELLE, DÉPRESSION PSYCHASTHÉNIQUE, DÉPRESSIONS INTERCURRENTES CHEZ UN SUJET PRÉSENTANT UN CARACTÈRE OBSESSIONNEL

Nous reviendrons plus loin sur ce qui spécifie la *névrose de caractère* obsessionnel. Mais nous devons noter ici que les sujets présentant ce type de caractère sont prédisposés à des épisodes dépressifs revêtant un style souvent assez particulier.

Remarquons d'abord que, dans ce que nous avons décrit sous le nom de syndrome psychasthénique, il y a une tonalité dépressive qui peut être permanente. Nous avons observé chez ces sujets un manque de spontanéité, d'élan. Ils ont une impression de distance envers toute chose, ressentent de l'intérêt pour ce qui les entoure et désirent les contacts mais n'arrivent pas à se sentir pris d'une manière vivante, doivent se forcer à assumer des rôles. Ils perçoivent le monde à travers des abstractions, des rationalisations, des généralités. Ils voudraient être captivés et rien n'arrive à les captiver, c'est le « sentiment d'incomplétude » décrit par

JANET, une insatisfaction constante, tout est imparfait, inachevé, vide et cependant fatigant. Ils éprouvent douloureusement leur introversion. Tout ceci entraîne un climat de tristesse qui peut être au premier plan du tableau clinique et faire poser dès le premier abord le diagnostic de dépression.

Nous avons vu que ce syndrome psychasthénique peut être interprété comme la marque de conflits profonds, le sujet étant en particulier déchiré par l'ambivalence de ses sentiments, c'est-à-dire le fait d'éprouver de façon très intense à la fois de l'amour et de la haine pour une même personne. De tels malades souffrent d'autre part d'une agressivité violente, refoulée et inconsciente pour une large part. C'est en particulier cette agressivité qui entraîne chez ces patients des sentiments de culpabilité, de dévalorisation, qui viennent compléter le syndrome dépressif. D'où l'exacerbation du sentiment de péché ou de faute vis-à-vis des êtres humains, la recherche, consciente ou non, de l'expiation, la rumination sur les fautes passées dans une rétrospection douloureuse.

Observation 12

Henri, 25 ans, dessinateur, fils unique, a été pendant toute son enfance l'objet des soins trop attentifs d'une mère anxieuse. Les risques courus dans chaque maladie étaient démesurément grossis par elle. Le garçon, qui s'est toujours montré extrêmement respectueux de l'ordre établi au cours de ses études, a été un excellent élève; il accomplit son travail de dessinateur de façon très méticuleuse; il ne présente pas de symptômes névrotiques caractérisés, en dehors de quelques tendances nosophobiques : il se fait facilement du souci pour sa santé lors du moindre malaise, a souvent pensé avoir une maladie de cœur parce qu'il avait un point de côté après avoir couru, ou un cancer de l'estomac à la suite d'une digestion un peu pénible.

Nous l'examinons parce qu'il a renversé avec sa voiture, deux mois auparavant, un jeune garçon qui débouchait devant lui, en bicyclette, d'une ruelle. L'enfant n'a pas eu de mal, la bicyclette est abîmée, des témoins de l'accident ont contribué à dégager la responsabilité de l'automobiliste, bref il s'agit d'un incident mineur. Mais, depuis lors, notre patient n'a plus touché le volant de sa voiture, il ne dort plus que 3 ou 4 heures par nuit, il a perdu l'appétit et 4 kilos, son esprit est habité par des ruminations anxieuses : l'enfant va présenter des troubles secondaires, on a dit que la responsabilité d'Henri n'était absolument pas en cause mais en fait il roulait à 40 à l'heure, alors que la vitesse était limitée à 30 dans cette agglomération, d'autres témoins peuvent se manifester qui cette fois témoigneront contre lui etc...

Il s'agit donc, sur un terrain non ouvertement névrotique, d'un état dépressif anxieux, avec ruminations obsessionnelles à thème de culpabilité, qui à aucun moment ne deviennent mélancoliques, c'est-à-dire psychotiques, puisque le malade est conscient de la nature morbide de ses préoccupations et vient demander l'aide du psychiatre pour le soulager. Une psychothérapie brève, d'inspiration psychanalytique (une dizaine de séances), combinée à un traitement médicamenteux, amènera rapidement Henri à la guérison de sa dépression : on a même des raisons de penser qu'il saura mieux faire face ultérieurement à des situations analogues.

Observation 13

Jocelyn, 35 ans, est anxieux et hyperémotif. Alors que son enfance et son adolescence se sont déroulées normalement, il éprouve des inhibitions intellectuelles croissantes au cours de ses études de droit. Les examens constituent pour lui une épreuve de plus en plus difficile à surmonter. Sur ces entrefaites, son père meurt inopinément. Jocelyn fait une dépression caractérisée et abandonne ses études pour un emploi subalterne dans l'industrie.

Quelques années plus tard, il se marie. Incité par sa femme, il reprend ses études et les termine avec succès, malgré une grande anxiété. Il se demande s'il sera à la hauteur de sa tâche lorsqu'il professera.

Depuis un an, alors qu'il a un cabinet d'avocat prospère, son doute de lui-même s'aggrave brusquement. Il perd son temps en d'interminables et inutiles compilations d'ouvrages de droit. Son efficacité s'effondre; ses sentiments de culpabilité s'aggravent d'autant plus. Il en arrive à s'imaginer que ses clients lui reprochent son inefficience professionnelle au point de vouloir le tuer. Comme il se sent coupable et donc non en droit de se défendre, il éloigne de lui tous les objets avec lesquels il pourrait avoir le réflexe de contre-attaquer Ayant l'impression d'être poursuivi, il fait des fugues nocturnes en voiture.

Il se persuade que sa femme a été assassinée et que la police lui a substitué une autre femme, qui lui ressemble, de manière à le confondre. Il se met dès lors à comparer sa femme à des photos antérieures, à surveiller ses moindres gestes etc... Il « entend » ses clients mettre en doute l'authenticité de son diplôme, qui est accroché dans la salle d'attente. Il finit par en douter lui-même et fait une enquête à l'Université.

Finalement, il demande à la gendarmerie de le protéger et accepte d'entrer dans un hôpital psychiatrique à la suite de cette plainte.

Actuellement sorti de cet accès psychotique, il est traité par psychothérapie et chimiothérapie associées, il a repris une existence normale.

Ce cas illustre la possibilité de passage d'une dépression névrotique (obsessionnelle) à une dépression psychotique (mélancolie délirante à thème de persécution); ce virage de l'obsession vers le délire s'est produit de façon insensible.

Observation 14

Berthe, 43 ans, vient consulter pour un état dépressif anxieux intense qui évolue depuis 5 ans. Il s'agit d'une patiente de grande taille, présentant une physionomie, une voix et des gestes de caractère viril. Elle est habillée d'une façon sobre et austère, sans aucune coquetterie féminine. Elle est intelligente et parle facilement; son débit est toutefois monotone et monocorde. Elle fait des efforts visibles pour ne pas manifester l'anxiété et la dépression dont elle est la proie. Elle y réussit au niveau du langage mais ne peut s'empêcher de se trahir par son regard, sa mimique et ses attitudes.

Exerçant la profession de secrétaire de direction, elle a toujours fait preuve d'une minutie et d'une scrupulosité extrême dans l'accomplissement de son travail. Elle est mariée à un ouvrier âgé de 53 ans et est consciente de la différence de goût et de niveau d'aspiration qui existe entre elle et son mari. Elle ne souffre toutefois pas de cet état de choses car l'affection et les prévenances que lui manifeste son mari compensent largement leurs divergences d'idées. Jusqu'à la fin de l'année 1960, l'accomplissement de son travail professionnel et de ses tâches ménagères ne lui a jamais paru pénible et elle menait une vie heureuse. A ce moment, la patiente a dû héberger sa belle-sœur qui présentait des troubles d'origine artérioscléreuse. Cette nouvelle charge et les tracas inévitables que cette présence a entraînés ont progressivement diminué la résistance physique et psychologique de Berthe. En juin 1961 se déclare un érythème noueux de Bazin avec réaction tuberculinique très positive; la malade est obligée d'interrompre son travail et de placer sa belle-sœur dans une institution. Forcée de prendre cette dernière décision, elle ne pourra jamais, depuis ce moment, se sentir l'esprit aussi libre qu'auparavant : un sentiment de culpabilité s'installe progressivement, en dépit de l'attitude très compréhensive de son mari. C'est au même moment qu'apparaissent les premiers symptômes dépressifs et les ruminations anxieuses. Ce premier accès dure 6 mois, après lesquels la malade se sent à nouveau capable de reprendre son travail. Quelques mois plus tard, à la suite d'un échec professionnel (elle n'obtient pas un poste qu'elle espérait et pour lequel elle était très qualifiée), elle présente une récidive grave de son état dépressif anxieux. En dépit de thérapeutiques multiples et variées, elle ne retrouvera jamais le même goût pour son travail et ses activités extraprofessionnelles qu'auparavant. Les traitements par médicaments antidépressifs et anxiolytiques, par électrochocs, cures de sommeil, balnéothérapie etc... n'amènent que des améliorations très relatives et passagères. Des idées de suicide s'installent progressivement et tourmentent continuellement la patiente. A plusieurs reprises, elle fait tous les préparatifs nécessaires pour passer à l'acte décisif mais, à la dernière minute, elle ne parvient pas à s'y résoudre. Elle est convaincue que sa vie est inutile, qu'elle constitue une charge pour la société et son mari mais elle n'a pas le courage de se donner la mort car elle a peur du déshonneur qui retomberait sur sa famille et sur son mari. Elle est d'une ambivalence extrême à l'idée du suicide : ses scrupules à vivre et à se suicider se contrebalancent.

Actuellement, le tableau clinique comprend tous les symptômes d'une dépression anxieuse grave d'allure mélancolique. Le sentiment d'incomplétude qu'elle éprouvait a fait progressivement place à un sentiment de dévalorisation, d'inutilité et de dégoût d'elle-même. La patiente n'éprouve plus d'attrait pour tout ce qui faisait sa vie : son travail, sa vie familiale, ses distractions. Elle se sent vieille, sans espoir, incapable d'entreprendre quoi que ce soit. Le moindre obstacle lui paraît insurmontable et elle se confine dans un immobilisme total. Elle rumine continuellement des idées noires, pessimistes, est fréquemment sujette à des crises de larmes. Elle s'accuse du retentissement de son état sur son entourage : son anxiété est nourrie par un sentiment de culpabilité dont elle ne peut se défaire. Elle se sent responsable et coupable de tout ce qu'elle fait et surtout de tout ce qu'elle ne fait pas; elle apparaît inaccessible à toute discussion ou démonstration à ce point de vue.

Par moments, elle est sujette à des épisodes de dépersonnalisation où elle agit d'une façon automatique : elle est alors spectatrice d'elle-même, comme dédoublée. Elle interprète cet état comme une punition pour n'avoir pas fait l'impossible pour garder sa belle-mère sous son toit.

Dans ses antécédents familiaux, on relève la ressemblance de sa biographie et de son caractère avec ceux de son père. Celui-ci, placé devant des responsabilités croissantes, n'a pu y faire face et a sombré progressivement dans une mélancolie anxieuse qui a nécessité son internement. Il a tenté de se suicider à plusieurs reprises et est décédé d'inanition à la suite d'un refus prolongé de s'alimenter. D'autre part, un oncle de la patiente s'est suicidé à l'âge de 27 ans.

En résumé, il s'agit d'une personnalité rigide de caractère obsessionnel avec antécédents familiaux de dépression d'allure mélancolique. Elle a réussi à mener pendant de nombreuses années une vie relativement heureuse et équilibrée grâce à la possibilité d'exercer son travail avec la rigueur et la minutie qu'elle désirait.

Commentaires

Se manifestent dans son cas :

1) La transition progressive entre dépression névrotique et dépression psychotique (mélancolique);

2) L'association de facteurs endogénétiques (prédisposition familiale) et exogénétiques, réactionnels.

Les tendances obsessionnelles ont favorisé l'apparition d'un sentiment de culpabilité intense lors du placement de la belle-mère en établissement hospitalier. L'évolution prolongée de cet état dépressif, lié de façon étroite à la personnalité de la patiente, et l'échec des thérapeutiques psychologiques et biologiques habituelles ont fait recourir à la psychochirurgie avec un résultat favorable.

■

III. *HYPOCHONDRIE, CÉNESTOPATHIES*

La cénesthésie (du grec Koiné, commune, et esthésie, sensation) est une sensibilité globale intégrant sous une forme consciente mais vague le fonctionnement végétatif et viscéral de l'organisme; ses données résultent de sensations proprio et intéroceptives (toutes les sensations du corps propre, à l'exclusion des sensations extéroceptives). Ainsi le sujet perçoit la continuité de sa vie végétative, sans valeur représentative mais avec une tonalité affective immédiate.

La cénesthésie est un élément primordial et régulateur du ton affectif : le sentiment de notre existence, obscur, confus mais permanent nous parvient de notre corps. Il peut être euphorique ou déplaisant.

L'hypochondriaque ou cénesthopathe est un déprimé qui attribue sa dépression à des sensations (soit localisées soit diffuses) pénibles ou franchement douloureuses : il souffre du cerveau, du foie (d'où le nom d'hypochondrie), de l'estomac, des organes génitaux etc...

Ses descriptions sont souvent faites avec un grand luxe de détails et de comparaisons imagées : « vide, torsion, rétrécissement, eau glacée coulant dans la profondeur » etc...

Interprétée par FREUD comme procédant d'un narcissisme profond, la composante hypochondriaque intervenant dans une névrose est un signe de mauvais pronostic, souvent rebelle aux diverses approches thérapeutiques.

IV. *TRAITEMENT DES DÉPRESSIONS*

Comme il arrive souvent en psychiatrie, il est relativement plus facile de traiter les cas aigus et graves (dépressions endogénétiques psychotiques en particulier) que les dépressions symptomatiques et réactionnelles. Dans ce dernier cas, c'est souvent la nature du terrain névrotique antérieur à l'apparition de la dépression qui commandera la conduite à tenir, et spécialement la nécessité ou non d'une hospitalisation. C'est, en particulier, le risque de suicide qui devra toujours être évalué le mieux possible pour décider des indications thérapeutiques.

La gamme des médicaments antidépressifs s'est considérablement enrichie ces dernières années, rendant les électrochocs de moins en moins souvent indiqués. La grande majorité des dépressions névrotiques peut ainsi être traitée ambulatoirement, le plus souvent par association de médicaments et de psychothérapie.

CHAPITRE VI

LES TROUBLES PSYCHO-SEXUELS

Les pulsions sexuelles sont sans aucun doute chez l'être humain celles dont le destin est le plus facilement et le plus souvent perturbé. Ces perturbations peuvent consister en des *inhibitions*, des *exacerbations* pathologiques ou des *perversions*, majeures ou mineures. A des degrés divers on les trouve présentes dans la plupart des états névrotiques.

L'instinct est par définition inné, aussi bien chez l'homme que chez l'animal. Il tend vers un but : la satisfaction, la détente consécutive à un état de tension. Ce but est atteint grâce à un objet (en principe un autre être humain : l'objet est donc l'être par lequel l'instinct trouve sa satisfaction).

Chez l'animal, la sexualité constitue une expression presque pure de l'instinct (bien que l'animal puisse présenter certaines perversions). Chez l'homme, par contre, la sexualité est formée, outre l'instinct, de l'érotisme qui met en jeu le désir (la relation imaginaire à l'autre et au désir de celui-ci).

La définition de la « normalité » de la satisfaction d'un instinct est orientée par la nature mais aussi par la société, laquelle établit des normes morales, différentes selon les temps et les lieux (ainsi, dans la Grèce antique, l'homosexualité était considérée comme normale).

La sexualité humaine pose des problèmes extrêmement complexes et les troubles sexuels, aussi bien de l'homme que de la femme, ne peuvent être compris que très imparfaitement, étant donné le mystère qui plane encore sur les mécanismes des pulsions sexuelles.

Comme l'animal, l'être humain satisfait en effet dans le coït un besoin biologique, aussi évident que mal expliqué, qui le pousse à la recherche de l'orgasme.

Mais, ce qui distingue fondamentalement l'homme de l'animal, c'est qu'il ne satisfait pas seulement dans la sexualité le besoin biologique de l'orgasme; il y a dans la sexualité humaine une dimension *relationnelle* : la relation sexuelle est hautement chargée de *signification* symbolique. Elle exprime une communication, elle porte un message, message qui comme tout langage peut être menteur, qui comme tout langage est même toujours en partie mensonge, mensonge du sujet à lui-même et à l'interlocuteur. Établir une relation, spécialement une relation sexuelle, est significatif, d'abord pour le sujet lui-même : lorsque je crois parler à l'autre, je parle d'abord pour moi, et lorsque j'ai une relation sexuelle je me prouve quelque chose à moi-même en même temps qu'à l'autre. En même temps que la libido, le *rapport* sexuel vise donc à satisfaire ce désir de relation à autrui et d'expression à soi-même. L'homme est en effet essentiellement un être de désir, c'est-à-dire d'attente d'une satisfaction donnée par l'autre; c'est à une femme dont il *désire être désiré* que l'homme demande le rapport sexuel (en dehors du cas particulier de la prostitution qui, en ce sens, est un rapport pervers). Chacun sait (mais oublie trop facilement) que l'acte sexuel est précédé, accompagné, suivi d'une riche activité imaginaire et, dans les troubles cliniquement apparents de la fonction sexuelle, comme ceux que nous allons étudier ici, c'est en particulier à des troubles de cette activité imaginaire que l'on assiste.

La complexité introduite par cette relation peut être facilement illustrée par l'observation de l'enfant au sein; il est facile de s'apercevoir que son regard demeure fixé sur le visage de la mère; en même temps qu'il satisfait sa faim sur le plan biologique, il boit des yeux le visage maternel. (La forme du visage humain semble bien constituer le premier stimulus significatif, dans lequel l'enfant trouve la satisfaction d'un désir de relation). Dans les semaines qui suivront, par les échanges de sourires, l'enfant apprendra à guetter la satisfaction du désir de la mère et à se sentir lui-même *objet de désir*. On a d'ailleurs constaté (SPITZ) que les enfants qui ne trouvent pas, au cours de leurs premiers mois, pareille source d'échanges affectifs, présentent des troubles du développement avec hypotrophie, anorexie, retard du développement moteur, prédisposition aux infections et un véritable syndrome dépressif du premier âge.

Rapidement, l'enfant doit se rendre compte qu'il n'est pas l'objet exclusif du désir de la mère, que celle-ci a d'autres sources de satisfaction. C'est pour répondre à sa demande et pour demeurer pour elle objet d'amour qu'il apprendra la propreté, première occasion pour lui de donner quelque chose en échange de ce qu'il reçoit, donc d'acquérir une maîtrise.

Cette brève description des premières manifestations de l'*instinct* et du *désir* de l'enfant peut nous permettre de comprendre de façon schématique les anomalies de la vie instinctive observées en clinique :

a) la peur peut bloquer le désir (bien que la pulsion instinctive demeure identique) : d'où les *inhibitions* instinctuelles ;

b) un objet susceptible d'apporter une satisfaction instinctuelle pourra être investi d'une signification relativement excessive, prendre une signification symbolique extensive, il y aura alors *exacerbation* de la pulsion instinctuelle : Ce sera par exemple le donjuanisme ou la nymphomanie, le satiriasis ou le messalinisme;

c) l'objet de la satisfaction instinctuelle pourra être anormal : il s'agit alors d'une *perversion*. Ceci peut se produire, par exemple, à la suite d'une situation traumatique : un état d'excitation sexuelle pourra être suscité chez l'enfant dans une situation telle que son désir sera comme *piégé*, fasciné, de façon durable, par un fantasme fondamental dont il ne pourra se libérer par la suite.

Une analogie quelque peu simpliste mais utile peut nous être fournie ici par la psychologie animale. L'éthologue LORENZ a montré que chez certaines espèces d'oies ou de dindons, l'oison dès sa sortie de l'œuf se fixe érotiquement au premier être vivant qu'il voit. Si l'expérimentateur fait en sorte qu'au lieu de sa mère ce soit lui-même qui soit vu le premier, une fascination durable, une *empreinte* (Prägung) définitive est ainsi créée, l'animal est à proprement parler amoureux de l'homme et le suit partout au lieu de suivre sa mère. C'est donc une véritable perversion de l'instinct qui est ainsi réalisée expérimentalement, puisque l'objet d'amour n'est plus celui fixé par la nature.

Le développement de l'être humain est si complexe et semé de tant de crises possibles que chacun, à une phase primitive de son évolution, est habité de pulsions, de désirs archaïques qui resteront latents en lui comme une couche géologique recouverte, quand il aura atteint sa maturité. L'étude psychanalytique de sujets dits normaux, l'analyse de leurs rêves par exemple, montre que les désirs les plus étranges, les plus aberrants, les plus agressifs se rencontrent aussi bien chez l'homme normal que chez l'animal normal.

Ils sont cependant endigués par des forces normatives et la perversion, comme la névrose, apparaît, dans la perspective psychanalytique, comme un accident dans le développement du sujet, accident lié en partie à des troubles dans les relations avec l'entourage, en partie à des facteurs constitutionnels innés.

FREUD disait que l'enfant est un pervers polymorphe, il tend d'abord uniquement à satisfaire ses instincts *(principe de plaisir)*. Ce n'est que peu à peu qu'il se dégage des exigences de l'instinct, par un processus à la fois endogénétique (la maturation du système nerveux et la hiérarchisation des zones érogènes) et exogénétique (les relations interpersonnelles contribuant à la structuration de la personnalité).

Les moralistes, les magistrats et certains psychiatres ont parfois tendance à angéliser ce qu'ils appellent l'homme normal et à considérer qu'une perversion est un péché contre nature, donc punissable (que ce soit par le bûcher, par l'enfer, par la prison, suivant les époques et les conceptions religieuses). Pour eux, la seule excuse qui puisse innocenter le pervers est la constatation d'une *lésion organique* qui vient perturber l'ordre naturel, priver l'être humain de sa liberté en totalité ou en partie et le faire ainsi échapper à la responsabilité corollaire de cette liberté. Alors que, dans la perspective psychanalytique, la liberté humaine apparaît beaucoup plus relative et aussi bien entravée par des structures inconscientes que par une lésion du système nerveux.

Au terme de cette introduction, nous pouvons donc conclure que la frontière entre normalité et perversion est aussi artificielle que la frontière entre normalité et névrose.

I. INHIBITIONS SEXUELLES CHEZ L'HOMME : IMPUISSANCE ET TROUBLES DE L'ÉJACULATION

Dans une minorité de cas, l'impuissance est due à une affection organique (atteinte cérébrale, lésions épileptogènes par exemple, atteinte rachidienne ou médullaire, thrombose du carrefour aortique, endocrinopathie, diabète, sénilité précoce etc...).

Dans neuf cas sur dix au moins cependant, un interrogatoire même superficiel montre l'intervention d'une inhibition psychique : on constatera, par exemple, que l'érection et l'éjaculation peuvent s'accomplir avec une partenaire et pas avec une autre, ou au cours de rêves érotiques de masturbation. Il est en général facile de mettre en évidence des symptômes névrotiques associés, soit névrose classique, soit névrose de caractère : timidité, phobies, angoisse, fantasmes pervers, dégoût des organes génitaux féminins, tendances homosexuelles plus ou moins marquées etc. L'inhibition peut se produire à chacune des diverses phases de l'acte sexuel : érection, intromission, orgasme, éjaculation.

Plus rarement l'inhibition se produit au niveau même du désir mais, le plus souvent, ce dernier persiste et le malade vient consulter pour la souffrance morale que crée chez lui un désir toujours présent mais toujours insatisfait. Une forme atténuée d'impuissance, certainement la plus répandue, est constituée par l'*éjaculation précoce* : tous les degrés de celle-ci peuvent bien entendu exister, depuis l'incapacité d'intromission, jusqu'à un coït simplement écourté, gênant la satisfaction de la partenaire.

Les urologues sont souvent consultés, en particulier par des malades atteints d'une phobie des maladies vénériennes, pour une impuissance qu'ils attribuent à tort à une gonococcie antérieure, réelle ou plus souvent imaginaire. Ce qu'on appelle en psychanalyse l'angoisse de castration est, bien entendu, au premier plan dans la psychopathologie de l'impuissance, avec tous les problèmes de culpabilité et d'agressivité qui y sont en général liés.

Certaines formes d'impuissance cèdent facilement, comme un symptôme hystérique, à l'intervention d'un thérapeute simplement persuasif; étant donné l'absence de toute anomalie endocrinienne dans la grande majorité des cas d'impuissance, on peut considérer que c'est à un effet placebo que sont dus les succès que l'on peut obtenir avec des injections de testostérone ou d'autres hormones : la signification que le malade donne à ce traitement, et à l'intervention du médecin, image paternelle rassurante, constitue le mécanisme principal de ces guérisons. Les sujets qui guérissent ainsi ne sont jamais les inhibés graves, pour qui une psychothérapie sera nécessaire. S'il s'agit d'une structure névrotique profonde, seule la psychanalyse pourra être efficace. Certaines formes d'éjaculation précoce, correspondant à des névroses de caractère, sont particulièrement rebelles au traitement.

Observation 15

Un homme âgé de 36 ans, ingénieur, marié, présente de nombreux traits de personnalité de la série obsessionnelle. Il a déjà consulté plusieurs médecins, sans succès, tous les traitements médicamenteux entrepris pour l'aider ne réussissant, dit-il, qu'à le déprimer.

Il dit être obsédé par le passé de sa femme : avant de le connaître, son épouse s'est « prostituée », ce qu'il a seulement appris après l'avoir lui-même rendue enceinte. Depuis lors cette inconduite passée suscite de perpétuelles disputes entre les conjoints qui continuent cependant à avoir des relations satisfaisantes sur le plan sexuel.

Le patient souffre également de sa propre hostilité vis-à-vis de sa fille, dont il a sans cesse rejeté les manifestations d'affection : il s'est toujours montré à son égard sévère et dévalorisant.

Il se met en colère chaque fois qu'il est témoin de manifestations érotiques même anodines, lorsqu'elles lui apparaissent dans la vie quotidienne ou sur l'écran de la télévision par exemple.

De plus, cet homme a eu de nombreuses maîtresses avec lesquelles il n'a jamais réussi à consommer l'acte sexuel, soit en raison d'impuissance, soit en raison d'éjaculation précoce. Par contre, avec sa femme, ses relations sexuelles sont aisées.

Il n'en demeure pas moins qu'il a l'impression de manquer de virilité soit avec ses maîtresses, soit avec sa femme dont le comportement de revendication virile le déconcerte.

La honte qu'il éprouve de l'inconduite de son épouse a été tellement grande à un moment donné qu'il avait l'impression en circulant dans la ville que tout le monde lisait sur son propre visage les fautes passées de sa femme. Il s'est finalement réfugié en Amérique du Sud pendant plusieurs années pour fuir cette situation. S'étant marié par obligation, il a progressivement appris la vérité de la bouche même de son épouse. Celle-ci se défendait, lui interdisait de dire du mal de sa famille, lui reprochait sa conduite vis-à-vis de leur fille. En effet, pendant longtemps, le patient a douté que sa fille soit véritablement de lui.

A côté de nombreux flirts qu'il a eus dans son existence de jeune homme, le patient pense que son premier grand amour a été en réalité un amour tout à fait platonique.

Ce sont les événements de la guerre qui lui ont fait perdre l'amour de cette jeune fille, qu'il adorait sans penser un seul instant à d'éventuelles relations sexuelles. Il en a d'ailleurs rêvé pendant des années. Par contre, quand il a connu sa femme, il a d'emblée senti qu'elle était différente et qu'elle le conduirait à une relation sexuelle. Il choisit ses maîtresses parmi des femmes d'un niveau social équivalent au sien sans se préoccuper de savoir, du moins au début, s'il en obtiendra des rapports.

Au cours des disputes conjugales, sa femme l'accuse de se comporter en tyran domestique, de la considérer comme sa servante. De son côté le patient a l'impression d'être sans armes devant la froide détermination agressive de son épouse qui le prive de tous ses plaisirs. Quand il se voit ainsi dominé, il se révolte intérieurement, se jure « de lui retourner la tête à l'envers » mais il va rarement plus loin que des discussions interminables où il finit toujours par avoir le dessous.

Comme toute sa famille, il avait peur de son père, qui n'était pourtant pas d'un caractère violent ou difficile. Peu porté aux manifestations d'affection, le père semble cependant avoir été l'objet d'un grand attachement de la part du patient. Celui-ci a présenté, à l'âge de 25 ans, au moment de l'enterrement de son père, plusieurs crises nerveuses, dont il a d'ailleurs perdu le souvenir. Le père donnait beaucoup plus de libertés à son fils qu'à ses filles, entretenait avec lui de longues conversations. Il semble qu'il ait été pendant longtemps un modèle pour le patient qui s'est toutefois quelque peu écarté de lui, par exemple en choisissant la religion catholique (son père était syndicaliste de gauche) puis en cherchant plus ou moins volontairement à le dévaloriser par ses propres connaissances intellectuelles.

Il nous parle très peu de sa mère, « excellente femme, dans les jupes de laquelle il a peut-être aimé se réfugier pendant quelque temps avant de prouver son autonomie ». Il refusait d'être coiffé par elle et aurait préféré être veillé par son père plutôt que par sa mère lorsqu'il a été gravement malade, vers l'âge de 10 ans.

Il était seul garçon parmi 3 filles, dont l'une en particulier se montrait à son égard extrêmement dominatrice, suscitant de sa part des révoltes.

Toutefois son caractère ne lui permettait pas d'exprimer très ouvertement son agressivité. Encore actuellement il hésite à frapper ou à injurier, préférant se défendre d'une façon plus souple, en laissant l'adversaire s'enferrer lui-même dans son impétuosité. Estimé de beaucoup de gens, il n'a pratiquement pas d'amis. Il aurait aimé être marin ou militaire de carrière.

Dans sa jeunesse d'enfant pauvre, provenant d'un milieu social très modeste, les occasions d'information sexuelle ne lui ont pas manqué. Tout jeune, il savait la différence des sexes. A 7 ou 8 ans il se livrait à des jeux érotiques avec sa sœur aînée, dans leur lit commun, jusqu'à ce qu'elle ait ses premières règles. Puis une petite amie lui apprit, à l'âge de 10 ans, comment il fallait faire avec les filles pour les embrasser et les caresser. Ensuite, les occasions de flirts ont été innombrables sans que jamais le patient n'aille jusqu'aux rapports sexuels. Jeune homme, il dormait dans la même chambre que ses parents, sans jamais avoir surpris un de leurs rapports, à une exception à l'occasion de laquelle il s'est moqué d'eux. Sa mère lui laissait sous son oreiller un vieux linge pour ses masturbations qu'il réalisait quand même avec une certaine culpabilité, se confessant sans jamais arriver à soulager sa conscience. Ces scrupules l'ont d'ailleurs conduit à abandonner la religion.

Dès le moment où il s'est rendu compte que sa fiancée n'était plus vierge, il a commencé à lui poser des questions sur son passé. Quand il a appris sa grossesse, il n'a pas hésité un seul instant à se marier, malgré la facilité d'envisager un avortement. Il se sentait malheureux et honteux, multipliait les questions à sa fiancée, refusait de faire une fête pour le mariage, en invoquant toutes sortes de rationalisations. Il doutait que l'enfant soit de lui, au moins jusqu'à ce que la ressemblance soit indéniable. Quand sa femme partait faire des courses, l'obsession lui venait immédiatement à l'esprit qu'elle était partie pour le tromper. Accablant sa femme de questions sur son passé, il obtenait progressivement des réponses qui lui dévoilaient de plus en plus son inconduite passée. Il se justifie en disant qu'il se cherchait à lui-même des raisons d'excuser sa femme. Enfin, il y a à peine deux ans, elle lui a avoué avoir été entretenue par un vieux commerçant, aveu que le patient ne cesse plus de lui jeter à la tête. Désespérée, sa femme a consulté un psychiatre qui aurait employé le terme de masochisme pour qualifier le patient; celui-ci s'est révolté contre cette opinion. Il pense que si sa femme le trompait, et avouait qu'elle l'a trompé après le mariage, il la quitterait immédiatement. Actuellement il a peur de sortir avec elle en ville, craignant de rencontrer l'un de ses anciens amants, vis-à-vis desquels il se sentirait coupable et honteux. Il lui interdit de se maquiller, de s'habiller élégamment, de se mettre en valeur d'une quelconque façon.

Sur le plan sexuel, il est exceptionnel qu'il ne soit pas en mesure de satisfaire son épouse. De son côté, il ressent parfois une véritable envie de « violer » sa femme sans tenir compte de ses désirs. Contrairement à sa femme, il n'est jamais inhibé à l'idée que leurs enfants pourraient observer leurs rapports.

Il reconnaît d'ailleurs que sa fille, très provocante vis-à-vis de lui actuellement, et particulièrement depuis qu'elle est fiancée, suscite en lui des émotions incestueuses. Il ne croit pas qu'il pourrait jamais céder à ces désirs mais il a le regret qu'elle ne soit point restée petite : il était presque choqué de la voir devenir une femme, emprunter des vêtements de sa mère, se farder.

Il s'est trouvé impuissant pour la première fois avec une prostituée, mais il choisit ses maîtresses parmi des femmes de bonne réputation, d'un niveau social équivalant au sien. Elles sont toujours bien faites, mariées ou au moins déflorées. Une fois ayant constaté qu'une de ses amies était vierge, il a immédiatement perdu tout intérêt pour elle. D'ailleurs, au moins au début des relations qu'il a avec ses maîtresses, il ne pense pas aux rapports sexuels. Ceux-ci ne sont pour lui qu'une terminaison normale d'une liaison extra-conjugale. Il se montre d'autant plus impuissant ou éjaculateur précoce que la femme est plus féminine, moins provocante, et qu'il y a plus d'intimité dans les conditions de leur rapprochement. Les quelques rapports presque satisfaisants qu'il a pu avoir ont été obtenus avec des nymphomanes et dans la nature plutôt que dans une chambre. En général, il connaît les époux de ses maîtresses et il pose beaucoup de questions à leur sujet, en particulier à propos de leur gentillesse.

Ce n'est que de façon très progressive que le patient a, au cours des nombreux mois de sa psychothérapie (toujours en cours), instauré une relation positive avec le thérapeute. Au début il se disait rassuré par le fait que celui-ci n'était pas un ami. Ultérieurement, à la suite de plusieurs déceptions avec sa maîtresse actuelle, il s'est montré déprimé et a sollicité une réassurance de la part du médecin. Il lui a été dit que son impuissance ne mettait pas nécessairement en péril la relation avec sa maîtresse actuelle. Spontanément, dans la suite, le patient a fait état de son amélioration, de sa sérénité croissante tant dans la relation avec sa maîtresse, qu'avec son épouse. Ensuite, après plusieurs hésitations, il a voulu faire lire au thérapeute une lettre de sa maîtresse sous le prétexte d'obtenir de lui une confirmation de la fidélité de son amie. Il a plus tard reconnu qu'il ne comprenait pas la motivation de son geste, qui était d'ailleurs une violation d'une promesse à sa maîtresse. Toujours est-il que c'est à partir de là que la sincérité de ses propos s'est tout à coup approfondie et que le patient a apporté tout un matériel nouveau en psychothérapie : rêves, corrections d'opinion antérieurement proposées, rapprochements nouveaux entre des faits, prise de conscience de son masochisme etc...

Ainsi, avec une grande honte, il reconnaîtra que sa femme l'attire le plus, sur le plan sexuel, lorsqu'elle le dégoûte par l'évocation de son ancien comportement de prostituée. Il découvre aussi que, si elle le trompait véritablement, il ne la quitterait pas pour autant : il a l'impression que toute sa vie a été une comédie destinée à pousser sa femme à le tromper. Il considère qu'il *se comporte comme une femme* dans la vie et que ce n'est pas seulement un manque de virilité : il a l'impression d'avoir une sensibilité féminine; il n'affronte jamais un adversaire mais il le conduit souplement à se détruire lui-même. Il reconnaît que sa jalousie vis-à-vis de ses maîtresses est tout à fait morbide et qu'il n'est que trop porté à croire qu'elles le trompent et à s'imaginer cédant sa place à « l'adversaire », quitte à se venger de lui en lui prenant à son tour sa femme légitime. Il prend conscience qu'au cours de ses jeux sexuels avec ses maîtresses, il se préoccupe beaucoup moins de son plaisir (à la différence de ce qui se passe avec sa femme) mais ne s'intéresse qu'à celui de sa partenaire. Il est également

frappé par le fait qu'il ne lui est jamais venu à l'idée de
regarder ses maîtresses nues quand il en a l'occasion dans
la chambre où ils se rencontrent. Enfin, il évoquera le
souvenir des jeux homosexuels qu'il a pratiqués dans son
adolescence et au cours desquels, après s'être montré
réciproquement la verge en érection, il a voulu une fois
pénétrer son ami dans un coït anal et où il s'est trouvé
tout à coup impuissant : « Je me demande si le phénomène
que j'ai tant de fois vécu ne se dessinait pas alors ». Il
reconnaît que les souvenirs qu'il peut avoir de ces jeux
homosexuels sont restés très flous, comparativement à tous
les autres souvenirs de son enfance.

Commentaires

La personnalité obsessionnelle de ce malade est manifeste
dans de multiples éléments de l'anamnèse et notamment
dans le mécanisme d'isolation (par exemple dans la séparation de l'amour-émotion tendre et de l'amour-érotique). Ses
éternelles interrogations à propos de l'inconduite passée de
sa femme, comme d'ailleurs sa complaisance à lier son existence à la sienne, témoignent de son masochisme auquel est
associé un sadisme moral, qui n'est qu'en apparence moins
marqué. Son masochisme et les troubles psycho-sexuels pour
lesquels il consulte lui donnent le sentiment d'être dévirilisé,
ce qui paralyse ses relations avec les femmes aimées, toutes
antérieurement déflorées. Par contre, avec sa femme,
« prostituée », objet sale, cet obsédé parvient à une relation
sexuelle relativement satisfaisante sur le plan physiologique
mais qui le dégoûte sur le plan affectif. L'homosexualité
latente est au premier plan de la psychothérapie d'inspiration analytique qui a été entreprise.

Observation 16

Marcel, 29 ans, nous consulte pour *impuissance*. Dans ses

antécédents, on doit relever qu'il n'a pas connu son père (mort d'infarctus peu après sa naissance), qu'il reproche à sa mère de n'avoir pas été assez énergique avec lui et qu'il regrette son cousin mort récemment, autoritaire mais aimé.

Diabétique depuis l'enfance, il s'inquiète beaucoup de savoir s'il n'est pas stérile. Il suit des cours du soir; à l'occasion d'un examen raté, il présente un état dépressif et devient impuissant; son diabète se déséquilibre. Il ne s'inquiète guère de la situation jusqu'à ce qu'il se marie, il y a un an, avec une veuve, mère de deux enfants (3 et 2 ans). Il ne parvient pas à avoir de rapports sexuels. Marcel est timide, rougissant, réticent. Il se décrit comme un doux, se comporte avec les enfants de sa femme de façon très maternelle. Ayant une bonne situation, il se dit heureux, mise à part son impuissance (qui ne semble d'ailleurs pas le tracasser outre mesure). Ses expressions sont infantiles (il n'aime pas sa femme quand elle est « méchante »); il a un grand besoin d'être traité comme un enfant par sa femme, dont il est extrêmement dépendant.

Relevons dans ce cas :

— *l'inhibition de toute agressivité*, assez courante dans l'impuissance sexuelle;

— le fait que l'impuissance est mieux supportée lorsque, comme ici, elle porte sur le désir même et pas seulement sur l'érection, alors que persisterait un désir impossible à satisfaire;

— *l'infantilisme*, dû en particulier à l'absence d'images viriles dans la famille : il reproche le manque d'autorité de sa mère, épouse une veuve mère de deux enfants, s'exprime comme un enfant;

— *la sommation organique et psychique* très vraisemblable (le diabète seul ne réussit généralement pas, par l'artériosclérose, à provoquer l'impuissance);

— *le syndrome dépressif* concomitant au début de son impuissance. Dans nombre de dépressions, l'impuissance est un symptôme de fléchissement parmi d'autres, et il régresse avec la dépression.

II. *INHIBITIONS SEXUELLES CHEZ LA FEMME* : *FRIGIDITÉ ET VAGINISME*

1. La FRIGIDITÉ est très fréquente. Elle présente tous les degrés, depuis l'absence d'orgasme vaginal, malgré un état de plaisir purement psychique au cours des rapports, jusqu'au dégoût phobique de tout contact sexuel, en passant par l'indifférence. La frigidité peut être temporaire, par exemple liée à un surmenage physique ou à un sentiment passager d'hostilité vis-à-vis du partenaire, ou à la crainte d'une grossesse. Elle est plus souvent chronique et liée à une inhibition névrotique.

C'est ainsi que la majorité des femmes névrosées sont frigides. Le traitement est alors celui de la névrose.

Observation 17

Emma, 30 ans, secrétaire de direction, nous consulte pour frigidité.

Son enfance a été mouvementée. Elle se rappelle avec terreur les « jeux » de son père, qui l'élevait au-dessus du parapet des quais de la Meuse et menaçait de l'y laisser choir pour la punir d'avoir frappé son chien.

Alors qu'elle n'est âgée que de 8 ans, ses parents se séparent. Elle reste à la garde de sa mère, femme très peu affectueuse qui reste des jours entiers sans parler et sans embrasser sa fille, bien qu'elle l'oblige à de grandes démonstrations d'affection. Emma, malgré tout très attachée à sa mère, n'ose se plaindre. En particulier, elle supporte sans mot dire des sous-vêtements qui la blessent.

Depuis la puberté, elle présente des crises de plus en plus fréquentes d'asthme et d'acné. Elle fait de nombreux cauchemars à thème de ruminations anxieuses.

Mariée il y a 10 ans, elle donne libre cours à son agressivité « rentrée ». Elle s'irrite de la trop grande compréhension de son mari, qui supporte tout sans réagir, y compris la frigidité croissante de son épouse (qui éprouve une répulsion incoercible lors du moindre attouchement et ne peut même plus supporter le spectacle d'amoureux enlacés).

Elle affirme qu'elle s'entend relativement bien avec son mari mais qu'elle continue à réserver la première place à sa mère en son cœur. Elle admet qu'elle est rancunière et froide comme sa mère, et simultanément hyperémotive. Elle aime son métier, dans lequel elle a souvent l'occasion d'affirmer sa supériorité sur les hommes, ce dont elle jouit beaucoup. Cependant, il lui arrive d'être déprimée et d'être « complexée » par le fait qu'elle appartient au sexe dit faible.

Observation 18

Justine, âgée de 33 ans vient consulter pour frigidité totale et incapacité d'avoir des rapports sexuels avec son mari. Mariée à l'âge de 18 ans, elle a toujours « supporté » les rapports sexuels sans éprouver le moindre plaisir. Depuis un an environ, cette frigidité primaire s'est aggravée et la patiente éprouve une répulsion à l'idée d'un contact physique avec son mari : toute tentative de rapprochement sexuel amène une réaction d'exaspération de sa part. Une symptomatologie identique s'est déjà présentée à plusieurs reprises depuis le début du mariage, sans cause apparente mais l'horreur du contact physique disparaissait spontanément au bout de quelque temps.

C'est une femme mince, grande, d'allure virile. Elle se caractérise par un esprit positif, réaliste et peu sentimental. Elle accorde peu d'importance au côté affectif de la vie mais craint de perdre son mari par un refus trop prolongé de rapports sexuels.

Le ménage a deux enfants : une fille de 10 ans et un garçon de 6 ans. Les époux n'éprouvent aucune crainte à l'idée d'une nouvelle grossesse possible car un troisième enfant serait le bienvenu pour l'un et pour l'autre.

La patiente ne manifeste aucune idée dépressive ou anxieuse ; elle souffre toutefois d'un état de tension intérieure, d'un sentiment de contrainte perpétuelle. Dans la vie quotidienne, elle se montre susceptible, scrupuleuse et très minutieuse. En dehors des relations sexuelles elle considère l'entente conjugale comme très bonne, son mari étant travailleur, sérieux et fort affectueux. Toutefois, dès le début des fiançailles elle éprouvait peu de goût pour les démonstrations physiques d'affection, alors que son futur mari y était fort sensible. Cette difficulté à extérioriser ses sentiments n'a fait que s'aggraver après le mariage.

Son père était « faible de caractère » et se laissait constamment entraîner par ses penchants pour la boisson et pour le sexe féminin. La naissance non désirée de sa fille l'a amené à se marier contre son gré. Il a toujours manifesté de l'hostilité à l'égard de celle-ci car il la tenait pour responsable de la mésentente ultérieure du ménage. La patiente a beaucoup souffert de ce rejet de la part de son père ainsi que de la discorde entre ses parents. Ceux-ci vivaient l'un avec l'autre comme des étrangers et leurs relations semblaient consister essentiellement en discussions provoquées par les infidélités et les abus de boisson du père. La mère a pu, grâce à un travail acharné, faire face aux difficultés financières liées aux nombreuses absences de son mari mais elle n'a jamais pu apporter à sa fille l'affection dont celle-ci avait besoin. Cette dernière a été élevée jusqu'à l'âge de 12 ans par une tante. Ensuite elle est retournée vivre auprès de ses parents malgré le climat de discorde, d'insécurité et les vexations continuelles dont elle était l'objet. De l'âge de 16 à 18 ans, elle travaille dans le magasin d'épicerie de sa mère pour subvenir aux besoins du ménage. Lorsqu'elle exprime le désir de se marier elle rencontre l'opposition de son père : celui-ci invoque un prétexte fallacieux pour empêcher le mariage. La patiente passera outre à cette interdiction et se mariera. Peu de temps après cette union, le père meurt des suites d'un accident. Depuis ce moment, la malade aide sa mère dans la gestion du magasin d'épicerie sans toutefois y être vraiment associée : sa mère ne lui accorde pas une grande confiance et lui confie uniquement des tâches secondaires.

Depuis l'aggravation de la frigidité, la patiente présente des irrégularités menstruelles avec raccourcissement du cycle ; l'examen gynécologique et endocrinien s'est révélé normal. L'absence de vie sexuelle ne pose pas de problème à la patiente mais lui fait craindre une rupture de la part de son mari. Ce dernier adopte à l'égard de son épouse une attitude compréhensive, faite de prévenances et d'attentions, sans parvenir à modifier les réactions de répulsion qu'elle éprouve. Cette peur physique du moindre contact charnel se traduit chez la patiente par une impression de courant électrique qui la parcourt lorsqu'elle se trouve en présence d'un homme. Elle se décrit comme une « hystérique à rebours ».

Commentaires

Comme dans l'observation 17, la genèse de cette frigidité semble se trouver dans les conditions très peu satisfaisantes dans lesquelles la patiente a vécu son enfance et son adolescence. Cause du mariage forcé de ses parents, elle a toujours été rejetée ouvertement par son père et indirectement par sa mère; la mésentente conjugale de ses parents, l'image d'un père faible, instable et de caractère psychopathique ont hypothéqué ses capacités d'établir des relations normales avec les personnes du sexe masculin. Sur un plan plus superficiel, les nombreuses liaisons féminines de son père, cause principale de la mésentente de ses parents, l'ont probablement amenée à rejeter toute sexualité. Grâce à un Moi relativement fort, la malade a constitué une névrose de caractère dont sa frigidité est symptomatique : rejetée par son père, elle rejette maintenant son mari, malgré elle.

En raison de son peu de motivation, de l'ancienneté des troubles et du contrôle affectif relativement rigide, une psychanalyse classique n'a pas été conseillée mais une psychothérapie sous L.S.D. Justine, alléguant une amélioration légère des rapports conjugaux pendant les vacances, n'a pas donné suite à ce projet.

2. Le VAGINISME ne doit pas être confondu avec la frigidité. Il est dû à des spasmes des muscles périnéaux, ce qui gêne, rend douloureuse ou empêche la pénétration du pénis. Le vaginisme peut être passager (ne durant que quelques semaines à quelques mois après la défloration) ou durable (certaines épouses, encore vierges après 10 ans de mariage, viennent consulter pour dyspepsie, céphalées etc. mais pas pour leur vie sexuelle; elles croient souvent qu'elles ont le vagin anatomiquement trop étroit, ce qui n'existe pas).

Agée de 38 ans, et après 16 ans de mariage, Jeanne consulte pour la première fois pour une frigidité qui existe depuis toujours et qui s'accompagne de vaginisme avec très vive répulsion pour les contacts sexuels.

Elle nous est adressée par le service de médecine où elle s'était présentée pour lassitude générale, marquée surtout le matin, et troubles digestifs mineurs.

Elle vient seule à notre consultation et se met rapidement à pleurer, expliquant que c'est la première fois que sa maman ne l'accompagne pas. La dépendance de la mère est en effet extrême, bien que la malade ne s'en soit jamais rendu compte très clairement. Si elle vient seule aujourd'hui c'est sur les conseils de son médecin qui nous l'envoie.

Fille unique et non dé irée, elle estime cependant que sa mère a centré sur elle tout son amour. Elle s'est toujours montrée « très sage et docile, une vraie petite fille modèle ». Elle s'est toujours bien entendue avec sa mère; les seuls exemples de l'excès d'autorité exercée par cette dernière seront choisis dans la vie actuelle. Il semble en effet que les dissensions soient maintenant assez apparentes et le mari a engagé sa femme à avoir une explication ouverte avec sa mère.

Celle-ci vit avec le jeune couple et supporte très mal qu'on la laisse seule parfois; c'est elle qui choisit les vêtements que portent sa fille et son gendre; elle a fait enregistrer à son nom la voiture qu'ils ont achetée; elle reproche à sa fille, sur un ton fâché, le moindre retard, et sa fille s'en va alors pleurer dans un coin.

La malade exprime très peu d'ambivalence vis-à-vis de sa mère qu'elle décrit comme une femme très forte, beaucoup plus courageuse qu'elle-même. Dans son ménage, c'était la mère qui commandait; le père était, au contraire, un homme peu entreprenant avec qui la malade s'entendait très bien. « Il ne me disait pas que j'étais belle, mais on me disait par derrière qu'il était fou de moi. »

Réglée vers 15 ans, elle a toujours été dysménorrhéique et a consulté de nombreux gynécologues pour cette raison.

Elle savait fort peu de chose de la sexualité quand elle eut ses premières règles. Sa mère lui dit seulement : « il ne faut pas aller avec un homme ». Elle n'a appris comment venaient les enfants qu'à l'âge de 17 ans.

Mariée quelques années plus tard à un homme plus âgé qu'elle, elle mena pendant plusieurs années une vie de travail très active (tournées de vente de légumes). Elle se sentait surmenée et mettait sur le compte de la fatigue son peu d'intérêt pour la vie sexuelle. C'est aussi à cause de ce travail très prenant qu'elle n'envisagea pas d'avoir d'enfant.

Au moment du mariage, la malade avait cru comprendre que sa mère leur interdisait d'avoir un enfant, sous peine de les mettre à la porte. Plus tard, la mère aurait déclaré qu'il ne s'agissait que d'une plaisanterie; maintenant si le couple regrette cette absence d'enfant, ils s'estiment trop vieux et de plus, s'il en venait un, « ce serait encore ma maman qui l'élèverait ».

Dès le début du mariage, la malade a trouvé les relations sexuelles difficiles. S'estimant très « étroite », elle demanda à être « élargie » par des séances de pose de spéculum mais ce traitement resta sans effet. Elle tenta plusieurs fois de prendre une certaine dose d'alcool avant le coït, ce qui le facilitait parfois. En effet, la frigidité s'accompagne de dyspareunie avec douleurs locales et sensations de crispation généralisée à tout le corps. La malade ne supporte absolument aucune caresse, en particulier au niveau des seins; il lui arrive fréquemment de refuser les rapports sexuels. En dehors des problèmes sexuels, il semble que les relations entre les époux soient sans aucun conflit, le mari, comme la malade, se montrant très conciliant dans la vie de tous les jours.

Par ailleurs, la malade ne signale aucun trouble psychique en dehors de cauchemars fréquents, où elle rêve des morts de sa famille, en particulier de son père et de sa grand-mère paternelle qui s'est toujours montrée très bonne avec elle et qui est « morte de chagrin » il y a 14 ans à la suite du décès de son fils; la malade, très éprouvée à cette époque, aurait voulu se noyer quand elle apprit que son père était atteint d'une leucémie aiguë, elle pleurait beaucoup et maigrit de 5 kgs mais, après sa mort, elle ne présenta pas d'état dépressif manifeste.

L'appétit est très bien conservé, la malade remarque qu'elle mange davantage quand elle a des soucis, des chagrins. Le sommeil est également très bon, en dehors des cauchemars et le nombre d'heures de sommeil est assez élevé (10 h par nuit).

Pendant ce premier entretien, la malade a grand-peine à contenir son émotion et présente de nombreuses crises de larmes.

Elle se sent très frustrée par l'absence de sa mère et elle désire être accompagnée par son mari pour le rendez-vous suivant.

Cependant, elle annule ce rendez-vous et ne se représentera plus à la consultation.

Nous pouvons supposer que l'ambivalence des sentiments qu'éprouve la malade pour sa mère, la dépendance, excessive depuis toujours, dans laquelle elle a vécu jusqu'ici sans bien s'en rendre compte, l'agressivité qu'elle est incapable de manifester ouvertement l'ont remplie de sentiments de culpabilité à l'occasion de l'entretien.

L'attachement très infantile de la malade pour sa mère s'accompagne d'interdictions massives concernant la sexualité.

Ces interdictions, fondées sur la culpabilité œdipienne apparaissent ici très nettement : interdiction d'avoir des enfants, interdiction d'être séduisante et de mener une vie sexuelle s'accompagnant de plaisir.

■

III. *EXCÈS DE MANIFESTATIONS SEXUELLES*

Les exacerbations pathologiques de l'activité sexuelle nous retiendront moins, non qu'elles soient rares, mais parce qu'elles motivent beaucoup moins souvent une consultation et sont des problèmes de spécialistes.

Le SATYRIASIS est une exaltation de l'activité sexuelle avec impulsion plus ou moins irrésistible à la multiplication des coïts, et souvent des objets libidinaux.

La NYMPHOMANIE est l'homologue, chez la femme, du satyriasis (nymphes = synonyme de petites lèvres de la vulve).

Le DONJUANISME est caractérisé par le besoin de multiplier les séductions sexuelles, moins par exagération des pulsions libidinales que pour le plaisir de séduire et souvent pour éviter le sentiment d'être « pris au piège » d'un mariage ou d'une liaison, en conservant une liberté toujours renouvelée.

Le MESSALINISME est l'homologue, chez la femme, du donjuanisme.

IV. *PERVERSIONS*

On peut les répartir en deux grandes catégories, selon que :

— l'instinct est détourné de son objet : ce sont les *anomalies du choix objectal* (nous envisagerons essentiellement l'auto-érotisme et l'homosexualité);

— l'objet est normal mais l'instinct est perverti en ce sens que la détente est obtenue par des moyens anormaux, investis d'une signification particulière : c'est *l'érotisation de plaisirs non génitaux* (voyeurisme, exhibitionnisme, sadisme, masochisme, fétichisme).

A. ANOMALIES DU CHOIX OBJECTAL

L'instinct sexuel normal pousse un individu mâle et un individu femelle à rapprocher leurs organes génitaux dans le but de parvenir à la détente par l'orgasme.

Cette adéquation de l'instinct sexuel est surdéterminée, nous l'avons vu, par des facteurs biologiques, psychiques, sociaux, éthiques.

a) *Dans l'auto-érotisme ou onanisme* [1], *l'objet* de la libido est le *sujet* lui-même : la recherche de l'orgasme fait l'objet d'activité sexuelle sans partenaire.

Au stade le plus primitif du développement, le nourrisson ignore tout corps étranger au sien propre : c'est sa seule source de plaisir. La zone primitive du plaisir est d'abord exclusivement buccale, puis anale, puis génitale, et il est normal d'assister à des manifestations d'onanisme vers l'âge de 4 ans.

La poussée pubertaire réactive la sexualité infantile et la grande majorité des adolescents (88 % d'après le rapport

---

[1] Le péché d'Onan, stigmatisé par l'Ancien Testament, correspond en fait au gaspillage du sperme par le retrait (coït interrompu).

KINSEY) pratiquent l'onanisme, le plus souvent avec des fantasmes hétérosexuels.

Normalement l'orientation hétérosexuelle de la libido et le jeu des sublimations permettent au sujet de se détacher de la masturbation.

Mais le médecin reçoit souvent des confidences de sujets, adolescents ou · adultes, à qui la masturbation pose des problèmes obsédants. Le cas le plus fréquent est celui de certains hypochondriaques, névrosés et non pervers, hantés par la culpabilité, anxieux, persuadés (souvent parce que leur famille le leur a dit maladroitement) qu'ils s'abîment la santé, qu'ils s'épuisent le système nerveux, qu'ils affaiblissent leur moelle épinière; incapable de résister à la tentation, ils se reprochent sans arrêt leur « vice solitaire »; ils se font examiner pour l'asthénie ou des douleurs multiples qu'ils attribuent à la masturbation et qui en fait sont dues à la culpabilité et peuvent être considérées comme un équivalent dépressif.

La masturbation peut être considérée comme statistiquement normale à l'adolescence. Elle revêt par contre un caractère pathologique par la suite :

a) lorsqu'elle est préférée au coït ou permet de l'éviter;

b) lorsqu'au lieu de s'accompagner de fantasmes hétérosexuels (imagination de scènes érotiques) elle est purement narcissique, l'objet n'étant autre que le corps du sujet : c'est lui qui est contemplé, caressé, et constitue le centre d'intérêt imaginaire. Ainsi chez ce patient dont la masturbation a toujours lieu devant des miroirs qui lui permettent de jouir du spectacle de son corps dans sa totalité : il s'agit bien alors d'un véritable auto-érotisme pervers.

Une modalité du même ordre plus rare est le *travestissement* où le sujet jouit de se voir habillé en femme (son moi-idéal narcissique est féminin).

b) L'*homosexualité* est une attirance érotique pour les individus du même sexe. Elle peut être exclusive, prépondérante (un père de famille peut être essentiellement homosexuel), évidente ou larvée. Ainsi, elle peut ne se manifester que par une excitation sexuelle déclenchée par la présence ou la *représentation imaginaire* d'un individu de même sexe.

Mais l'attirance érotique peut rester sur le plan de l'amitié et des échanges affectifs, sans manifestations érotiques somatiques. On dit alors que l'homosexualité est *latente*.

La grande majorité des homosexuels ne souffrent pas de leur état, le mettent sur le même pied que l'hétérosexualité : le médecin ne les voit pas dans son cabinet ou ignore leurs particularités; il ne pourrait d'ailleurs rien faire pour eux.

En fait, il est abondamment démontré que l'humanité ne se divise pas en hétéro et homosexuels, contrairement au préjugé couramment admis.

Avec KINSEY, on peut distinguer dans la population sept groupes d'individus (voir figure) :

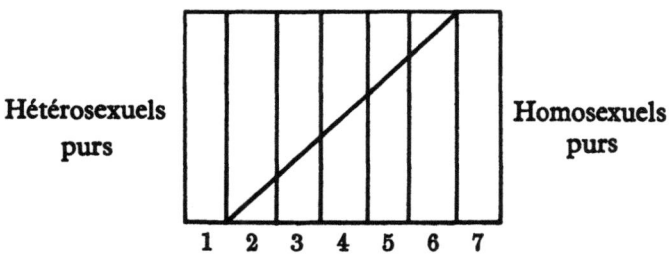

Hétérosexuels purs — Homosexuels purs

1 2 3 4 5 6 7

Le groupe i correspond aux sujets n'ayant jamais présenté aucune manifestation homosexuelle.

Le groupe 2 à un comportement homosexuel accidentel révélé par l'interrogatoire.

Le groupe 3 à un comportement homosexuel plus qu'accidentel.

Le groupe 4 à une activité hétéro et homosexuelle à parties sensiblement égales.

Dans le groupe 5, c'est l'activité homosexuelle qui est prédominante.

Dans le groupe 6, l'hétérosexualité n'est plus qu'accidentelle.

Le groupe 7 correspond aux homosexuels purs, n'ayant jamais présenté aucune manifestation hétérosexuelle. Il représente, suivant diverses statistiques, 2 à 5 % de la population.

D'après KINSEY le total des groupes 5, 6 et 7 (tous sujets à prédominance homosexuelle) comporte 13 % de la population.

Types cliniques d'homosexuels

L'homosexuel mâle peut avoir une présentation :

a) Virile (dans son allure, sa démarche, ses goûts);

b) Efféminée (charpente souvent frêle, mimiques, gestes et vêtements caricaturaux);

c) Névrosée : il frappe alors par son air anxieux, un mélange de timidité et d'agressivité impulsive. Sa morphologie est sans particularité, son existence est une alternance de lutte contre son désir et de laisser-aller : quand il cède, il part en chasse dans les lieux publics, les bars spécialisés, les urinoirs. Ou bien il a des liaisons plus ou moins stables parfois marquées des orages de la jalousie.

Il ressent douloureusement d'être mis à l'index de son milieu social. L'alcool lui apporte souvent un soulagement. Des symptômes de névrose de caractère, masochiques par exemple, sont en général associés. De tout ceci le sujet souffre et voudrait guérir, ce qui le distingue du pervers pur.

Les homosexuelles (qui viennent très rarement consulter) se partagent en actives-viriles et passives-féminines.

Études biologiques

a) *Typologie morphologique.* Les diverses approches de classification n'ont mis en évidence aucune constitution gynoïde.

Les allures féminoïdes de certains sont beaucoup moins dues à des données morphologiques stables qu'au désir de se comporter comme des femmes et de chercher à leur ressembler.

b) *Investigations endocriniennes.* Aucune modification hormonale n'a été démontrée non plus : les endocrinologistes ne constatent aucune corrélation

entre hormones et choix objectal de la libido ;

entre telle ou telle hormone et une action virilisante ou féminisante sur les caractères sexuels secondaires ;

les œstrogènes peuvent viriliser et les andogènes féminiser dans certaines conditions : c'est la spécificité des récepteurs qui agit.

c) *Génétique.* Le facteur héréditaire est certain : les études sur des couples de jumeaux de KAHLMAN (comparant des couples de jumeaux uni- et bivitellins, dont l'un est homosexuel) l'ont démontré. Mais cette prédisposition héréditaire est loin de jouer comme un facteur déterminant absolu et laisse une large place à la psychogenèse.

Psychogenèse

On trouve trois éléments essentiels (plus ou moins prédominants les uns sur les autres, d'où les variétés cliniques) dans l'enfance des homosexuels, dont André GIDE et Marcel PROUST constituent des exemples classiques :

— la fixation à la mère;

— la peur de castration;

— le narcissisme.

Dans la forme à prédominance *narcissique*, l'homosexuel s'identifie inconsciemment à son partenaire, en général plus jeune que lui, adolescent ou petit garçon, qu'il aime comme il aurait désiré être aimé lui-même par sa mère ou son père. En se projetant dans l'autre comme dans un miroir, il se gratifie de ce que ses proches lui ont refusé.

Si l'excès d'amour mère-fils peut engendrer l'homosexualité, l'excès contraire, la haine mère-fils, peut faire que la haine pour la mère s'étende à toutes les femmes. Mais dans les deux cas la personnalité insuffisante du père n'aura pas permis au fils de s'appuyer complètement sur lui, soit pour surmonter la situation œdipienne soit pour se protéger contre la peur d'une mère méchante. Si au contraire la personnalité du père est écrasante, la peur de castration peut directement être inspirée par lui et conduire à l'homosexualité. Si le petit garçon ne peut surmonter la peur du père, il peut adopter une attitude passive-féminine pour dissiper la colère dont il se sent menacé.

Cette peur de castration entraîne un comportement quasi constant chez l'homosexuel : le besoin de voir, de toucher, de constater l'existence du pénis chez le partenaire, comme si cette constatation le rassurait sur son propre cas.

Traitement. Aucun traitement hormonal n'est efficace dans l'homosexualité, aucun ne peut prétendre à réorienter la libido. Toutefois de nouveaux dérivés hormonaux, encore au stade expérimental, peuvent peut-être rendre aux homosexuels qui souffrent de leur perversion le service de diminuer considérablement leur libido, leur rendant l'existence plus facile.

Chez les homosexuels névrosés, la cure psychanalytique peut amener la guérison dans un tiers des cas environ et, dans un autre tiers, la guérison des symptômes névrotiques sans modification importante de la sexualité.

B. ÉROTISATION DE PLAISIRS NON GÉNITAUX

Le comportement érotique est détourné de son *modèle* génital spécifique : des situations voluptueuses paradoxales sont créées (alors que dans le précédent groupe c'est simplement le partenaire qui est inadéquat).

a) *Érotisation du regard*

Le regard est prise de possession et la part de la vision dans l'érotisme est universellement développée.

Mais pathologiquement la recherche du plaisir sexuel peut être *limitée* au contact lointain que donne le regard, tout contact direct étant évité : ainsi se constitue un couple bipolaire, voyeurisme-exhibitionnisme, comme il y a un couple sadisme-masochisme.

1) Dans l'*exhibitionnisme* il y a aussi le désir de voir : jouir de l'effet produit par l'exhibition.

Il s'agit souvent d'hommes jeunes, de 25 à 35 ans, timides, qui exhibent furtivement leur pénis dans un jardin public, une église, un couloir de métro...

Il peut y avoir exhibition simple ou masturbation associée. Pour que le plaisir atteigne son maximum, le spectateur ou la spectatrice doit montrer du saisissement ou de l'effroi.

L'exhibitionnisme comporte généralement une composante agressive (désir de choquer) et constitue souvent la seule forme d'activité sexuelle possible chez les impuissants.

Pratiquement toujours (qu'il s'agisse de l'exhibitionnisme classique de LASEGUE, tout à fait exceptionnel mais longtemps considéré comme le seul morbide, ou de l'exhibition d'une verge en érection avec essai de séduction) on trouve chez ces sujets une angoisse de castration aiguë.

L'exhibition s'exprime en des langages variés :

— une verge flasque, non agressive, dévirilisée exhibe directement la castration, témoignage qu'elle est acceptée ;

— une verge en érection, triomphante est, au contraire, négation agressive de la castration et protestation de défense contre elle.

Le sentiment de culpabilité de l'acte est très intense. Lorsque l'anxiété est spécialement intense et prolongée, elle peut culminer en un véritable état crépusculaire subconfusionnel d'origine émotive.

2) *Le voyeurisme ou scoptophilie* a des formes cliniques multiples :

— jouir du spectacle de l'accouplement ;

— le provoquer ;

— participer à des « partouses » comportant, à côté de satisfactions érotiques directes, des composantes voyeuristes ;

— assister à des spectacles de strip-tease, cinéma et photos pornographiques.

Le plaisir du voyeur s'achève souvent dans l'orgasme mais son désir n'est jamais apaisé et il semble toujours rester sur sa faim.

b) *Érotisation de la douleur (algolagnie)*

Sado-masochisme.

La volupté est recherchée dans et par la douleur, les tortures, les flagellations, les blessures et les contraintes,
— soit infligées (marquis de Sade),
— soit subies (Sacher Masoch).

1) *Le sadisme.*

Sous sa forme la plus sanguinaire, il aboutit à des crimes dont les exemples historiques ne manquent pas : (Néron, Tibère, Caligula); Gilles de Rais, maréchal de France, dit Barbe Bleue, « triste sire » du xve siècle, tua plus de deux cents enfants pour les dépecer et les sodomiser.

Sous ses formes mineures, bien connues des prostituées, il est fréquent et entraîne souvent de véritables mises en scène où le partenaire est forcé ou à demi-forcé à se laisser enchaîner, ligoter, cravacher, jusqu'à l'orgasme du pervers.

Observation 20

Un entrepreneur en bâtiment âgé de 38 ans nous consulte parce qu'il présente depuis quelque temps des douleurs précordiales de type angineux avec oppression respiratoire et sentiment d'angoisse lors des rapports sexuels. L'épouse du patient, aux dires de celui-ci, présente également des crises d'angoisse spectaculaires avec précordialgies au moment des rapports sexuels : ces troubles sont en fait simulés par l'épouse qui parvient ainsi à éviter les souffrances physiques que lui inflige son mari dans ces moments.

Le malade dégage une impression de virilité et de volonté inébranlable. Très intelligent, il est essentiellement orienté vers le côté pratique et réaliste des choses. Les valeurs affectives et morales ont pour lui moins d'importance. Très sûr de lui, il a un besoin évident de liberté et d'indépendance : toute contrainte mise à sa volonté de puissance lui apparaît insupportable. Ces traits de caractère se retrouvent dès son plus jeune âge et s'accentuent avec le temps et la maturité.

Aîné d'une famille de deux enfants, il a souvent heurté ses parents de front par des conceptions bien arrêtées et opposées aux leurs. Les rapports du malade avec son père ont été particulièrement tendus après le retour de captivité de ce dernier. A ce moment, l'enfant a eu l'impression de perdre d'un coup toute l'affection et toute la confiance que sa mère avait reportées sur lui pendant l'absence de son époux. Depuis lors, le malade n'a pu s'empêcher de considérer son père comme un étranger et même un ennemi. Le caractère coléreux et obstiné du père ne pouvait pas s'accommoder d'un enfant aussi rebelle et indépendant; cette rivalité n'a disparu qu'avec la mort du père en 1964 des suites d'un infarctus : même à ce moment, le patient n'a pas versé une larme.

Après de bonnes études secondaires et universitaires, il se marie à une jeune fille du même âge que lui et de même niveau intellectuel. De caractère affectueux, souple et travailleur, elle réalise pour lui l'idéal féminin. Il lui est extrêmement attaché tant sur le plan physique que sur le plan affectif.

Après le mariage, les enfants se succéderont à un rythme rapide : actuellement, le ménage a 4 enfants, les deux derniers non souhaités. Notre patient marque une préférence nette à l'égard des garçons ; il aime retrouver chez eux les traits de caractère qu'il présente lui-même : ce narcissisme se retrouve d'ailleurs dans toute son histoire. Il cherche à conquérir continuellement l'affection de ses enfants en leur manifestant une camaraderie totale. Sa plus grande peur est de perdre leur confiance notamment au moment de leur adolescence. Il est conscient de prendre ainsi l'exact contrepied des attitudes de ses propres parents.

Sur le plan professionnel, le patient a commencé à travailler en Afrique du Sud. Il aimait cette vie en pleine brousse où il était son propre chef et où il pouvait exercer son autorité sur tout son entourage. Il se rappelle avec nostalgie ce temps de pleine liberté et d'indépendance. A l'époque, il s'adonnait volontiers au whisky et les premières violences qu'il aurait exercées à l'égard de son épouse se seraient produites sous l'influence d'une excitation sexuelle vive, alors qu'il était pris de boisson. Le refus de sa femme à se soumettre à des rapports sexuels dans ces conditions a exacerbé son désir et il a éprouvé alors une jouissance particulière qu'il attribue à un sentiment de domination absolue du mâle vis-à-vis de la femelle. L'acte sexuel et les violences pour y arriver ont été vécues sur un mode très possessif. A partir de cette époque, le patient éprouvera par périodes un besoin impérieux d'infliger des douleurs physiques ou morales à son épouse. Bien qu'il en ressente un repentir sincère et profond dans la suite, il ne peut s'empêcher de la maltraiter en employant des instruments divers. Il prend rarement sa femme au dépourvu et, le plus souvent, il la prévient longtemps à l'avance des traitements qu'elle devra subir. Toute résistance de la part de l'épouse provoque en lui une exacerbation des pulsions sadiques. Le désir de relations sexuelles est particulièrement aigu au moment du cycle menstruel où son épouse est féconde : l'approche de l'ovulation la rend plus désirable pour lui. Il s'oppose absolument à ce qu'elle utilise un diaphragme ou un autre moyen anticonceptionnel.

Après son retour en Europe, le malade fait preuve d'audace, de décision et d'esprit d'initiative dans son travail; ses rapports avec ses clients sont parfois tendus à cause de son esprit d'indépendance et sa volonté inébranlable. Une modification s'opère toutefois lentement sur le plan caractériel car le patient devient de plus en plus conscient de ses responsabilités au fur et à mesure qu'il avance en âge et que sa famille s'accroît. Il cherche de plus en plus à se dominer et est sujet, plus fréquemment qu'auparavant, à des périodes dépressives et anxieuses. L'apparition des douleurs précordiales l'inquiète d'autant plus qu'il se rend compte qu'un facteur « nerveux » et caractériel intervient dans leur genèse. Il ne semble pas que les efforts physiques soient les premiers responsables des douleurs angineuses mais les situations qui lui demandent un contrôle émotionnel important et un refoulement de son agressivité. L'état de tension qui précède les rapports sexuels est particulièrement propice à leur apparition.

En résumé, il s'agit ici d'une névrose de caractère avec perversion sexuelle sadique et fréquents passages à l'acte. Dans la personnalité du malade, on retrouve un désir d'affirmation constante de soi, une volonté de puissance intense. Les tendances autoritaires et indépendantes sont à l'origine de nombreux heurts que le patient a connus tant avec son père qu'avec ses supérieurs ou ses collaborateurs. Un narcissisme important se retrouve chez cet homme à côté de traits psychopathiques et obsessionnels. La problématique de l'agressivité n'a jamais trouvé de solution satisfaisante chez lui : le besoin de domination se traduit par des actes sadiques et les tentatives de meilleur contrôle émotionnel aboutissent à des spasmes des artères coronaires.

Quand des troubles coronariens apparaissent chez l'homme jeune, l'importance du facteur psychosomatique dans leur genèse est souvent au premier plan, comme c'est le cas ici. Aucune thérapeutique n'a pu être entreprise : une psychanalyse ou une psychothérapie d'inspiration psychanalytique aurait des chances de résoudre les conflits du patient, à la condition que la motivation soit suffisante. Ce n'est pas le cas actuellement.

∎

2) *Le masochisme*[1] comporte deux variétés, l'une érogène et l'autre morale.

— *érogène.*

Il constitue alors l'aspect symétrique de la perversion sadique (flagellation, morsures, tortures subies voluptueusement).

J. J. ROUSSEAU châtié par Melle LAMBERCIER en est une illustration célèbre.

Le fameux contrat entre Mme Fanny de RISTOR et M. Léopold de SACHER MASOCH en représente la charte.

Par-là les pratiques de souffrance physique rejoignent le « masochisme moral » car l'érotique sado-masochiste tend à réaliser un état d'esclavage, de servitude sexuelle (pagisme) totale.

— *moral.*

Le masochiste se ravale, jouit d'être humilié, réduit à la plus basse turpitude, à la situation d'esclave soumis aux

---

[1] Du nom de Sacher MASOCH, écrivain du XIXᵉ siècle dont la vie et les œuvres sont typiques. Ses romans, dont le plus connu est la Vénus aux Fourrures, comportent tous le récit des relations d'une femme belle et forte, hautaine, vêtue de fourrures et maniant le fouet, et d'un homme éperdu d'amour dont le seul désir est d'être son esclave. Dans sa vie réelle Masoch amena sa femme à le tromper et fit en sorte d'être surpris puis battu pendant qu'il assistait aux ébats des amants.

ordres et aux caprices d'un despote souverain. Une activité fréquemment recherchée est l'equus eroticus : le sujet éprouve de la jouissance à être harnaché et chevauché par son partenaire. Un malade de DUPOUY composa à l'usage de sa femme un traité de dressage demeuré célèbre (cf. Henri EY, Étude Psychiatrique n° 13).

c) *Fétichisme.*

L'objet qui provoque l'excitation est insolite, neutre ou contingent.

Le fétiche peut être constitué par un vêtement (chaussure, gant). Mais le déplacement symbolique peut être si lointain que la signification érotique échappe complètement à l'observateur.

Souvent le fétichisme s'accompagne d'une horreur angoissée du sexe féminin, liée à un intense complexe d'Œdipe et de castration.

Il peut entraîner des actes médico-légaux (« coupeurs de nattes » au siècle dernier, vols souvent accompagnés d'excitation sexuelle); ainsi d'un voleur de pains (qui devaient être longs et fendus) qui éprouvait à la fois orgasme et angoisse au moment du vol : s'emparer d'un objet désiré et interdit (le voler pour qu'il soit interdit et qu'il y ait menace et punition).

C. ÉVOLUTION ET TRAITEMENT DES PERVERSIONS

L'arriération affective, l'immaturité, sont inhérentes à la perversion, comme elles le sont à la névrose. L'opposition classique entre névrose et perversion est maintenant bien dépassée; on peut considérer qu'elles sont souvent imbriquées : certains pervers sont donc curables par la thérapeutique psychanalytique.

Dans certains cas, la perversité est permanente dans la destinée du sujet, constante, immuable. Dans d'autres, on assiste à une maturation à retardement, sous l'effet de facteurs exogénétiques, qu'il s'agisse ou non de psycho-thérapie systématique.

En fait, les travaux méthodiques statistiques sur le devenir des pervers font défaut dans la littérature, mais l'expérience individuelle montre qu'il ne manque pas de « vieux pervers » ou d' « anciennes perverses » qui se sont améliorés en prenant de l'âge.

CHAPITRE VII

LE CARACTÈRE
ET LES NÉVROSES DE CARACTÈRE

Nous avons vu jusqu'ici que les névroses s'expriment essentiellement par des symptômes ressentis par l'individu sur le plan psychique ou physique.

Elles peuvent aussi bien s'exprimer dans les relations sociales : il s'agit alors de névrose de caractère.

Les êtres humains diffèrent les uns, des autres dans leur comportement, dans leur façon de réagir les uns par rapport aux autres.

Le terme de « caractère » désigne la manière d'être, relativement constante, d'un individu, telle qu'elle s'exprime dans ses relations à autrui. Il n'est pas synonyme du terme de « personnalité » : celui-ci est en effet plus vaste dans sa signification, il implique aussi bien le monde intérieur du sujet, par exemple des sentiments et des émotions qui peuvent ne pas s'exprimer dans les contacts sociaux.

Dans le langage usuel, on dit couramment que quelqu'un a bon ou mauvais caractère, entendant par-là qu'il s'adapte plus ou moins bien aux difficultés rencontrées dans les contacts sociaux, familiaux ou professionnels. « Bon » ou « mauvais » est un jugement de valeur mettant en jeu l'agrément immédiat de l'observateur; mais, du point de vue psychiatrique, on ne considérera pas a priori comme nécessairement plus névrosé celui qui a « mauvais caractère » par rapport à celui qui a « bon caractère ». En effet un caractère d'une *soumission* excessive, exagérément dépendant de l'opinion d'autrui et cherchant perpétuellement à gagner son approbation, pourra correspondre à un état plus pathologique que certaines réactions agressives. La *passivité*, le manque d'autonomie i.e. le « trop bon caractère » est un symptôme caractériel au même titre qu'une agressivité excessive.

L'étude du caractère est très ancienne. Depuis qu'on écrit sur les hommes, on a tenté d'organiser la connaissance spontanée que nous prenons les uns des autres et de corriger les illusions de l'intuition. Les descriptions littéraires se sont depuis toujours attachées à ce sujet : « Les Caractères » de La Bruyère, les personnages brossés par Molière, par Stendhal et bien d'autres, sont déjà des efforts pour réduire la connaissance d'autrui d'une expérience embrouillée (celle de tout être humain) à des formes typiques. Mais, au-delà des descriptions littéraires, on a cherché, depuis l'Antiquité, à élaborer une *caractérologie*, une typologie scientifiques : c'est-à-dire à substituer à la complexité infinie des individus concrets des concepts généraux, objectifs et communs à des groupes.

Nous rappellerons pour mémoire toutes les classifications de *tempéraments* fondées sur l'idée d'un parallélisme entre morphologie ou types physiologiques d'une part et caractère d'autre part, tous deux étant déterminés par l'hérédité :

— tempéraments hippocratiques (bilieux, sanguins, lymphatiques, nerveux);

— typologie de Pende (longilignes et brévilignes), de Kretschmer (pycniques et leptosomes);

— classification de Sheldon (ectomorphes, mésomorphes et endomorphes).

La psychiatrie a abordé cette étude par la voie des maladies mentales. En France, au XIXᵉ siècle, MOREL et MAGNAN étudient le caractère et le tempérament (le mot de tempérament impliquant une constitution biologique) comme causes prédisposantes de l'aliénation mentale : ils voient dans la névrose et la psychose une *dégénérescence* du tempérament de base.

Dans la théorie psychanalytique, nous avons vu comment les symptômes des névroses classiques (hystérie, phobies, névroses obsessionnelles) trouvaient leur origine, en dehors des indéniables facteurs constitutionnels, dans la non-résolution de conflits. Pratiquement, il existe toujours des troubles caractériels associés à ces symptômes psychonévrotiques. Nous avons vu, par exemple, chez Anna O. ou chez Dora, l'existence de troubles caractériels particuliers, sur lesquels nous reviendrons. Il en est de même chez « l'homme aux rats »[1] ou dans les observations de névroses obsessionnelles typiques que nous avons résumées.

Mais tout symptôme névrotique classique peut être absent et la névrose peut être constituée exclusivement de traits de comportement social : il s'agit alors d'une névrose de caractère pure.

Ces troubles sont spécifiés surtout par la *rigidité* des conduites; le caractère normal est souple, plastique, adaptable; la richesse d'une personnalité se mesure en particulier à cette plasticité : les modes de réaction du sujet seront différents dans des situations différentes. Quand le comportement a tendance à être stéréotypé, on peut suspecter l'existence d'un caractère névrotique. A partir du moment où un individu entre trop bien dans un cadre

---

[1] In Cinq psychanalyses = observation fondamentale de Freud, source de référence encore constante pour la compréhension de la névrose obsessionnelle.

descriptif caractériel, où l'on peut décrire chez lui des types de comportement qui se répètent de façon trop stéréotypée, constituant ce que les Anglo-Saxons appellent un « pattern » (un patron au sens où ce mot est utilisé en couture), où on dit de lui « il est bien toujours le même », on peut parler de caractère névrotique ou du moins de tendance à la névrose de caractère : c'est dire combien ceci est fréquent. L'homme idéal, c'est-à-dire le non-névrosé, ne doit pas être « toujours le même », retomber dans les mêmes ornières, être obnubilé par les mêmes schémas, qui lui masquent la perception d'une réalité toujours mouvante.

Il peut arriver que le sujet soit conscient de ses déviations caractérielles, qu'il en souffre, mais, dans la majorité des cas, on peut dire que c'est surtout l'entourage qui supporte le poids du caractère névrotique. Ainsi tel sujet, atteint de ce qu'on a pu appeler une « névrose de destinée », accumulera les échecs, se replaçant toujours dans la situation qui le défavorisera, tel autre au contraire collectionnera les succès mais ceci aux dépens de son entourage immédiat, qu'il sacrifiera par exemple à ses ambitions professionnelles. Les conséquences de tels symptômes caractériels se manifesteront souvent latéralement, notamment par des troubles névrotiques chez les enfants : la pratique du neuropsychiatre d'enfants l'amène à diagnostiquer quotidiennement des névroses de caractère chez les pères et mères des enfants qu'on lui amène pour des inhibitions scolaires, des phobies, une énurésie etc.

Les névroses de caractère peuvent être divisées, de façon très artificielle pour schématiser les choses, en trois grandes catégories, suivant que prédominent chez eux les composantes qui les apparentent :

— aux *névroses* que nous avons déjà décrites, hystériques et obsessionnelles,

— *aux états psychotiques* : paranoïaques, schizoïdes, cycliques,

— aux *perversions*, narcissiques, sadiques, masochiques.

En fait l'expérience clinique montre que toutes ces composantes sont généralement imbriquées, et c'est ainsi que des traits paranoïaques présenteront une coloration différente suivant qu'on les verra s'associer à des traits hystériques ou à des traits obsessionnels.

I. *LE CARACTÈRE HYSTÉRIQUE*

Nous avons déjà mentionné les mécanismes psychiques fondamentaux qui lui donnent naissance en décrivant des cas d'hystérie de conversion. Mais il en existe de multiples formes cliniques, en particulier suivant le sexe du sujet.

Le public, en particulier les hommes, pense volontiers qu'il n'y a guère que les femmes qui soient hystériques; il n'en est rien, tout au plus peut-on dire que le comportement hystérique est peut-être plus facilement reconnaissable chez la femme que chez l'homme.

A. FORMES A PRÉDOMINANCE D'INFANTILISME AFFECTIF

Les principaux traits en sont l'hyperémotivité, le théâtralisme, la coquetterie, le comportement capricieux, instable, fantasque, rêveur. Attirés par le mystère, le miracle, l'illusion, c'est parmi ce genre de sujets que se rencontrent les clientes des voyantes extra-lucides, des cartomanciennes, des guérisseurs (et des médecins qui cultivent leur personnage de guérisseur mystérieux et omnipotent). Toute possibilité d'évasion de la réalité dans le rêve, la fiction, est saisie au passage. Ce sont des femmes à qui les tâches ménagères et les exigences de la fonction maternelle ne conviennent pas plus qu'à Emma Bovary (le terme de bovarysme a d'ailleurs été proposé pour décrire certaines de ces femmes). Ce sont d'autre part des hommes qui ont du mal à s'insérer dans une situation professionnelle stable ou à accepter une discipline.

Ces sujets multiplient souvent les aventures sentimentales sans lendemain (ou même, nous l'avons vu, rarement menées à leur terme) ou les états passionnels tumultueux. Contrairement à une opinion répandue, ce comportement ne correspond pas à la recherche de satisfactions génitales ni à des besoins sexuels particulièrement exigeants. Qu'il s'agisse d'hommes ou de femmes, cette conduite sexuelle témoigne d'une tentative pour tirer tout le parti possible de la séduction, s'assurer le plaisir de l'activité de *conquête*. Mais une fois la conquête réussie et le rêve mué en réalité, le désir n'en est pas pour autant satisfait. La femme hystérique est le plus souvent frigide : le phallus conquis ne lui appartient pas, il ne saurait mettre un terme à sa rivalité toujours déçue, aussi bien avec l'homme qu'avec la femme. De même la suggestibilité, autre trait classique qui marque l'infantilisme affectif de ce type d'hystérique, traduit sa tendance à réactiver les types infantiles de relation avec les parents ou leurs substituts : « Je vais être exactement ce que tu veux de moi » (sous-entendu : « comme ça, que tu le veuilles ou non, j'aurai moi aussi ce que je veux »...)

Comme l'enfant, qui a tendance à vivre plus volontiers dans une activité de jeu imaginaire que dans le réel, l'hystérique saisit chaque occasion possible de nier la réalité lorsqu'elle est pénible, de se la masquer par le fantasme et cette tendance imprègne plus ou moins toutes ses relations sociales. Il s'identifie avec la plus grande facilité, et inconsciemment, avec le personnage que l'Autre attend de lui qu'il constitue. C'est ainsi par exemple que, vis-à-vis d'une personne autoritaire, on le verra adopter volontiers une attitude de passivité, qu'il s'agisse d'une femme ou d'un homme.

Chez l'homme, le regard et le sourire enjôleur, le geste doux et souple, aussi bien dans les relations avec les hommes qu'avec les femmes, traduisent le besoin de séduire.

En somme, l'homme hystérique n'assume pas davantage la position virile que la femme hystérique n'accepte sa féminité. Être à son aise dans son sexe est un des aspects essentiels de la santé mentale, et on peut considérer que le fait de nier, inconsciemment et partiellement, sa situation sexuelle est une dimension majeure du caractère hystérique, qu'il s'agisse de l'homme ou de la femme.

Chez cette dernière, on verra souvent réalisé le tableau de la femme virile, dominatrice, possessive.

B.   LA FEMME VIRILE, DOMINATRICE, POSSESSIVE

Pas plus que le premier type décrit, elle n'assume véritablement la position féminine, et toute son existence est une perpétuelle revendication pour l'égalité avec l'homme ou même sa domination. Ce sera, par exemple, le comportement de la suffragette.

Dès son enfance, elle aura délaissé les poupées et ses jeux la font traiter de « garçon manqué ».

Les jeux de l'amour (qui sont souvent moins que l'on croit ceux du hasard) la porteront souvent vers un partenaire assez effacé qui n'entrera pas en compétition avec elle. Il est très fréquent qu'on voie ainsi se constituer des couples névrotiques, un homme d'une personnalité exagérément passive se trouvant plus volontiers attiré vers une femme dont il sent qu'elle lui apportera la domination qu'il recherche.

Si cette femme a des enfants, au lieu de favoriser leur maturation affective, c'est-à-dire leur détachement d'elle et leur accession à l'indépendance, elle tendra à les maintenir sous sa coupe, à les conserver attachés à elle comme des prolongements imaginaires de son propre corps.

Observation 21

Juliette, 36 ans vient consulter pour un état permanent d'excitation et de tension qui s'est aggravé depuis cinq ans, peu de temps après la mort de son père. Depuis lors, elle souffre de céphalées localisées dans les régions frontales mais pouvant atteindre l'ensemble du crâne y compris la nuque. Ces paroxysmes semblent en liaison avec des causes d'énervement qui se reproduisent de façon périodique : départ pour le bureau, pause après le déjeuner, discussion avec des collègues etc... Les céphalées disparaissent complètement pendant la période des vacances.

Physiquement, il s'agit d'une femme grande et mince, au regard vif, au sourire moqueur et agressif. Lors de tous les entretiens, elle souhaite la présence de son mari, principalement en qualité de spectateur. Celui-ci est un homme calme, assez indifférent, qui tantôt s'amusera du spectacle donné par son épouse, tantôt appuiera ses demandes et ses revendications en adoptant le même air narquois. L'échec de tous les traitements antérieurs tant en ce qui concerne l'agitation de la patiente que ses céphalées est une source de moquerie, sinon de fierté, pour les deux époux. Les entretiens se déroulent sur un mode agressif où semble exigée du thérapeute une guérison rapide et complète des troubles de la malade.

Dès les premières minutes de l'entretien, il devient manifeste que celle-ci vit dans un état d'insatisfaction chronique tant sur le plan conjugal que professionnel. Secrétaire, elle remplit ses fonctions de façon très compétente. Les rapports qu'elle entretient avec les autres membres du personnel féminin de l'administration sont très tendus : elle leur reproche un esprit mesquin et les multiples intrigues qu'elles nouent en vue d'obtenir les faveurs du directeur. Emportée par une imagination fertile, elle bâtit facilement des romans à partir d'un sourire ou d'un sous-entendu qui prennent immédiatement pour elle une valeur sexuelle. Elle pense que toutes ses compagnes de travail tentent d'user de leur charme pour obtenir des avantages matériels : cette attitude la révolte et la rend intolérante à toute critique ou remarque. Cette susceptibilité extrême se manifeste par des crises de colère auxquelles elle ne peut résister sans présenter des tendances syncopales. Pareille façon de se comporter est interprétée par la patiente comme un moyen de défense contre sa bonté naturelle qui la fait compatir trop facilement aux malheurs d'autrui. Elle est consciente du fait qu'elle « joue un rôle »; elle exploite d'ailleurs ses dons d'actrice en exécutant publiquement des parodies de ses chefs. Par cette méthode, elle reconquiert facilement les bonnes grâces de celles qu'elle aurait pu blesser par ses accès de mauvaise humeur.

Sur le plan conjugal, l'entente est plus superficielle que profonde. Juliette n'a jamais pu accepter sa condition féminine et regrette explicitement son sexe. Son désir le plus cher serait d'être un homme : cette condition lui paraît de loin préférable car elle estime que tous les soucis sont le lot de la femme, en particulier les tracas ménagers, conjugaux et les malaises physiques périodiques. Elle exprime fréquemment son ressentiment à l'égard de ses parents, les rendant responsables de son sexe. Elle a toujours eu peur d'avoir des filles car elle n'aurait pas pu surmonter un sentiment d'hostilité à leur égard. Si elle en avait eu, elle les aurait étranglées!

Son mari, « plus égocentrique », n'a jamais éprouvé de désir d'avoir des enfants. La malade n'en éprouve guère de regret, si ce n'est dans la mesure où un enfant aurait pu la guérir de ses troubles.

Fille unique, son enfance s'est passée dans un climat d'hyperprotection parentale. Elle a toujours voué une grande affection à sa mère qu'elle admirait pour ses nombreuses qualités et son savoir-faire. Elle déclare que c'était son dieu! Son décès survenu il y a une dizaine d'années a aggravé les troubles caractériels de la patiente. Quelques années plus tard, à la suite du décès de son père, elle a présenté un épisode dépressif qui a duré environ 5 mois. Une chimiothérapie adéquate a fait disparaître le syndrome dépressif mais n'a pas modifié l'état d'hyperexcitabilité et d'hyperémotivité qui persiste à l'heure actuelle. La patiente attribue ses symptômes à une trop grande sensibilité, notamment à l'égard des personnes qui sont dans la peine. Elle s'identifie trop facilement à toute personne malheureuse. La mère de la patiente présentait le même trait de caractère mais en souffrait moins, apparemment. L'émotivité de la malade se manifeste encore par des réactions excessives à tous les stimuli imprévus. Ainsi un bruit violent, la vue d'une araignée provoquent une vive réaction de sursaut et un sentiment de panique.

Commentaires

La névrose de caractère hystérique est patente. L'anxiété, les céphalées, les troubles thymiques, sont probablement liés aux difficultés éprouvées par la malade d'assumer son rôle de femme. Ses revendications viriles sont continues et s'expriment d'une façon particulièrement imagée lorsqu'elle est en proie à un sentiment d'excitation interne sans cause apparente, par la formule suivante : « J'ai encore mon serpent dans le corps ! ». Le désir de dominer l'homme, ainsi que les autres femmes, se manifeste dans toutes les activités de la patiente tant sur le plan professionnel que familial. L'harmonie conjugale est très superficielle et ne constitue en fait que la rencontre de deux narcissismes. L'indifférence du mari permet à son épouse de déployer, dans le ménage, ses tendances autoritaires et son hyperactivité névrotique. Enfin, les tendances paranoïaques de la malade, bien que peu accusées, rendent fort délicate une psychothérapie. Une thérapeutique anxiolytique a été instituée; le succès de celle-ci est, certes, très aléatoire mais elle a permis de poursuivre les entretiens sur un mode moins agressif. La psychothérapie vise en premier lieu à une prise de conscience par la malade de ses troubles caractériels et du lien qui existe entre ses symptômes et sa compétition avec l'homme.

■

II. *CARACTÈRE OBSESSIONNEL*

Par opposition à la fluidité, à la labilité que nous avons observées dans le caractère hystérique, le caractère obsessionnel est spécifié par sa rigidité. Alors que l'hystérique vit sous le signe de la dépendance d'autrui et de l'instabilité, aussi bien sur le plan émotionnel que sur celui des relations sociales, l'obsédé vit sous le signe de l'*organisation*. Qu'il s'agisse de l'ordre, de l'argent, de l'heure, il est soumis à des principes stricts.

Il est d'une ponctualité rigoureuse, aussi exigeant pour lui-même que pour ses subordonnés sur ce plan; il a la hantise de perdre son temps, et on ne le verra guère jouir véritablement de ses loisirs et se détendre. Entêté, autoritaire, il a un style de relations qui tend à s'organiser suivant la dialectique du maître et de l'esclave. Il est d'une propreté rigoureuse, pour son corps et pour ses vêtements.

Sur le plan pécuniaire, on le verra souvent faire des économies « de bouts de chandelle », vérifier dans les moindres détails la comptabilité domestique, tirer parti des objets usagés jusqu'à la dernière limite etc... Par contre, il pourra lui arriver souvent, et de façon apparemment paradoxale, de se livrer à des dépenses imprévues très importantes.

Son monde affectif est comme gelé, inhibé, par opposition aux tempêtes émotionnelles qui agitent ouvertement l'hystérique. Chez lui, aussi bien le plaisir que le déplaisir sont peu ressentis. Tout est intellectualisé : ce n'est pas de façon avant tout émotive et chaleureuse, comme l'hystérique, que l'obsessionnel appréhende le monde, mais à travers des concepts et des mots. Ses relations humaines sont dépourvues de spontanéité et de chaleur : il vit, plus que le sujet « normal », sous le signe de l'ambivalence, coexistence de sentiments opposés, amour et haine, attachement et désir de vengeance et de destruction.

Cette ambivalence se manifestera par exemple sur le plan du *travail*, domaine qui constitue une bonne sphère d'observation des réactions caractérielles. Le travail, comme l'argent, constitue en effet un des modes de relation essentiels du sujet et de son entourage : travailler, c'est donner quelque chose et recevoir quelque chose en échange. La liberté de l'obsessionnel est particulièrement entravée sur ce point : on verra très souvent son travail *inhibé* par la temporisation, la « procrastination », traduisant la difficulté à donner comme à recevoir et à jouir d'une création. A l'extrême opposé, on pourra voir l'obsessionnel se livrer au travail comme à un esclavage, s'imposant un tempo forcené, et l'imposant à ses subordonnés en même temps qu'à lui-même.

Sur le plan de la morale, il s'avère aussi scrupuleux que sur le plan de la propreté physique, il poursuit souvent l'idéal d'acquérir une maîtrise de soi aussi parfaite que possible. Ascétisme moral ou physique, souvent alimentaire, exercices physiques divers seront utilisés à cette fin. A ce perfectionnisme moral s'associent une insatisfaction et un pessimisme constants.

Lorsque le caractère obsessionnel est très marqué, l'ensemble de l'activité du sujet et de ses relations à autrui prend un caractère compulsif, jusqu'au rituel que nous avons observé dans les névroses obsessionnelles typiques.

Certains individualisent un *caractère phobique* que, pour notre part, nous ne voyons pas de raison d'individualiser par rapport au caractère obsessionnel. Il se traduit, en effet, par des conduites d'*évitement* des affects qui ne sont pas différentes de celles de l'obsédé : au lieu de ressentir « j'ai peur de... » (sortir, manger, lire, comme dans la phobie), de tels sujets ressentent et disent « je n'aime pas... » (sortir, manger, lire) et la rationalisation permet d'éviter l'angoisse. En face d'une activité donnée, ils éprouvent un désintérêt, une inhibition du plaisir éprouvé par le sujet normal, qu'ils attribuent par exemple à une défaillance ou à une fatigue physique. Ils fuieront, par exemple, les contacts sociaux par « timidité »; ils considéreront sincèrement que, s'ils n'ont pas trouvé un partenaire conjugal, c'est le fait du hasard et non pas de l'évitement actif.

Enfin, sur le plan morphologique même, l'aspect de l'obsessionnel est souvent caractéristique : par opposition à la mobilité et aux gestes vifs de l'hystérique, à sa mimique expressive, on trouve chez lui un masque immobile, une motilité indécise, lente, parfois empruntée, confinant à la raideur. Dans les conversations, l'obsessionnel apparaît souvent comme se perdant dans des critiques stérilisantes ou peu constructives, des disputes de détail; il peut apparaître comme un doctrinaire, conservateur, s'attachant à freiner tout mouvement enthousiaste. Il est souvent collectionneur, compilateur, érudit, accumulant des documents avec un souci de perfection qui brise en lui tout élan créateur. Sa profession, ses violons d'Ingres sont souvent significatifs, par l'évitement des échanges humains dont ils témoignent : il s'orientera volontiers vers les mathématiques, l'astronomie, la minéralogie, la comptabilité, les ordres religieux les plus ascétiques.

* * *

Il existe, bien entendu, des variétés cliniques innombrables de caractères obsessionnels suivant la prédominance de tel ou tel trait. C'est ainsi qu'on peut décrire :

a) l'obsessionnel « *froid* », chez qui les mécanismes d'intellectualisation, de rationalisation sont aussi réussis que possible, en ce sens qu'ils *isolent* complètement le sujet dans sa gangue (c'est un type de névrose caractérielle qui est particulièrement difficile d'accès à la psychanalyse;)

b) l'obsessionnel *inquiet*, anxieux, insatisfait, émotif, chez qui les sentiments de culpabilité sont souvent au premier plan : ce genre de sujet, qui souffre beaucoup plus de son caractère que le précédent et dont le contact avec autrui est bien meilleur, constitue en général une meilleure indication psychothérapique;

c) l'obsessionnel *passif*, soumis, dont l'agressivité est à peu près complètement inhibée ou paraît sous des formes très dissimulées; il est souvent atteint d'inhibition intellectuelle et d'inhibition du travail;

d) l'obsessionnel *sadique* chez qui, au contraire du précédent, l'ambivalence foncière donne lieu à des décharges ouvertes d'agressivité, entretenant des cercles vicieux de sentiments de culpabilité. Le sadisme se manifeste en particulier dans le besoin de maîtrise active et de domination d'autrui, que nous avons mentionné plus haut.

Nous ne citerons pas ici d'exemple clinique des divers aspects du caractère obsessionnel : ces illustrations seront présentées à propos des troubles psychosomatiques, qui en fournissent de nombreuses observations.

III. *LE CARACTÈRE PARANOÏAQUE*

Une composante paranoïaque est fréquente sinon constante aussi bien dans le caractère hystérique que dans le caractère obsessionnel. Mais elle peut venir au premier plan du tableau clinique.

Il est fréquent d'observer qu'un caractère paranoïaque préexiste, souvent pendant des dizaines d'années, à l'apparition d'un délire paranoïaque franc. Cependant, dans la grande majorité des cas, le caractère paranoïaque demeure tel sans aboutir au délire. Il se spécifie essentiellement par une susceptibilité ombrageuse, le sujet n'est jamais satisfait de son sort, il est raisonneur, redresseur de torts, s'identifiant aux autres dans les injustices dont ils sont victimes ou dont il les juge victimes. Pour accomplir cette mission salvatrice de défenseur de la veuve et de l'orphelin, il choisira volontiers, par exemple, la profession d'avocat, de magistrat ou d'assistant social. Il a tendance à voir partout des intentions cachées, des insinuations malveillantes. Massif, rigide, contradicteur, il cherche l'adversaire, imagine les objections, sème souvent la discorde autour de lui et se dit la victime préméditée des incidents qu'il a soulevés.

Les réactions agressives sont donc au premier plan chez le paranoïaque. En fait cette agressivité est secondaire à une insatisfaction affective profonde : c'est une agressivité de défense, de protection. On le voit bien, par exemple, dans la jalousie morbide qui est, le plus souvent, rapportable au caractère paranoïaque, et qui est une cause fréquente de consultation psychiatrique.

Que se passe-t-il chez le jaloux ou la jalouse? L'essentiel est le caractère exagérément possessif, *captatif* de son amour. Son désir est de posséder constamment l'être aimé dans sa totalité, d'être maître, aussi bien de son passé que de ses pensées présentes et de son avenir. Or ce désir ne peut jamais être satisfait et le jaloux se torturera et torturera sa femme ou sa maîtresse, en évoquant des faits réels ou des possibilités, en imaginant qu'elle a pu être un jour attachée à quelqu'un d'autre, ou qu'elle peut encore manifester de l'intérêt à telle ou telle personne. Ainsi se créera, derrière la façade de l'amour génital, une relation qui est en fait *prégénitale*, c'est-à-dire qui se rapproche du comportement du petit enfant qui veut sa mère toute pour lui et, en face du partage inévitable, étale sa souffrance de façon agressive[1], pour la punir, susciter en elle des sentiments de culpabilité et tâcher de la réduire ainsi à sa merci : c'est ce qu'on désigne du nom de relation sado-masochique.

---

[1] C'est le « masochisme militant » de LAGACHE.

IV. *LE CARACTÈRE SCHIZOÏDE*

Un comportement marqué par la tendance au repliement sur soi-même, par un désintérêt au moins apparent du monde extérieur, peut évoquer une psychose schizophrénique ou précéder pendant de nombreuses années l'apparition de celle-ci. Nous avons vu qu'il en était de même pour le caractère paranoïaque et la psychose paranoïaque. Mais, en fait et heureusement, la grande majorité des caractères schizoïdes n'évoluent jamais vers une schizophrénie confirmée. Souvent dès l'enfance, le sujet semble fuir le contact avec autrui, il peut apparaître timide, effacé, terne, taciturne, boudeur. Parfois, pour protéger sa solitude, il se montre ironique et violent. Son introversion l'amène à se constituer un monde imaginaire où il est très difficile de pénétrer.

Beaucoup de comportements schizoïdes correspondent en fait à une structure de personnalité soit hystérique soit obsessionnelle (de même d'ailleurs que les traits de caractère paranoïaque) et, par un diagnostic précis et un traitement adéquat, il y aura toujours intérêt à approfondir dans ce sens l'investigation de la biographie et du monde intérieur du sujet.

V. *LE CARACTÈRE CYCLIQUE OU CYCLOTHY-MIQUE*

Cette dernière forme qui constitue, avec le caractère schizoïde et le caractère paranoïaque, le groupe des caractères psychotiques, correspond à une forme atténuée de la psychose périodique maniaco-dépressive.

Ce sont des sujets qui, sans être psychotiques, c'est-à-dire sans jamais perdre contact avec la réalité, sans que leurs capacités de jugement soient gravement perturbées, passent par des *phases* alternées de dépression névrotique (donc caractérisées par le syndrome dépressif dont nous avons déjà parlé) et d'excitation modérée (sub-excitation).

La périodicité de ce cycle est très variable, les fluctuations pouvant se succéder chez certains au cours d'une même journée; chez d'autres les périodes se comptent en semaines ou en mois. Des intervalles où le sujet se rapproche de la normale existent souvent mais peuvent être absents.

Le patient oscille donc entre des périodes où il est assiégé de sentiments d'infériorité, de culpabilité, de crainte d'être abandonné, et des périodes où il *surcompense* ce déficit et tombe dans l'excès contraire : d'inactif et apathique il devient hyperactif, voire d'une activité brouillonne et dispersée; au lieu de se sentir inférieur il se survalorise, parfois de façon agressive; l'euphorie remplace la tristesse; à la culpabilité excessive succède la négation des obligations et des responsabilités.

Si ce dernier syndrome est assez accentué, on pourra parler d'état hypomaniaque.

VI. *LES CARACTÈRES PERVERS*

Nous avons vu que les perversions authentiques se définissent par le fait qu'un instinct, sexuel ou agressif, est détourné de son but normal, c'est-à-dire :

a) naturel,

b) accepté par la société.

Sur le plan caractériel, de tels sujets se présentent avec un comportement antisocial : conduites de révolte, de défi envers la famille et la loi (d'où fugues, vols, vagabondage, prostitution etc...). Le masochisme est souvent imbriqué avec ces comportements de provocation, même s'il n'est pas ouvertement apparent, et favorise les récidives malgré les sanctions ou même à cause de celles-ci. Beaucoup de criminologistes ont mis l'accent sur l'importance des sentiments de culpabilité existant antérieurement à l'acte délictueux.

Ce masochisme et cette immaturité affective permettent de distinguer le caractère pervers *réactionnel* (encore appelé caractère pseudo-pervers) de la perversité constitutionnelle, dans laquelle n'intervient pas de composante névrotique et qui entre à proprement parler dans le cadre des « personnalités psychopathiques » : dans ce dernier cas, il y a véritablement une amoralité, une inaffectivité et une impulsivité profondes et immuables. On s'est d'ailleurs demandé quelle était l'importance numérique véritable de ce dernier cadre et dans quelle mesure on ne pouvait pas le réduire considérablement; ceci est une question encore mal élucidée, et qui donne lieu surtout à des discussions d'écoles. Mais plus il s'agit de *traits caractériels pervers réactionnels*, plus on trouve de traits névrotiques associés dans le caractère, — éléments hystériques (les plus importants, comme on l'a vu par la description ci-dessus), obsessifs-compulsifs, cyclothymiques, qui témoignent de l'immaturation affective.

Là encore, la revendication affective déguisée est le trait dominant (comme dans le caractère paranoïaque).

A. CARACTÈRE NARCISSIQUE

L'amour de soi ou narcissisme est, à la fois, un stade normal de l'évolution affective humaine, correspondant à l'époque la plus précoce du développement psychique du nourrisson et, d'autre part, une composante normale de la personnalité adulte, instinct nécessaire au maintien de l'équilibre psychologique et de l'existence tout court.

Étant donné cette diversité des sens du terme de narcissisme, des ambiguïtés sont fréquentes. En pathologie caractérielle, on parlera de caractère narcissique lorsque le sujet réduit l'existence d'autrui au service de la sienne, au lieu d'établir avec lui de vrais échanges. Ainsi, par exemple, une mère faisant de son enfant une véritable parure pour elle-même, ou une femme dont l'intérêt exclusif est constitué par son maquillage et sa toilette aux dépens de son foyer et de ses proches. Le comportement général du narcissique s'oriente vers la recherche à tout prix de la réussite et du prestige. Son équilibre est cependant souvent fragile et il se montrera incapable de tolérer les échecs ou les critiques, d'où des réactions de susceptibilité paranoïaque.

On doit souligner d'autre part le lien entre narcissisme et agressivité, caractère narcissique et caractère sado-masochique. Détruire l'image d'autrui, par l'ironie par exemple, c'est témoigner qu'on refuse de s'identifier à lui, c'est exhiber narcissiquement sa propre image : ainsi trouve-t-on, sous-jacente à la plupart des commentaires malveillants vis-à-vis de quelqu'un l'affirmation inconsciente narcissique : « Moi, je ne suis pas comme lui puisque je me moque de lui... » Deux formes extrêmes de narcissisme peuvent être individualisées :

a) le *narcissisme primaire*, le plus archaïque, spécifié par une arriération affective et sexuelle profonde : le sujet entretient une relation de dépendance complète rappelant celle du nourrisson vis-à-vis de sa mère, tous ses échanges sont manifestement égocentriques, témoignant du besoin exclusif d'être aimé et d'attirer l'affection d'autrui sans réciprocité; la sexualité est soit auto-érotique, masturbatoire, soit ouvertement homosexuelle, soit homosexuelle latente à travers un objet hétéro-sexuel;

b) dans le *narcissisme secondaire*, plus évolué, le sujet projette sur autrui sa propre image, qu'il aime chez lui. Si l'objet d'amour choisi est du même sexe, une homosexualité latente, ou vécue, peut s'ensuivre. Il recherche dans les organes génitaux de son partenaire l'image et la confirmation en miroir de sa propre virilité ou féminité.

Le retournement de la libido sur le sujet s'accompagne souvent d'un retournement plus ou moins important de l'agressivité : le masochisme s'associera ainsi, fréquemment, à la névrose narcissique.

B. CARACTÈRE MASOCHIQUE

Le terme de masochisme désignait initialement une perversion purement sexuelle, exaltée dans l'œuvre de l'écrivain allemand Sacher MASOCH. Il s'agit ici du masochisme moral, bien étudié en particulier dans le rapport de NACHT en 1937. Le sujet est un insatisfait permanent, il « s'empoisonne l'existence » comme à plaisir, il répète les échecs dans divers domaines. Souvent il exhibe sa souffrance à son entourage, il se montre malheureux, écrasé par la vie, sans toutefois en rendre qui que ce soit responsable, ce qui le différencie du caractère paranoïaque. Les problèmes de l'existence sont toujours pour lui compliqués, insolubles. Dans le mariage, il choisit souvent un partenaire conjugal agressif, avec lequel il forme un couple sado-masochique, toujours malheureux, souvent inséparable, chacun servant le désir profond de l'autre. Un tel couple ne se trouve, bien entendu, pas dans le mariage, mais seulement entre deux amis inséparables de même sexe, entre mère et fils, entre mère et fille, entre deux sœurs etc... L'échec partiel peut revêtir des formes multiples : par exemple, échec après une réussite incomplète dans les études ou dans une profession. De tels sujets on dira : « ils avaient tout pour réussir » et eux penseront : « je n'ai jamais eu de chance ».

Une autre modalité fréquente est la « fausse réussite » : tel individu ne se pardonne pas de réussir, il est inconsciemment porté à trouver toutes sortes de raisons pour se sentir malheureux. L'échec peut être limité soit à la vie professionnelle, sociale, soit à la vie amoureuse : le sujet sera, par exemple, poussé inconsciemment à exacerber sa jalousie en exigeant de sa femme qu'elle lui raconte, sans épargner aucun détail, une liaison antérieure au mariage.

Le trait essentiel du masochisme moral est le *besoin d'autopunition* qui satisfait le sentiment de culpabilité inconscient : l'agressivité jadis tournée vers les parents est maintenant, par la loi du talion, obligée de se manifester à l'égard du sujet lui-même.

En fait, il existe chez le masochiste une avidité affective toujours insatisfaite, sous-jacente à cette agressivité retournée et infléchie sur lui-même par la peur. Sous forme larvée, cette agressivité demeure d'ailleurs tournée vers autrui, sans cesse revendicante, en particulier dans ce que LAGACHE a appelé le « masochisme militant », qui cherche à faire souffrir moralement l'être aimé par l'exhibition de la souffrance du sujet destinée à déclencher, chez l'autre, des sentiments de culpabilité.

Ainsi, le plus souvent, constate-t-on l'association de tendances sadiques et masochiques : les névrosés caractériels de ce type oscillent entre des comportements cruels, formalistes et durs d'une part, et la recherche de l'échec, la soumission et l'avilissement d'autre part.

C. CARACTÈRE SADIQUE

Le véritable sadique pervers éprouve un plaisir sexuel génital à faire souffrir physiquement son partenaire. Dans le caractère sadique, on observera simplement la jouissance dans la domination agressive d'autrui. On verra, par exemple, un journaliste se spécialiser dans les articles venimeux, un instituteur éprouver un malin plaisir à ridiculiser un élève en public, à le faire pleurer et perdre tous ses moyens à un examen. L'observation 20 (p. 145) comporte des composantes caractérielles sadiques, coexistant avec une perversion sexuelle (sadisme vrai).

CHAPITRE VIII

LES NÉVROSES DE L'ENFANT

On se trouve, pour l'examen psychiatrique d'un enfant, dans des conditions assez différentes de celles que nous avons rencontrées jusqu'ici pour les adultes.

Ce n'est pas l'enfant, sauf exception, qui demande à être examiné, il est amené par ses parents. Les motifs de consultation sont très divers : troubles psychomoteurs (tics, instabilité, bégaiement, retard de langage), troubles scolaires, troubles caractériels, troubles du sommeil, troubles alimentaires ou sphinctériens, phobies... Les parents se dissocient le plus souvent de ces manifestations ; ils sont rarement prêts d'emblée à accepter que le trouble névrotique de leur enfant ne soit souvent que la conséquence ou le reflet de la névrose parentale et/ou familiale. Alors que, dans la majorité des cas, le symptôme qui a déclenché la consultation n'apparaît plus, à la fin de celle-ci, comme l'essentiel mais passe à l'arrière-plan au profit de la relation enfant/parents.

Cette situation particulière à la consultation de neuro-psychiatrie infantile a deux incidences pratiques essentielles :

a) l'usage auprès de l'enfant, plus fréquemment que chez l'adulte, de méthodes indirectes (jeu, tests projectifs etc...) étant donné son absence fréquente de motivation personnelle pour collaborer au diagnostic et au traitement ;

b) la prudence dans l'approche des parents qui ne doivent pas être trop brutalement confrontés avec les origines, même envisagées superficiellement, des troubles de leur enfant. Le simple fait de venir consulter les humilie déjà souvent, consciemment ou non, comme consacrant l'échec partiel de leurs fonctions d'éducateurs. Il n'est donc pas rare de les voir interrompre le traitement, sous un prétexte quelconque, ou ne plus donner signe de vie après la première consultation : ils attendaient de celle-ci la découverte d'une cause biologique (dans « les glandes » ou le système nerveux). Si, trompés dans cette attente, ils se sentent trop vite mis en question dans leur mode de relation avec l'enfant, ils trouvent facilement une bonne raison pour chercher ailleurs. Nous envisagerons successivement les principaux motifs de consultation.

I.   TROUBLES PSYCHOMOTEURS

A.   INSTABILITÉ PSYCHOMOTRICE

L'instabilité est normale chez le jeune enfant. Elle doit régresser au fur et à mesure que s'organise sa perception de l'espace et la perception qu'il a de son propre corps, dans une ambiance sécurisante. L'instabilité psychomotrice peut trouver son origine dans des troubles neurologiques majeurs ou mineurs (débilité motrice). Souvent aussi elle traduit une insécurité affective, une anxiété profonde. L'enfant instable est distrait; il ne tient pas en place.

Observation 22

Arthur, 14 ans, fils unique, est amené par ses parents pour troubles du comportement en classe (instabilité motrice et instabilité de l'attention).

Le père est très attaché à sa propre mère (il a fait une dépression de plusieurs années à sa mort), anxieux (une tentative de suicide), sévère envers son fils. La mère est asthmatique, hyperémotive, frigide et chroniquement déprimée. Tous deux sont très inquiets de l'approche de la puberté de leur enfant.

Arthur est né au cours d'un accouchement long et difficile; il est resté cyanosé pendant trois jours. Calme et docile chez lui, il a toujours été difficile en classe; ceci s'est aggravé vers 9 ans, en même temps qu'apparaissaient des crises d'asthme. L'électro-encéphalogramme, à l'époque, a montré des décharges paroxystiques permettant d'évoquer une comitialité latente. Après traitement, électro-encéphalogramme et comportement ont été parallèlement améliorés.

Arthur n'est pas réticent. Il s'étonne du bruit fait autour de son comportement à l'école. Au T.A.T.[1] il montre un temps de réaction très long, il se montre peu sûr de lui (« il aimerait jouer, mais... »); parfois il ne peut rien raconter « parce que les personnages ont l'air trop tristes ». Peu d'histoires se terminent bien; une inquiétude marquée se révèle en particulier dans les relations entre mari et femme (« le mari est inquiet »; « le mari trouve sa femme morte »). Les dessins de personnages masculin et féminin ne montrent pas de différenciation sexuelle.

Commentaires

Notons dans cette observation :

— *l'arriération affective des parents*, très attachés à leurs propres parents et inquiets de la puberté de leur fils, incapables d'en discuter sainement avec lui;

---

[1] Thematic Apperception Test de MURRAY, une des méthodes projectives les plus répandues.

— *l'altération cérébrale possible* (cyanose à la naissance, EEG perturbé) et l'amélioration parallèle des troubles caractériels et de l'EEG après instauration d'un traitement barbiturique à petites doses (alors que, chez les épileptiques, il y a souvent balancement entre ces deux facteurs). L'immaturité biologique de son cerveau ne facilite certainement pas son adaptation psychologique. Mais, chez les instables, en dehors de toute étiologie organique, il n'est pas rare de voir des retards de maturation de l'électrogénèse cérébrale, traduits par un excès d'ondes lentes ou par des réactions paroxystiques à la stimulation lumineuse, parallèles au retard de maturation affective.

— *l'incertitude sexuelle* perçant dans le T.A.T. et les dessins de personnages (représentation du mari comme agressif, de la mère comme une victime, l'homme étant ressenti comme dangereux pour la femme). L'absence de différenciation sexuelle indique une inhibition et traduit sans doute l'influence de l'inquiétude des parents quant à leur propre sexualité et à celle de leur fils.

— *l'inhibition de la fonction imaginaire*, également décelée dans les tests, corollaire de l'instabilité motrice et de l'impulsivité, fréquente chez les sujets présentant des tendances aux « courts-circuits perceptivo-moteurs ».

■

B.   TICS

Le tic est un geste bref, en éclair, répété involontairement, sans nécessité objective, reproduisant en général un mouvement automatique (clignement de la paupière, froncement de sourcils, reniflement, haussement d'épaule, toux etc.). Il faut le distinguer des mouvements involontaires d'origine neurologique (mouvements choréiques, athétosiques) et des gestes compulsionnels plus complexes.

Les tics sont fréquents chez les personnalités psycho-pathiques et leur étiologie peut comporter une composante héréditaire. On les voit souvent aussi chez les enfants uniques et/ou couvés par une mère surprotectrice et anxieuse, ou chez les enfants en rivalité avec la fratrie. Ils peuvent traduire une agressivité contenue ou une culpabilité (tics consécutifs à l'interdiction de la masturbation); parfois, leur signification symbolique est facilement accessible (c'est le cas de l'exemple ci-dessous).

Observation 23

Tic de rotation de la tête. Martin, 11 ans, est amené par sa mère parce qu'il présente depuis quelques mois un tic de rotation brusque de la tête vers la gauche.

Il y a 3 ans, il a déjà présenté pendant quelques mois un tic de reniflement, après que ses camarades se fussent moqués de sa condition sociale.

Depuis 6 mois se manifestent des troubles du sommeil (endormissement difficile, terreurs nocturnes) et des troubles caractériels légers (ne veut pas retourner en pension mais rester chez lui, se plaint de sa maîtresse d'école et de ses camarades, qui le brusquent).

Son père est fruste et effacé, sa mère intelligente, dominatrice, revendicatrice. Elle prétend qu'elle est exploitée par ses patrons, comme son mari reproche violemment à celui-ci de se laisser faire, prétend que la maîtresse d'école est injuste envers son fils. Elle prend constamment la parole, agressivement, à la place de son mari ou de son fils. Les parents se rendent compte que leurs disputes constantes sont néfastes pour Martin mais hésitent à divorcer, à cause de lui.

Au C.A.T. [1], l'enfant se montre inhibé (décrit les planches sans grande imagination; répond « je ne sais pas » quand on veut lui faire préciser un point). Tandis que la mère est nantie de l'autorité (elle est le coq qui surveille le repas des poussins), le père est survalorisé dans plusieurs planches. Un dessin de personnage est révélateur : Martin est au milieu de toute la famille souriante; il a une moue rébarbative et détourne la tête du côté opposé aux parents. Tous les personnages représentent la famille du côté maternel.

On peut interpréter le tic ci-dessus comme le désir profond de l'enfant de se détourner d'une situation parentale qu'il ressent comme anormale et regrettable (père soumis, mère à tendances paranoïaques, dominatrice).

■

C.   BÉGAIEMENT

Dans beaucoup de cas est présent un facteur héréditaire. Souvent existent aussi des troubles de la latéralisation (gaucherie, ambidextrie) et des facteurs névrotiques (inhibition de l'agressivité en particulier).

Il peut se présenter sous une *forme clonique* (répétition saccadée de phonèmes), sous une *forme tonique* (contraction spasmodique des organes phonateurs, qui précède une émission explosive) et sous une *forme inhibitrice* (sidération momentanée de l'élocution). Il disparaît souvent lors de textes appris par cœur, discours ou chansons; de DÉMOSTHÈNE à CHURCHILL, nombre de grands orateurs étaient bègues.

Le traitement consiste en une rééducation par orthophonie

---

[1] Children Apperception Test, adaptation du T.A.T utilisée chez les jeunes enfants.

et, dans le cas d'un bégaiement névrotique, en une psycho-thérapie associée.

Observation 24

Raoul, 10 ans, est amené par sa mère parce qu'il achoppe sur certains mots, surtout quand il est ému ou en colère. Examen neurologique normal.

Père extraverti, très méticuleux, susceptible. Mère anxieuse, surprotectrice. Un frère aîné a été traité, à 6 ans, pour troubles de la parole et de la lecture.

Raoul est jovial, très propre, ordonné; il est calme sauf quand ses camarades de classe rient de son bégaiement. Il est énurétique en de rares occasions.

Lorsqu'il avait 5 ans, sa mère a dû être hospitalisée plusieurs semaines. Il a été très inquiet, a beaucoup pleuré. C'est à peu près à la même époque qu'il a présenté des tics multiples (rotation de la tête, clignement des paupières, mouvements automatiques du bras) et une pelade rebelle.

Lorsque le bégaiement est apparu, il y a 2 ans, la pelade a disparu d'elle-même.

Raoul est dominé de plus en plus par l'inquiétude, alors qu'il était normalement de caractère gai. Il craint que sa mère ne meure, qu'elle ne soit accidentée, qu'elle ne devienne aveugle.

Relevons :

— *l'inhibition de l'agressivité* à cause d'une mère anxieuse et surprotectrice;

— les *traits obsessionnels* : grande propreté, ordre, phobie de la mort de la mère;

— la *phobie de la mort de la mère* ou de sa cécité (rappelons qu'Œdipe a été puni, par la cécité, d'avoir tué son père);

— le *balancement entre deux symptômes* : la pelade disparaît dès que le bégaiement apparaît (de même il n'est pas rare de voir un asthmatique guéri de son asthme devenir psychotique, pour redevenir asthmatique dès guérison de la psychose).

Observation 25

Joseph, 8 ans, est amené par sa mère, pour un bégaiement apparu brutalement à l'âge de 3 ans, « à la suite d'un coup de tonnerre qui a surpris l'enfant, seul, dans le jardin ».

A cette époque, Joseph était surtout élevé par sa grand-mère maternelle, à cause du travail de la mère. Celle-ci interrompt définitivement cette occupation, quelques mois après, à la suite de la naissance d'une sœur. Joseph exprime, à l'égard de sa petite sœur, une jalousie violente.

La mère est une femme anxieuse qui se sent toujours rejetée et mal-aimée. Très « fière » et susceptible, elle a le sentiment perpétuel que les autres cherchent à l'humilier. Elle a l'impression que ses parents ne l'ont jamais aimée. Ils l'ont obligée à faire des études qu'elle n'aimait pas, ils n'ont jamais reconnu sa valeur etc. Elle est aussi persuadée, de son propre aveu sans raison valable, que son mari l'a épousée sans l'aimer.

Ses révoltes fréquentes sont toujours accompagnées d'une grande culpabilité; elle reste, par exemple, anormalement dépendante de ses parents.

Avec nous, elle établit d'emblée une relation de grande dépendance et, en même temps, cherche un allié dans sa révolte contre son entourage.

Joseph est son premier enfant. Elle lui est très attachée, plus qu'à sa fille, mais se sent coupable à son égard. Sans cesse, elle le croit malade et court chez le médecin. A 6 semaines, il a fait une bronchite dont l'entourage l'a rendue responsable. Quand il était bébé et qu'elle le regardait, elle se demandait souvent : « Est-ce qu'il vivra jamais ? »

Joseph est un enfant émotif, anxieux, souvent envahi par un doute obsédant au sujet de la valeur de ce qu'il fait (travail scolaire, par exemple). Il se déprime au moindre échec. Poli et exemplaire à l'école, il est insolent et coléreux à la maison. « Ce sont des colères de faible » dit la mère, qui le trouve trop peu viril et lui a acheté récemment un fusil, pour l'habituer à être plus garçon.

Le père est lui aussi un anxieux, doutant toujours de sa valeur intellectuelle et professionnelle. Elevé sans père, par une mère hystérique, il est de caractère faible, il rampe auprès de ses supérieurs et sacrifie sa famille à ce qu'il croit être son devoir. Avec ses enfants, il est très patient et très indulgent. L'agressivité de sa femme à son égard est considérable, bien qu'elle ne s'exprime que de manière déguisée et subtile.

Le contact avec Joseph est facile. Il est prolixe. Son bégaiement (clonique) est important mais n'apparaît que dans certaines conditions et, comme nous le vérifierons plus tard, au cours d'une hospitalisation, avec certaines personnes qu'il connaît et aime bien.

Le quotient intellectuel (WISC)[1] est de 121 sur le plan verbal, de 90 sur le plan performance (mauvaise organisation temporo-spatiale).

A l'électro-encéphalogramme est mis en évidence un foyer temporal d'allure irritative retrouvé à plusieurs reprises. Aucun traitement n'a été instauré, étant donné l'absence de crises cliniques.

Au *C.A.T.* se manifeste une imagination débordante : l'image du père est celle d'un personnage puissant et agressif;

---

[1] Wechsler Intelligence Scale for Children.

l'enfant a peur d'être tué et châtré par lui, l'anxiété est très grande; à diverses reprises, se manifeste le désir de redevenir un nourrisson bien chauffé et protégé par la mère.

Le bégaiement apparaissait fortement lié à la névrose de l'enfant et de la famille; il fallait, avant tout traitement orthophonique, entreprendre un traitement psychologique. La mère a été vue deux fois par mois pendant quelques mois, en psychothérapie de soutien, au cours de laquelle aucune interprétation profonde n'a été donnée. Très rapidement, l'atmosphère familiale a été allégée et l'enfant a cessé de bégayer pendant 6 mois. Amélioration transitoire puisque, à la suite de difficultés conjugales plus marquées, le symptôme reprend de plus belle. Une psychothérapie de l'enfant est alors commencée, qui dure depuis environ 1 an. Dans les premiers temps, chaque signe d'amélioration du comportement de l'enfant s'accompagne d'une dépression de la mère. Elle réclame, par toutes sortes de moyens, que nous nous occupions aussi d'elle.

Joseph accepte le traitement avec enthousiasme. Rapidement sont possibles des interprétations de la situation transférentielle, rapprochée de ce que l'enfant a éprouvé vis-à-vis des parents. Dès les premiers temps, Joseph manifeste un grand attachement à la thérapeute, lui offre de petits cadeaux, manifeste une grande jalousie s'il a l'impression qu'on ne s'occupe pas exclusivement de lui. Il exprime dans un dessin le désir que la thérapeute répare la castration dont il a été symboliquement victime. Il dessine en effet un guerrier dont l'épée est abîmée et qui vient offrir des fleurs à une femme, en échange de quoi celle-ci lui offre une nouvelle et belle épée. Peu à peu, une agressivité considérable envers elle infiltre toutes ses attitudes et ses propos. Il n'ose cependant pas l'exprimer, en éprouve une très grande culpabilité et la peur d'être abandonné. Cette agressivité s'exprime dans des fantasmes de machines inventées par lui et qui broient toutes sortes de choses.

Lorsqu'elle apparaît enfin de manière plus ouverte, des thèmes œdipiens de désir de remplacer le père et de le supprimer font leur apparition. L'enfant fait alors jouer au médecin un rôle de surmoi paternel, déclarant qu'il est pour lui comme un justicier, un commissaire de police. Il renverse alors la situation et joue lui-même le rôle de policier qui questionne et refuse de répondre aux éventuelles questions. La psychothérapie se poursuit, le bégaiement a disparu depuis six mois et les parents se déclarent satisfaits du comportement de Joseph.

Commentaires

Si nous résumons la situation, ce qui apparaît le plus caractéristique dans la psychopathologie de la mère, c'est sa tendance à établir toujours avec autrui des relations d'un type vainqueur-vaincu. Elle se sent éternellement privée par les autres, châtrée ; la vie conjugale est vécue comme une lutte. Ce qu'elle cherche dans la relation avec le psychiatre (qui est une femme), c'est à avoir une alliée dans sa lutte contre l'homme, en même temps qu'une bonne mère permissive et déculpabilisante. Elle a peur que son fils soit détruit (cf. ses angoisses de mort) et châtré par sa faute (cf. l'achat du fusil, comportement réparateur).

Quant à l'enfant, dont les premières années ont baigné dans l'angoisse éprouvée par la mère pour l'intégrité de son corps, il est incapable de résoudre le conflit œdipien.

Menacé de castration par le père et la mère, empêché de toutes parts d'être un homme, il a le sentiment que le père et la mère lui reprochent une faute horrible. L'angoisse que soulève son agressivité est insoutenable. Sans cesse coupable, il choisit parfois de s'identifier à celui qui punit, à un père sadique et justicier. Il est alors en imagination, dans ses jeux, détective ou policier.

Une telle intensité des pulsions agressives est souvent observée dans le bégaiement.

■

II. *TROUBLES SCOLAIRES*

A. PSEUDO-ARRIÉRATIONS

Les arriérations intellectuelles (débilité mentale), avec ou sans lésions cérébrales connues sont très fréquentes et constituent un problème social majeur (une enquête récente évalue le nombre des arriérés aux U.S.A. à cinq millions). Mais ce qui nous intéresse ici, en raison de leurs relations directes avec les névrosés, ce sont les enfants dont les facultés intellectuelles normales sont inhibées par des facteurs affectifs. L'observation 8 (p. 78) nous a déjà montré un exemple de retard de langage explicable ainsi.

Certains enfants, élevés dans des conditions psychologiques néfastes (orphelinats etc.), semblent être des débiles mentaux alors qu'ils ont un quotient intellectuel normal. Chez d'autres, les tests d'intelligence donnent des résultats désastreux, de façon globale ou partielle, et on conclurait à une arriération grave si on n'avait pas, par ailleurs, des preuves que leurs potentialités intellectuelles sont sidérées par l'anxiété, l'insécurité. Ils se fixent dans des attitudes régressives. Ils n'ont aucune motivation pour les acquisitions scolaires. Percevant le monde comme hostile, ils s'en désintéressent; cette « anorexie » intellectuelle et affective peut être globale ou élective (certains enfants sont réfractaires aux mathématiques, d'autres à l'histoire etc.).

Lucienne, âgée de 7 ans ½, est amenée par sa mère, sur le conseil de l'institutrice, pour difficultés scolaires. L'une et l'autre la considèrent comme une enfant retardée et souhaitent une mise au point somatique et des directives d'orientation vers un enseignement spécial.

Lucienne est en deuxième année. Les résultats de première année avaient été satisfaisants mais, à l'heure actuelle, l'enfant a de grandes difficultés dans toutes les branches. Elle lit moins bien qu'autrefois, fait beaucoup de fautes d'orthographe, n'est pas capable d'un raisonnement simple. Elle semble ne rien comprendre à l'arithmétique. L'échec s'aggrave toujours, malgré de multiples leçons particulières où on essaie de lui présenter les difficultés de manière concrète et facilement accessible.

Fait important, une petite sœur est née quelques mois avant que ne s'installe cette situation.

La mère présente ces faits avec une agressivité marquée contre l'enfant, elle est en même temps angoissée et exprime ouvertement une culpabilité mal définie. On sent tout de suite que l'échec scolaire de Lucienne est pour elle un drame personnel. Elle avait en effet rêvé avoir une fille brillante, éblouissante ; elle l'avait élevée comme une princesse, avec un souci constant d'avoir un bel enfant, distingué, original. Elle-même est une femme intelligente et raffinée. Son père ne l'a jamais acceptée et elle a été élevée par ses grands-parents. Elle aurait aimé faire des études, devenir indépendante et brillante. La vie de ménagère ne la satisfait pas.

Le père, très préoccupé par son travail, est peu tracassé par le comportement de sa fille ; il reste très en dehors du problème. L'entente conjugale est bonne mais l'épouse n'en parle que comme d'une chose accessoire. En effet, toute sa vie est centrée sur l'échec que constitue Lucienne.

C'est d'ailleurs dans tous les domaines, que Lucienne déçoit sa mère. C'est une petite fille effacée, sans personnalité, qui ne sait s'imposer nulle part. Elle ne recherche la compagnie que des enfants médiocrement doués ou plus petits qu'elle. A l'école, elle est toujours la dernière pour tout, même pour jouer. Elle n'accepte pas les originalités vestimentaires que sa mère veut lui imposer, préférant être « comme les autres ». Par contre, elle aime se mettre en valeur par des aspects négatifs, lorsqu'elle a mal fait quelque chose ou qu'elle est souffrante.

Elle subit passivement les réprimandes et les leçons particulières, affichant toujours un air stupide mais ne se montrant jamais accablée ni désireuse de faire mieux. Elle possède toutefois une imagination luxuriante qu'elle exerce dans des jeux solitaires dont elle exclut sa mère (qui s'en irrite). Elle se montre rarement ouvertement agressive, sauf avec son petit frère.

Au cours des premiers entretiens, Lucienne est restée sans dire un mot, l'air stupide et buté. Le C.A.T. ne contient que des récits stéréotypés et de peu de signification. Le Quotient Intellectuel, test de WECHSLER pour enfants, est sur le plan verbal de 101, performance 96, mais on ne peut lui accorder une valeur sûre étant donné l'inertie de l'enfant. Il existe un certain déficit de la structuration temporospatiale mais qui n'explique pas, à lui seul, les troubles scolaires. Comme il apparaissait nettement que les difficultés scolaires n'étaient qu'un versant (le plus important sans doute) d'un comportement globalement névrotique, induit par la psychopathologie maternelle, nous avons décidé de tenter une psychothérapie de l'enfant.

Auparavant, quelques longs entretiens ont eu lieu avec la mère qui, tout en se reconnaissant une certaine responsabilité dans le comportement de sa fille, niait l'origine affective des troubles. Sa culpabilité inconsciente s'en trouvait en effet, terriblement augmentée et insupportable; d'un côté, elle aurait préféré que Lucienne fût, comme l'avait suggéré l'institutrice, une débile mentale. Elle désirait aussi des conseils éducatifs précis qui lui permettent de fuir toute responsabilité et de ne plus penser aux véritables problèmes. Elle a accepté cependant la psychothérapie, l'a suivie régulièrement, en particulier, semble-t-il, par défi agressif vis-à-vis de la thérapeute, sorte de « vous verrez que vous n'en sortirez pas mieux que moi... ». Au début d'ailleurs, a chacune des séances, elle venait nous montrer les bulletins déplorables de Lucienne comme une preuve tangible de notre insuccès.

En même temps que se poursuivait la psychothérapie de l'enfant, des entretiens avec la mère avaient lieu environ tous les deux mois.

L'enfant, au cours de ce traitement, s'est rapidement épanouie. Ses dessins très colorés représentent une petite fille dans toutes sortes de situations, petite fille dont elle a fini par convenir que c'est elle. Elle a exprimé ainsi des fantasmes d'agressivité contre les parents séparés ou unis sexuellement, de rapprochement du père, de rivalité avec le frère. Le thème le plus important, d'ailleurs exprimé verbalement et consciemment, est celui d'une culpabilité liée à l'impression d'avoir volé quelque chose aux parents. Parallèlement à l'expression de ses tendances œdipiennes, son comportement réel avec son père s'est modifié dans le sens d'un plus grand attachement.

La psychogenèse de ce cas semble pouvoir se résumer ainsi : pour la mère, femme narcissique, Lucienne n'existe pas en tant qu'être indépendant. Elle n'est qu'un prolongement de sa mère, qui doit être beau et brillant pour réparer les dommages, les entraves autrefois subis dans son propre développement. La mère a projeté sur l'enfant son moi-idéal; dans la personne de l'enfant, elle osera être ce qu'elle n'a pas pu être par elle-même, c'est-à-dire une femme dont l'intelligence, l'originalité, la beauté sont autant de moyens d'être aussi puissante que l'homme. L'homme, le père, a été exclu de cette relation à deux et il est vraisemblable que l'enfant a eu l'impression de remplacer cet homme auprès de sa mère.

Cependant Lucienne refuse de jouer le rôle assigné. Pourtant, en refusant, elle perd l'amour maternel et elle le sait. Entrent, dans ce refus, des éléments de culpabilité œdipienne, culpabilité vis-à-vis du père auquel elle a le sentiment d'avoir « volé » quelque chose, culpabilité vis-à-vis de la mère à laquelle elle n'oserait pas ressembler. Par son comportement extrêmement masochique, elle « paie » à longueur de journées le droit d'être une fille, et son vieux désir d'être un garçon.

■

B. DYSLEXIE ET DYSORTHOGRAPHIE

Nombre d'enfants ont une lecture ou une écriture hésitante, multiplient les erreurs : ils intervertissent des syllabes, confondent des lettres, mutilent des mots. Ils peuvent ainsi s'installer dans la « carrière » de cancre alors qu'au moyen d'une rééducation relativement simple ils pourraient reprendre une activité scolaire normale.

En effet, ces troubles ne correspondent pas à une atteinte organique cérébrale ni à une arriération intellectuelle vraie. Comme le bégaiement, ils impliquent généralement des troubles fonctionnels de la latéralisation, de la structuration spatiale (objectivés par différents tests, dont le BENDER-GESTALT et le BENTON, qui consistent à faire reproduire par l'enfant certaines figures, directement ou de mémoire) et de la structuration temporelle (incapacité de reproduire un rythme sonore même simple).

On trouve souvent aussi chez ces enfants une débilité motrice et des anomalies fonctionnelles de l'éléctroencéphalogramme. Chez les dyslexiques et les dysorthographiques comme chez les bègues, les interrelations entre les domaines affectif et cognitif sont patentes, la composante affective fréquemment majeure. Le traitement des troubles affectifs sera associé à la rééducation, laquelle doit porter autant sur les troubles de la perception temporelle que sur ceux de la perception spatiale.

Observation 27

Agnès, 8 ans nous est amenée par ses parents pour un retard scolaire important et une énurésie primaire quotidienne, nocturne.

Les parents sont très inquiets à son sujet et profondément désireux de l'aider. La mère est un peu agressive lors des premiers contacts.

Agnès a eu un développement psychomoteur normal. Elle ne présente pas de trouble caractériel important mais elle est peu expansive et souffre d'un sentiment d'infériorité (entre autres, à cause de son énurésie). Intelligente, elle triple sa première année. Pourtant ses résultats restent médiocres, surtout en orthographe et en calcul.

Les tests confirment l'intégrité de l'intellect et la dyslexie, concomitante d'une gaucherie visuelle très marquée : les mots dictés « si, go, vu » sont écrits « is, og, uv » mais lus correctement. Au WISC Q. I. verbal 103, Q. I. performance 80 (chute aux cubes et au code), dessins très mauvais.

Le traitement, dans un cas simple de ce genre, s'est limité à la rééducation de la dyslexie et au traitement symptomatique de l'énurésie, par une méthode de conditionnement[1]. Tout est rentré dans l'ordre en six mois.

III. *TROUBLES DU CARACTÈRE ET DU COMPORTEMENT*

Ces troubles entraînent des perturbations (soit à la fois dans le milieu familial et dans le milieu scolaire, soit isolément dans l'un ou l'autre). Ils sont fréquents et nombreux. Nous devons nous limiter, dans le cadre de ce chapitre, aux motifs les plus fréquents de consultation.

A. TIMIDITÉ

L'expression de la pensée et des sentiments est entravée, paralysée par la peur du jugement d'autrui; ceci peut aller jusqu'à un semi-mutisme et contribuer à donner l'impression d'une débilité mentale. Le timide, contraint de s'exprimer, peut présenter un syndrome d'hyperémotivité : parole hésitante, bégaiement, gestes maladroits, tremblement, hypertonie, transpiration, tachycardie etc...

L'hyperémotivité ainsi manifestée peut avoir des causes congénitales (constitution hyperémotive de DUPRÉ) ou acquises, liées à des sentiments d'infériorité ou de culpabilité développés, en particulier, à partir de relations familiales

---

[1] cf. plus loin chapitre « méthodes psychothérapiques ».

ou sociales perturbées (par exemple, surprotection par une mère anxieuse ou conflit entre les parents).

B. MENSONGE

On ne peut parler de mensonge jusque vers l'âge de 7 ans car le psychisme infantile confond réalité et imaginaire. L'enfant peut être motivé à mentir par le besoin de se valoriser auprès de ses camarades et parents ou de ses professeurs (ce qui peut aller jusqu'à la mythomanie qui compense, la plupart du temps, un sentiment d'infériorité). Il peut aussi mentir par timidité, par crainte ou pour se libérer d'un sentiment d'humiliation.

C. VOL

Le vol est l'expression la plus fréquente de la délinquance juvénile. Il faut distinguer schématiquement :

a. *le vol pervers* vrai, lié à une personnalité psychopathique et n'entrant donc pas dans le cadre des névroses ;

b. *le vol névrotique* qui, comme le mensonge, répond la plupart du temps à un besoin de compensation affective. Le jeune enfant vole de l'argent à ses parents pour se faire valoir auprès de ses camarades en leur offrant friandises ou cadeaux, ou encore parce qu'il se sent à tort ou à raison frustré de l'amour parental, l'objet volé venant en quelque sorte tenter de combler le vide qu'il ressent. L'adolescent écrasé par l'image paternelle vole des symboles de virilité (par ex. une voiture ou un scooter).

D. COMPORTEMENT AGRESSIF

Il peut, entre autres, prendre la forme d'un besoin compulsif de torturer les autres enfants ou les animaux. Il peut aussi se traduire par un refus plus ou moins total de l'autorité familiale. « Nous avons tout essayé » diront couramment les parents, « la douceur, les récompenses, les punitions, les châtiments corporels, tout échoue... ».

En dehors des causes neurologiques relativement rares, l'analyse de la structure familiale met souvent en évidence, en pareil cas, un déséquilibre qui fait que l'autorité est mal incarnée. Le sadisme manifesté vis-à-vis d'autres enfants, ou des animaux, peut apparaître comme un déplacement de l'aggressivité contre les parents, ou comme le produit direct d'une jalousie fraternelle.

Comme chacun sait, *la crise de l'adolescence* réactive tous les problèmes antérieurs, manifestes ou latents, dans les relations familiales. Dans nos sociétés, on peut considérer que l'adolescence dure jusqu'à 20 ou 25 ans (ce qui devrait, notons-le au passage, être pris en considération dans l'organisation des études supérieures). Des conflits mineurs sont normaux mais une crise grave se présente, en particulier, sous la forme de rébellion ouverte contre la famille et la société; deux expressions caractéristiques de rébellion sont la formation de groupes de jeunes (certains dangereux pour la société, d'autres pas) et la fugue névrotique.

IV. TROUBLES DE L'ALIMENTATION

A. L'ANOREXIE

La perte de l'appétit est un symptôme banal d'anxiété ou de dépression mais elle peut être isolée et créer un drame familial. Elle peut apparaître chez des enfants de tout âge mais deux tableaux cliniques sont particulièrement évocateurs : chez le nourrisson et chez la jeune fille de 15 à 20 ans.

L'anorexie du nourrisson est une expression fréquente de l'anxiété de sa mère; elle semble résister à tous les moyens de séduction et de coercition, constituant un exemple typique de cercle vicieux psychopathologique.

L'anorexie mentale de la jeune fille est un syndrome étonnamment semblable d'un cas à l'autre : l'adolescente réduit son alimentation, ses règles s'interrompent, elle conserve et souvent même accroît son activité physique et surtout intellectuelle, elle perd du poids au point de devenir cachectique. L'affection, purement psychologique, au départ, devient somatique, entraînant des troubles endocriniens secondaires. Elle aboutissait autrefois souvent à la mort par marasme ou tuberculose intercurrente. Le cas suivant est particulièrement caractéristique.

Observation 28

Christine, 20 ans, étudiante, est hospitalisée lors de trois années consécutives, à la même époque, pour perte de poids très importante.

Sa mère est en apparence douce et compréhensive, en réalité très agressive vis-à-vis de sa fille, critiquant sans cesse ce qu'elle fait, « pour son bien » évidemment. Son père est toujours inquiet pour ses enfants, au point d'en être parfois irritant. Une sœur aînée est récemment mariée.

Naissance normale mais, peu après, vomissements par intolérance au lait maternel (épisode ayant régressé spontanément).

Il y a 3 ans, Christine s'estime empâtée et suit un régime amaigrissant (sans aucun médicament). Elle perd 15 kilos en quelques mois et doit être hospitalisée. Là, isolée de son milieu familial, elle mange sous contrainte et reprend rapidement un poids normal. Les deux hivers suivants, même séquence : régime amaigrissant, hospitalisation. Nous la voyons pour la première fois lors de son troisième séjour hospitalier. Christine est grande et mince, d'un naturel calme, sans anxiété manifeste; elle désire prolonger autant que possible sa vie d'étudiante; son intelligence est vive, elle se passionne pour la littérature et les arts. Elle nie d'abord tout conflit familial mais finit par admettre l'esprit de contradiction de sa mère et l'anxiété encombrante de son père. Elle n'a pas de problème sexuel, sinon qu'elle est aménorrhéique depuis le début de son premier régime amaigrissant.

Elle ne flirte pas : la simple idée d'être embrassée par un garçon la dégoûte.

Elle explique ses amaigrissements répétés par le désir d'avoir les hanches fines (car les pantalons de ski ne pardonnent pas). Si elle mange de moins en moins, c'est parce qu'elle « n'y pense pas ».

Relevons dans ce cas les éléments rencontrés couramment dans l'anorexie mentale de la jeune fille :

— *la morphologie de type juvénile*;
— *l'intellectualisme* : Christine aime les études, la littérature, les arts;
— le fait d'être une fille cadette;
— *la relation ambivalente à la mère* : elle aime beaucoup sa mère mais, simultanément, celle-ci « l'empoisonne » au propre et au figuré; le refus de nourriture est, dans un certain sens, le refus d'être empoisonnée;
— la *dissimulation* (l'anorexique met volontiers des cailloux dans ses poches lorsqu'on la pèse) : elle fait semblant

de manger pour satisfaire ses proches et fait disparaître subrepticement les aliments ;

— *la négation de tout conflit* (ce n'est qu'au cours d'une psychothérapie souvent difficile que sont mis en évidence les conflits avec l'entourage) ;

— *l'aménorrhée*, qui précède souvent la perte de poids et qui entre dans le cadre des aménorrhées psycho-somatiques ; avec refus de la féminité et dégoût de la sexualité ;

— le début de l'anorexie par une *cure d'amaigrissement*

— les *rechutes*, dues au fait que le traitement est souvent symptomatique (gavage) et non étiologique. L'abord psychothérapique des anorexies mentales n'est pas facile, en effet, une des caractéristiques les plus constantes du syndrome étant la *négation* par la malade, même devenue cachectique, de la nature pathologique de son état et des conflits sous-jacents, en particulier sexuels.   ■

B. LA BOULIMIE

Elle est l'opposé de l'anorexie. Elle peut aussi être secondaire à un état conflictuel de frustration affective. C'est l'obésité, et non le trouble affectif sous-jacent, qui amène le patient à consulter.

Observation 29

Jean-Claude, 10 ans, est né avant terme, au huitième mois de la grossesse ; il pesait 2 k 400. A 15 mois, il pèse 15 kgs. Il parle et marche tardivement. Son appétit dévorant n'est jugulé que passagèrement par différentes thérapeutiques médicamenteuses ; c'est quand il s'ennuie qu'il mange le plus (pendant notre entretien, il engloutit 2 tablettes de chocolat que la mère, précautionneuse, tenait en réserve dans son sac). L'entretien est rapidement centré sur les parents.

Son père, couturier, a eu une enfance difficile. Il a été élevé par une mère très virile, divorcée. Il a présenté deux dépressions nerveuses, l'une à la mort de sa mère, l'autre à l'occasion de difficultés professionnelles au cours desquelles il n'a pas su assumer son rôle d'homme (l'épisode dépressif a été traité par androgènes, ce dont il s'est fort bien trouvé). Il admet ouvertement qu'il n'est pas « un homme », qu'il n'aime pas se battre dans l'existence, qu'il fuit les difficultés. La mère est angoissée et phobique. Elle reproche à son mari de ne pas montrer assez d'autorité dans l'éducation de Jean-Claude mais, simultanément, elle dit à l'enfant : « ton père, c'est un sot ».

Jean-Claude a un caractère difficile, « très bébé », instable. Affectueux, capricieux, sensible, il pleure facilement. C'est le roi de la famille. Il entreprend beaucoup sans persévérer jamais. Il n'aime pas se battre mais se roule volontiers par terre avec ses petits camarades dans des simulacres de lutte où il joue toujours le rôle du vaincu.

Il importe de souligner dans cette famille : les tendances homosexuelles latentes probables du père, que nous suggérent son enfance, son caractère, son comportement vis-à-vis de son fils, sa réaction aux hormones mâles par lesquelles il s'est senti virilisé (ce qui a de grandes chances de n'être qu'un effet placebo), sa fixation à sa mère dont son épouse est une image, le choix de sa profession ;

les frustrations ressenties par les parents dans leur enfance : ils cherchent à les compenser dans la manière dont ils élèvent leurs propres enfants, surtout les enfants uniques ; ils tentent de leur donner ce qu'ils n'ont pas eu, ce qui va souvent jusqu'à un comportement surprotecteur ;

le parallélisme souvent observé entre l'arriération affective et l'arriération du langage;

la boulimie, expression de l'état de frustration de Jean-Claude qui, « enfant gâté » toujours insatisfait, ne trouve ni auprès de son père ni auprès de sa mère l'incarnation des symboles nécessaires à la structuration de son moi.

■

V. TROUBLES SPHINCTÉRIENS

Les troubles de maturation de la personnalité se manifestent aussi fréquemment dans le comportement sphinctérien que dans le comportement alimentaire.

L'enfant doit contrôler ses sphincters aux environs de 3 ans. L'incontinence d'urine est appelée *énurésie*, celle des matières fécales *encoprésie*.

Alors que l'encoprésie est généralement purement diurne, l'énurésie est le plus souvent nocturne, parfois diurne et nocturne. Énurésie et encoprésie peuvent être

— primaires : l'enfant n'acquiert pas le contrôle de ses sphincters;

— secondaires : le contrôle a été acquis puis perdu.

La perte du contrôle sphinctérien peut être due à des facteurs organiques (lésion médullaire ou cérébrale, épilepsie) mais, le plus souvent, des facteurs affectifs entrent en jeu. Ainsi, un enfant de 5 ans qui n'est plus énurétique depuis longtemps peut le redevenir lors de la naissance d'un petit frère ou d'une petite sœur (ce qu'on peut expliquer par le raisonnement inconscient suivant : « Je veux redevenir un bébé pour que Maman s'occupe autant de moi », explication parfois trop simpliste).

L'énurésie est assez souvent associée à d'autres troubles du développement psychomoteur : dyslexie, bégaiement etc. (cf. observations 24 et 27). Des arguments complémentaires, tel l'EEG, (électroencéphalogramme) tendent à faire penser que l'énurésie est liée, en dehors de sa signification purement psychologique (trouble de la relation mère/enfant en particulier), à un retard de maturation du système nerveux central.

Dans la plupart des cas, l'énurésie guérit spontanément aux environs de la puberté.

Observation 30

Encoprésie chez une enfant atteinte de névrose obsessionnelle.

Françoise, 9 ans, est amenée pour une encoprésie apparue trois mois plus tôt, sans circonstances déclenchantes apparentes.

Les examens somatiques réalisés sont négatifs. En particulier, la rectoscopie ne met en évidence aucune anomalie mais est subie avec le plaisir manifeste habituel chez les enfants encoprétiques.

Développement psychomoteur normal. Énurésie jusqu'à 5 ans avec récidive passagère à l'entrée à l'école. Propreté du point de vue des selles acquise tôt mais, jusqu'à 6 ans, l'enfant a refusé d'aller au W.C. et exigeait d'aller à la selle dans son petit pot.

La famille comprend deux enfants, une jeune fille de 17 ans et Françoise. Entre les deux filles, les parents ont eu des jumeaux morts après quelques jours.

La mère, de personnalité hystérique, est couturière; elle travaille énormément, est fatiguée, constamment déprimée. C'est une femme très anxieuse; elle a « couvé » l'enfant qui, à son tour, ne peut pas se passer de la présence maternelle. Au cours de l'entretien, elle s'efface devant son mari, homme jovial et fat. Cette attitude euphorique dissimule mal chez lui une certaine anxiété et une agressivité importante qui s'exprime vis-à-vis de tous et des médecins en particulier. Il a un caractère obsessionnel très marqué, qui le sert dans sa profession de comptable. Préoccupé par l'ordre dans les moindres détails, il fait chaque soir, en compagnie de l'enfant, une inspection minutieuse et complète de la maison, sans négliger la moindre armoire...

Jusqu'à l'apparition de l'encoprésie, le comportement de l'enfant satisfaisait pleinement les parents. Elle était douce, docile, souvent citée en exemple à l'école pour sa politesse et son obéissance. Soigneuse et ordonnée à l'extrême, elle organisait sa vie en une série de rituels de rangements, de propreté. Elle avait, en particulier, très peur d'être souillée dans la région anale.

A côté d'une certaine générosité vis-à-vis de ses compagnes de classe, elle est très avare, prend plaisir à accumuler de l'argent à la Caisse d'Épargne; elle est aussi très attachée à ce qu'elle possède et collectionneuse. Elle semble avoir toujours été anxieuse. A 4 ans, elle avait peur d'être séparée de sa mère : l'entrée à l'école a été une catastrophe. De plus en plus, son anxiété prend la forme d'idées et de questions obsédantes, de phobie des microbes et de la maladie.

Dès le début de l'encoprésie, le caractère de l'enfant change. Elle devient désobéissante, insolente, plus bavarde que d'habitude. Négligente, sale, elle perd ses habitudes de propreté et de soin. En même temps elle est très asthénique, irritable, déprimée.

L'encoprésie sera guérie du jour au lendemain à la suite de la rectoscopie et, en quelques jours, Françoise est aussi redevenue la petite fille soigneuse et docile qu'elle était.

Commentaires

Cet épisode d'encoprésie apparaît donc comme une décompensation de la névrose obsessionnelle que présente cette enfant. On pourrait dire qu'il est une illustration spectaculaire de l'existence de l'agressivité anale, qui sous-tend cette forme de névrose. On sait que, dans la théorie freudienne, la névrose obsessionnelle correspond à une fixation au stade anal de la sexualité de l'enfant; selon FREUD, tous les traits du caractère obsessionnel et de la névrose obsessionnelle sont des formations réactionnelles contre l'érotisme anal. La décompensation caractérielle lors de l'épisode d'encoprésie est symptomatique à cet égard.

— La docilité, les rituels, le goût de l'ordre et de la propreté sont bien des formations réactionnelles contre l'agressivité de type anal qui s'exprime dans le comportement au moment de l'encoprésie.

Très typiques de l'érotisme anal, il y a en plus, chez cette enfant, un attachement extrême aux objets (sens aigu de la propriété, collectionnisme, amour de l'argent) et de l'angoisse devant toute séparation. L'épisode d'encoprésie, qui apparaît comme une sorte de négatif de la névrose, correspond, semble-t-il, à une période de dépression dont les signes sont toujours moins nets chez l'enfant.

L'effet favorable de la rectoscopie est loin d'être exceptionnel : il semble que l'enfant ressente la rectoscopie comme une stimulation anale agréable, par ailleurs permise grâce au médecin. Reste à savoir par quel mécanisme psychologique exact cette satisfaction licite met fin à l'incontinence fécale.

■

VI. *TROUBLES DU SOMMEIL*

L'*insomnie du nourrisson* est rare mais peut arriver à prendre dans une famille des proportions « dramatiques ». Certains enfants crient à longueur de nuit pendant plusieurs semaines ou plusieurs mois en dépit de fortes doses d'hypnogènes. On connaît mal la cause de cette insomnie mais elle semble souvent prémonitoire de symptômes névrotiques apparaissant quelques années plus tard.

Le *somnambulisme* est un état de rêve vécu, avec passage à l'acte moteur. Les enfants somnambules se révèlent souvent hystériques par la suite.

Les *terreurs nocturnes* sont tellement fréquentes vers trois ou quatre ans qu'on peut les considérer comme normales à cet âge. Au milieu de la nuit, l'enfant pousse un hurlement et se réveille, ayant tout oublié (l'amnésie différencie la terreur nocturne du cauchemar). Lorsqu'elle persiste au-delà de cet âge, la terreur nocturne est l'expression d'une névrose d'angoisse et s'accompagne souvent de phobies diurnes.

Les *cauchemars* et rêves angoissants ne peuvent être considérés comme pathologiques que lorsqu'ils surviennent de façon anormalement fréquente et durable.

Observation 31

Michel, 10 ans, n'a pas connu son père, mort un mois avant sa naissance. Depuis toujours, il dort dans le lit de sa mère.

Celle-ci revit constamment le passé, avec une intensité hystérique, en particulier la scène de la mort de son mari. Elle a donné à son fils le même prénom que son mari.

Les cauchemars de Michel ont commencé de la façon suivante.

Un soir, à la télévision, il a vu une araignée géante à une émission d'histoire naturelle. Il n'a pas réagi sur le coup mais, peu de temps après, il s'est réveillé la nuit en hurlant parce qu'il croyait avoir vu une araignée se promener sur lui; le même cauchemar s'est répété quelques mois plus tard. Un jour, il entend une voisine parler de « l'angoisse qui l'étreint comme un serpent ». Le soir même, il fait un cauchemar où il se voit entouré par un serpent; il refuse « de faire pipi de peur que le serpent ne sorte ».

Les cauchemars ont cessé lorsque Michel n'a plus dormi dans le même lit que sa mère. Notons qu'il évoque continuellement le père, lui aussi. Il est timide, anxieux, efféminé (il met les robes de ses sœurs, se vernit les ongles et veut devenir chanteur).

Les cauchemars traduisent ici de façon évidente l'angoisse œdipienne, favorisée par le comportement maternel. Malgré la guérison symptomatique des troubles du sommeil, la mère a compris la valeur de ce signe d'alarme pour l'avenir du développement de la personnalité de son fils et une psychothérapie conjointe du couple mère-fils permet d'espérer un résultat favorable.

■

VII. *PHOBIES*

Tout le problème dans les manifestations phobiques, très courantes, de l'enfant est de faire le départ entre les ébauches de phobies bénignes, et éphémères, et un début de névrose qui s'intégrera plus tard dans le tableau d'une hystérie d'angoisse ou d'une névrose obsessionnelle.

Observation 32

Michèle, 6 ans, nous est amenée par sa mère pour *peurs multiples*. Elles ont commencé à 3 ans, à la mort d'un grand-père : Michèle a voulu voir le cadavre puis a demandé qu'on voile tous les miroirs de la maison parce qu'elle y voyait quelqu'un. Les phobies actuelles sont multiples et graves : peur de mourir, peur que sa mère ne meure, peur d'être séparée d'elle (elle ne veut pas aller à l'école), peur de rester dans une pièce, peur d'étouffer dans la foule.

Michèle exprime volontiers ses phobies, dont elle harcèle sa mère. Elle tyrannise celle-ci en se plaignant d'avoir toujours mal; elle a fait quelques épisodes de dyspnée nocturne (ce n'est pas une asthmatique); elle est anorexique. Influençable et docile, elle se balance inlassablement d'avant en arrière en scandant « ma-man, ma-man ».

Avec la thérapeute, elle ne manifeste aucune anxiété de séparation (elle ne réclame pas sa mère), elle parle de ses phobies avec réticence, sur un ton inaffectif, peu vécu.

Elle semble considérer sa mère comme une enfant mais beaucoup aimer son père, qu'elle n'ose pas tyranniser. Le C.A.T. indique qu'elle ressent sa mère comme agressive (la mère laisse fréquemment mourir l'enfant dans les thèmes imaginés).

La mère de Michèle est effectivement une femme-enfant. Elle a présenté les mêmes phobies que sa fille jusqu'à sa grossesse; en particulier, elle réveillait chaque nuit son mari en lui disant qu'elle se sentait mourir. Elle s'inquiète plusieurs fois de savoir si son enfant, restée dans la salle d'attente, n'a pas peur. Mais, d'autre part, elle parle de ses peurs comme d'un fait divers amusant, sans pouvoir s'y identifier; il y a même chez elle une volonté plus ou moins consciente d'entretenir ces peurs (quand sa fille lui en parle, elle lui en propose une autre encore plus effrayante : « si tu ne te tais pas, tu vas mourir »). Elle est pourtant la seule à pouvoir faire céder ces crises phobiques chez Michèle.

Après quelques séances de psychothérapie, les phobies de l'enfant ont disparu. Nous ne l'avons plus revue.

Relevons :

— les phobies multiples, en particulier la *phobie de la séparation d'avec la mère* : peur qu'elle ne meure, peur de partir à l'école, tic de bercement (qui reproduit la présence maternelle, d'autant mieux qu'elle scande « ma-man »);

— la *relation sado-masochique* mère/fille : la mère cultive les phobies de sa fille, qui la tyrannise en conséquence; elle est donc simultanément dépendante et sadique;

— la guérison trop rapide, empêchant la *prophylaxie des symptômes névrotiques* qui apparaîtront vraisemblablement dans quelques années. Il est ainsi souvent regrettable que les peurs de l'enfant guérissent facilement, ce qui a pour conséquence, comme ici, de voir interrompre prématurément le traitement, les parents n'étant plus motivés à le poursuivre.

CHAPITRE IX

LES NÉVROSES D'INVOLUTION ET SÉNILES

Dans la psychopathologie de l'homme vieillissant, les facteurs biologiques, sociologiques et psychologiques s'imbriquent de façon beaucoup plus marquée encore que chez l'enfant et l'adulte : c'est à la sénescence que la multi-causalité des troubles psychiques est la plus évidente.

Vieillesse et sénilité doivent être distinguées.

La *vieillesse*, « troisième âge » dont le début est par convention fixé aux environs de 65 ans, donne lieu, même chez l'individu en bonne santé, à un ensemble de processus biologiques, morphologiques, qui constituent la *sénescence*. Par contre, le terme de *sénilité* exprime l'existence de processus pathologiques : accentuation de la dégénérescence organique, régression psychologique ou les deux, la première favorisant la seconde. Certaines névroses d'involution ou séniles sont, pour l'essentiel, psychogénétiques.

L'importance du problème médico-social des névroses du vieillard croît avec la proportion des personnes âgées dans la société. Au cours des deux dernières décennies, le pourcentage de malades âgés a doublé ou triplé dans les services psychiatriques, ouverts et fermés. Une part de plus en plus grande de l'activité des médecins est et sera consacrée à ce groupe d'âge : la gériatrie est une discipline d'avenir.

Or les médecins ont trop tendance à expliquer tous les symptômes psychiques du vieillard par la détérioration mentale, la démence sénile étant le tableau clinique le mieux connu d'eux. Il faut pouvoir individualiser dépression, anxiété et autres syndromes indépendants de tout processus démentiel, sous peine d'attitudes thérapeutiques malheureuses et de pessimisme injustifié dans le pronostic.

En fait, la prolongation de la durée moyenne de vie est responsable d'autant de pseudo-détériorations que de détériorations vraies.

Rappelons que la détérioration se traduit par une « baisse d'efficience du sujet par rapport à son comportement antérieur ou par rapport à des sujets de même âge » (WECHSLER). La détérioration progressive est un processus psychophysiologique normal qui débute très tôt dans l'existence (20-25 ans). Heureusement, cette détérioration intellectuelle est généralement compensée par la maturation affective, plus lente (jusqu'à 40-45 ans). Ainsi constate-t-on chez l'homme mûr une meilleure capacité de systématisation des connaissances, l'expérience professionnelle, les motivations plus sélectives, l'augmentation des possibilités de création originale par le développement des processus associatifs etc.

Ces qualités sont difficilement mesurées par les tests d'intelligence. En effet, ces tests confrontent l'individu avec des tâches étrangères à son activité habituelle; ils mettent davantage en évidence la détérioration physiologique.

I. *PSYCHOPATHOLOGIE*

Avec RIESMAN[1] on peut distinguer, chez le sujet âgé, trois possibilités sur le plan de l'adaptation ou de l'inadaptation névrotique.

1) *Adaptation grâce aux ressources propres à la personnalité.*

Certains sujets possèdent des ressources de renouvellement psychologique. Vieillir leur apporte un enrichissement intellectuel et moral. Ils gardent leur spontanéité et leur joie de vivre. Ils restent relativement indépendants des restrictions culturelles et des sanctions qui pèsent sur l'homme âgé (on peut en citer comme exemples Bernard SHAW, Sigmund FREUD, TOSCANINI).

Même s'ils sont névrosés, ils ont des ressources intérieures qui les immunisent au sens propre contre les effets nocifs du vieillissement.

2) *Adaptation grâce aux ressources familiales ou sociales.*

La majorité des sujets, selon RIESMAN, ne possèdent pas ces richesses du « moi » mais bénéficient d'une préservation culturelle par le travail, la situation sociale. Ces sujets sont ainsi soutenus aussi longtemps que les conditions culturelles environnantes demeurent stables et les protègent.

Ils possèdent donc des potentialités de décompensation névrotique mais ils se maintiennent grâce à des « béquilles », familiales ou sociales, qui contribuent de façon majeure à maintenir leur équilibre psychique.

---

[1] D. RIESMAN, Some sociological and cultural aspects of the aging process in Individuation reconsidered. Doubleday Anchor Books, 1955.

Dans cette protection, la lutte contre l'oisiveté joue certes un rôle important. Ainsi, l'ex-businessman américain, cité par RIESMAN, en se mesurant au golf avec ses collègues retraités, trouve dans cette compétition sportive, ludique, le maintien de l'équilibre qu'il avait acquis dans la compétition de la vie active.

Dans cette optique, on comprend que les conditions d'hygiène mentale qui existent dans beaucoup de maisons de retraite soient véritablement « momifiantes », qu'elles contribuent aux sentiments d'abandon et d'amoindrissement, qu'elles favorisent le processus de détérioration.

3) *Inadaptation par insuffisance des deux types de ressources précédentes.*

Les sujets qui ne sont protégés ni de l'intérieur (par leurs capacités intellectuelles ou artistiques) ni de l'extérieur (par des facteurs familiaux et sociaux favorables) sont les plus exposés à la régression névrotique. « Retomber en enfance » n'est pas seulement devenir gâteux, reperdre le contrôle des sphincters acquis dans la deuxième année. C'est aussi, comme le petit enfant, ne pas s'intéresser au milieu familial et social pour se replier sur soi. Ce narcissisme du vieillard se traduit par une baisse de l'intégration sociale et entraîne fréquemment des réactions d'hostilité, larvées ou manifestes, de la part des enfants : le désir conscient ou inconscient de « secouer le cocotier », en est manifestement aiguisé. Le vieillard entre ou rentre ainsi dans les classiques cercles vicieux névrotiques : son narcissisme tend à provoquer chez ses proches l'agressivité, celle-ci exacerbe, en leur donnant des prétextes, ses tendances paranoïaques latentes, il a de plus en plus de raisons de se juger persécuté, sa propension à l'avarice et son égocentrisme s'en trouvent stimulés : il souffre de se trouver en situation de dépendance par rapport à ses propres enfants et cherche en conservant son argent à conserver une relative autonomie etc...

II. *FORMES CLINIQUES*

Les Névroses séniles peuvent être classées en 3 catégories.

1) *Persistance ou aggravation de troubles névrotiques déjà existants à l'âge mûr.*

De nombreux syndromes névrotiques et psychosomatiques qui font leur première apparition à l'âge mûr persistent sous une forme *continue* ou *intermittente* jusqu'à la fin de l'existence. Toutefois, les vieillards dont l'inadaptation est en réalité la prolongation d'un état antérieur, ou chez lesquels apparaît une récidive de tel ou tel trouble déterminé qui s'était déjà manifesté avant la soixantaine, ne représentent qu'une fraction de l'ensemble des personnes âgées atteintes de maladies mentales.

Observation 33

Mme H., 73 ans, est adressée par la directrice d'une maison de retraite pour vieillards où elle se trouve depuis 4 mois : elle ne peut s'entendre avec aucune des compagnes de chambre qui se sont succédées auprès d'elle. Elle souffre de maux de tête violents, d'alternance de diarrhée et de constipation, de bourdonnements d'oreilles. Elle mange peu, maigrit, dort mal. Le médecin de la maison lui a prescrit un hypnotique : c'est du poison, elle se refuse à le prendre.

Elle se plaint de ce que sa famille la néglige et ne vient pas la voir assez souvent à son gré. Elle se méfie des infirmières, les accuse de négligence tout en se montrant très exigeante à leur égard. On peut donc suspecter un début de paranoïa sénile irréversible.

L'étude de la personnalité antérieure de cette malade, les tests projectifs, le bilan de ses fonctions intellectuelles et l'électroencéphalogramme montrent d'une part que l'élément de détérioration est tout à fait au second plan, d'autre part que des tendances névrotiques, surtout caractérielles, étaient présentes de nombreuses années auparavant.

Institutrice, restée célibataire, en particulier pour ne pas quitter une mère très possessive avec qui elle a formé toute sa vie un couple sado-masochique, elle a présenté à l'âge de 49 ans, après la mort de sa mère qui a coïncidé avec (et peut-être contribué à déclencher) sa ménopause, une longue période de dépression névrotique, suffisamment grave pour lui faire interrompre son travail pendant un an. Elle a subi alors un traitement par électrochocs (d'indication discutable et qui n'a d'ailleurs été suivi d'aucune amélioration) et a passé ensuite quelques mois à la montagne où son état s'est progressivement amélioré.

Mais, après comme avant cet épisode, son caractère est demeuré difficile, renfermé, les heurts avec ses collègues étaient fréquents.

On pouvait donc considérer que les troubles du comportement manifestés à la maison de retraite n'étaient que l'accentuation d'une névrose caractérielle antérieure.

Au cours du second entretien avec le psychiatre, il apparut qu'elle était hantée de craintes hypocondriaques (cancer digestif qui causerait ses accès de diarrhée, tumeur cérébrale à l'origine de ses maux de tête). Devenue l'objet de soins attentifs et de divers examens complémentaires, elle fut très sensible à l'idée que ses troubles somatiques étaient d'origine psychique et non cancéreuse. Si bien que, contre toute attente, elle s'engagea très volontiers dans une brève série d'entretiens psychothérapiques, accepta rapidement ensuite dans l'établissement de petites responsabilités qu'on lui confia dans le soin des malades physiquement handicapés et l'organisation de distractions qui la valorisèrent. Sans adjonction d'aucune thérapeutique médicamenteuse on vit s'améliorer l'état général et disparaître les symptômes somatiques.

Observation 34

Mr Z., 78 ans est adressé par la directrice d'une maison de retraite pour vieillards en raison d'agitation et de menaces de suicide par défenestration. Trois ans plus tôt, il a été atteint d'hémiplégie avec aphasie transitoire, qui a régressé sans séquelles notables en quelques semaines. L'examen neurologique et l'E.E.G. demeurent négatifs.

L'anamnèse révèle que cet homme a présenté depuis l'adolescence une névrose obsessionnelle typique à exacerbations intermittentes, avec phobies d'impulsion, sentiments de culpabilité, obsessions métaphysiques, épisodes dépressifs anxieux qui à l'âge de 35 ans et 42 ans l'ont amené à des ruminations suicidaires sans réalisation. Il a toujours dissimulé sa maladie à son entourage, a maintenu une adaptation professionnelle et sociale satisfaisante et n'a pas été traité.

En raison du danger de suicide le malade est transféré pendant quelques semaines dans un hôpital psychiatrique où existe une excellente salle de gériatrie : grâce à un travail d'équipe (médecins, infirmières, ergothérapeutes, assistante sociale) qui entretient dans le service une atmosphère d'activité d'esprit et de vitalité qu'on aimerait voir dans certains services d'enfants, il est amélioré dès le 6e jour, ce qui n'est vraisemblablement pas dû au traitement par imipramine et méprobamate qui a été entrepris d'emblée.

L'amélioration se poursuit rapidement et il peut regagner la maison de retraite où il se trouvait. Maintenu sous traitement par imipramine à petites doses, occupé à de menus travaux d'entretien et de peinture, suivi en psychothérapie de soutien d'inspiration analytique une fois tous les quinze jours pendant un an, ses progrès se sont accentués. Il est décédé d'infarctus myocardique deux ans plus tard, sans avoir présenté de rechute.

2) *Apparition de troubles inapparents à l'âge mûr.*

La dépression en est le type le plus fréquent, avec idées d'indignité, anxiété, insomnie, anorexie, apragmatisme. Tout ceci n'a rien de particulier aux dépressions névrotiques séniles. Mais le symptôme majeur, tenant une place beaucoup plus importante que dans les névroses des sujets plus jeunes, est *l'asthénie*. Elle précède souvent de longtemps l'apparition de la dépression manifeste, demeurant méconnue par l'entourage et par les médecins, qui l'attribuent au vieillissement sans chercher d'explication plus précise.

Il n'est pas rare alors de voir survenir un *suicide* qui étonnera tout le monde, après quelques semaines ou quelques mois de dépression dissimulée, pauci-symptomatique, sans anxiété manifeste.

Dans la *régression* de la névrose, les adaptations sociales acquises progressivement au cours de la maturation et de l'éducation s'effritent peu à peu : agressivité, sexualité, tendance à accaparer se manifestent plus ouvertement.

Observation 35

Joseph, 80 ans, nous consulte parce que, depuis quelques jours, il est obsédé par une impulsion à étrangler la gouvernante qui le soigne avec affection depuis longtemps.

Ses parents sont morts à un âge avancé, n'ayant jamais présenté d'affection nerveuse, semble-t-il. Un frère est mort jeune d'un infarctus du myocarde; une sœur a été traitée par électrochocs pour dépression anxieuse. Un fils, alcoolique, s'est suicidé à 45 ans au cours d'un raptus mélancolique.

Joseph a fait lui-même une dépression vers la quarantaine, réactionnelle à celle de son fils. Mis à part le fait qu'il s'irrite si on le contredit, il a toujours réprimé son agressivité, « de peur de faire mal ». Il ne présente aucun signe de confusion mentale ni de démence sénile. Un test de Wechsler-Bellevue confirme l'absence de toute détérioration intellectuelle anormale. Il est très déprimé parce qu'il a peur de lui-même, parce qu'il a dû congédier sa brave gouvernante. Il répète en pleurant qu'il n'a jamais fait de mal à personne, qu'il n'est ni un alcoolique ni un criminel.

Traité par psychothérapie et chimiothérapie, il a guéri complètement en quelques semaines. Les antécédents familiaux, la brusquerie de l'apparition de la phobie d'impulsion, l'absence d'antécédents névrotiques personnels font suspecter ici un facteur endogénétique et considérer que cet épisode obsessionnel peut être un « équivalent » mélancolique.

3) *Participation psychogénétique éventuelle à la démence sénile.*

On peut considérer que des facteurs psychosomatiques peuvent intervenir dans la démence sénile : l'affaiblissement mental est loin d'être le lot commun de tous les vieillards, puisque SHELDON, sur 477 sujets, n'observe d'état démentiel que dans 3,8 % des cas, et un léger affaiblissement intellectuel que dans 11,2 % des cas.

La sénilité psychique, lorsqu'elle survient, est la résultante du patrimoine héréditaire et des événements essentiels de l'existence : situation matrimoniale, professionnelle, atteinte physique, harmonie et régularité du mode de vie, etc. C'est ainsi que, dans un service de femmes, ACHAINTRE et BONHOMME[1] ont trouvé 8 % *de divorcées et* 15 % *de célibataires,* alors que ces groupes ne représentent que 3 % *et* 9 % *dans la population normale.* Une anamnèse attentive chez les démentes séniles montre qu'elles ne présentent, sauf exception, aucun antécédent psychiatrique caractérisé. Par contre, en interrogeant l'entourage, on décèle très souvent des contacts sociaux ou familiaux difficiles : on retrouve, dans 96 % des cas, des appréciations telles qu'« autoritaire, originale, sauvage, renfermée, coléreuse, nerveuse, inquiète ». L'analyse des réponses permet de préciser que :

— 64 % des démentes séniles étaient auparavant autoritaires et dominatrices; cet égocentrisme est d'autant plus évident et nocif qu'il s'accompagne généralement d'une activité intense et efficace;

— 12 % de ces démentes présentaient un tableau presque inverse : anxiété, inquiétude;

— enfin, 24 % étaient des instables, tout à tour joviales ou coléreuses, exubérantes ou réservées.

Il est bon de noter que l'égocentrisme militant, qui fournit le plus gros contingent des démences séniles, ne

---

[1] Journal de Médecine de Lyon, 1957, 846, p. 415-419

s'accompagne en aucun cas d'asthénie, d'obsession, de phobies, si fréquentes en psychiatrie et qui constituent des éléments d'auto-entretien de nombreuses névroses. Quant à l'interprétation de ces troubles, Minkowski souligne le rôle d'une adaptation difficile et incomplète à la sénescence (de même qu'il existe des enfants, et parfois des adultes inadaptés). Ils paraissent frapper électivement les sujets qui, toute leur vie, ont eu une « adaptation limite ».

III. *TRAITEMENT*

A. BIOLOGIQUE

Aux médicaments symptomatiques propres à chaque cas (anxiété, dépression), doit s'ajouter un traitement général de la sénescence : en effet dans tout vieillissement, psychologique ou physiologique, existent des modifications métaboliques ou des carences. Ces facteurs métaboliques et biochimiques de la sénescence et de la sénilité sont encore mal connus. Il n'en faut pas moins tenter d'agir sur cette composante somatique : préparations polyvitaminiques, vitamine B6 pour les tremblements, acides aminés, oligo-éléments aux propriétés anabolisantes, microaliments de la cellule nerveuse, vasodilatateurs cérébraux.

Les réactions névrotiques trouvent, en effet, un terrain favorable dans la labilité biologique, cérébrale et générale, due à la sénescence.

B. PSYCHO-SOCIAL

Incontestablement, les sociétés occidentales modernes sont plus dures pour les vieillards que celles où la structure patriarcale de la famille persiste. Toute mesure tendant à éviter qu'ils se sentent rejetés en marge de la collectivité, à leur donner un sentiment de sécurité suffisant, contribuera de façon importante à la prophylaxie des névroses et même des psychoses séniles.

C. PSYCHOTHÉRAPIQUE

Des psychothérapies courtes, d'inspiration psychanalytique, peuvent donner des résultats inespérés[1].

GOLDFARB, un des auteurs qui se sont le plus intéressés à la psychothérapie des personnes âgées[2], a souligné l'importance du contre-transfert négatif, attitude d'hostilité plus ou moins inconsciente du thérapeute qui l'amène à considérer ce genre de traitement comme un « gaspillage de temps et de capacité » pour concentrer son énergie sur les sujets plus jeunes.

---

[1] Cf. GROTJAHN, M : Psychothérapie analytique des gens âgés. La Psychanalyse, 2, 1956, p. 243-256.

[2] GOLDFARB, A. I. : Minor maladjustments in the aged, in ARIETI, American Handbook of Psychiatry. I, p. 378-397.

CHAPITRE X

APERÇU SUR LES TROUBLES PSYCHOSOMATIQUES

Les effets *physiques de l'émotion* et leurs conséquences à longue échéance sont déjà bien décrits dans la littérature de l'antiquité : des poètes comme le Psalmiste, l'auteur du livre de Job, Eschyle, des philosophes comme Platon et Aristote décrivaient les manifestations de la peur, de la tristesse, de la colère, mais les *mécanismes* par lesquels l'émotion peut être responsable de l'apparition et de l'évolution d'une maladie demeuraient inconnus. Jusqu'au XXe siècle, il sera généralement admis que les tensions, les soucis, les « passions » peuvent contribuer à empêcher la guérison ou à favoriser toutes sortes de maladies, mais on ne trouvera aucune analyse des processus physiologiques en jeu, ni des maladies particulièrement susceptibles d'être provoquées par de telles influences, ni des facteurs psychologiques ou sociaux plus ou moins spécifiques en cause. Tous les bons médecins bien entendu se préoccupent du moral de leurs malades, comme par exemple TISSOT, qui en 1798 écrit un livre intitulé « De l'influence des passions de l'âme dans les maladies, et des moyens d'en corriger les mauvais effets ». En 1818, HEINROTH introduit le terme « psycho-somatique », en vue d'attribuer la prépondérance aux facteurs psychologiques, dans une polémique avec les tenants d'une action prédominante du corps, comme JACOBI, qui en 1828, créait le terme « somatopsychique ».

Au début du XXᵉ siècle, des études expérimentales sur l'homme et les animaux telles que celles de PAVLOV, de CANNON, de WOLFF et WOLF, commencent à donner la possibilité de saisir de façon scientifique les rapports entre les phénomènes psychiques et physiques. Au cours des années 1930, des psychiatres, essentiellement américains, (Félix DEUTSCH, Flanders DUNBAR ALEXANDER) lancent à nouveau l'adjectif « psycho-somatique » qui est de nos jours devenu d'usage courant, trop courant même car dans la bouche ou sous la plume de beaucoup il a perdu sa signification précise.

En fait c'est une conception hippocratique que ces auteurs remettaient en honneur en rappelant que l'homme, qu'il soit bien portant ou malade, constitue une unité dont les aspects psychiques avaient été trop négligés au cours de l'essor de la médecine somatique et de la méthode anatomo-clinique.

I. *DÉFINITIONS*

Le terme de médecine psychosomatique peut être employé au moins dans deux sens différents.

1) Il peut désigner une *approche générale de la médecine* prenant en considération, *dans n'importe quelle maladie,* la totalité de l'être humain, aussi bien dans ses aspects psychologiques que biologiques. On n'implique pas que le trouble psychique précède dans le temps le trouble soma-

tique : les séquences somato-psychiques sont étudiées au
même titre. On insiste, dans cette perspective, sur l'utilité de
considérer l'homme comme un système dynamique complexe,
en état d'équilibre instable, réagissant à toute modification
extérieure ou intérieure. Des *mécanismes de défense homéo-
statiques* le protègent contre les perturbations. Si la barrière
de ces défenses est dépassée par le stimulus, qu'il soit
extérieur ou intérieur, l'homéostase est rompue. Tout
processus psychologique comporte une infrastructure physiologique et on peut envisager une émotion aussi bien
sous son angle psychologique que sous son angle physiologique : il s'agit d'un même phénomène qu'on peut aborder
par un versant ou par l'autre, comme on peut regarder une
main par sa face palmaire ou dorsale. Il est simpliste de dire
qu'une maladie est psychogénétique ou somatogénétique; la
causalité n'est jamais univoque. Il est donc arbitraire de
distinguer un groupe de maladies psychosomatiques par
rapport aux autres. Cette perspective holistique, unitaire
de l'homme, correspond sur le plan philosophique au
« monisme à double aspect, » soutenu par des psychiatres
comme GUIRAUD,[1] par opposition au dualisme cartésien.
Une telle approche est importante pour les progrès de la
médecine, notamment à une époque où elle a tendance à se
fragmenter en une multitude de spécialités, chacune avan-
çant sur un front indépendant. Certes, les médecins considèrent souvent qu'ils n'ont pas d'autre fonction que de
corriger les défauts organiques par des moyens matériels
mais, qu'ils le veuillent ou non, les échanges de leurs patients
avec le milieu se font autant sur le plan symbolique que sur
le plan chimique; or tout échange symbolique ou toute vie
imaginaire peut déclencher des modifications biologiques
par les réactions affectives qui l'accompagnent.

---

[1] GUIRAUD P., Psychiatrie Générale. Le François, Paris, 1950.

2) *En un sens plus restreint* le terme psychosomatique s'applique à un *groupe de maladies*, telles que l'hypertension artérielle, l'ulcère gastrique, l'asthme etc. dans la genèse desquelles les facteurs psychologiques jouent un rôle de premier plan. Dans cette perspective, une relation précise de cause à effet est supposée entre l'état mental et le désordre organique.

Il s'agit en fait de maladies où le facteur « stress » joue un rôle majeur, en entendant par stress non nécessairement une situation vitale constituant un traumatisme spectaculaire, mais même une situation apparemment anodine pour la majorité des sujets, à cause de la résonance psychologique et de tout le contexte de signification qu'elle peut prendre chez un individu déterminé. Ainsi des événements de courte durée, ou intermittents, peuvent exercer une action durable, par l'intermédiaire des processus cérébraux, sur le système neuro-endocrinien et provoquer des changements dans l'état fonctionnel des organes « cibles ». Il est difficile de tracer une ligne de démarcation précise, dans ce deuxième sens restrictif du terme psychosomatique, entre les troubles psychosomatiques et les autres. Il y a, en effet, une contradiction latente dans les deux sens de l'adjectif psychosomatique. Si l'on applique cet adjectif exclusivement à certains troubles, on rejette en fait la conception unitaire de la médecine, on réaffirme le dualisme corps-esprit, on peut arriver à négliger des facteurs psychiques dans certains troubles et les facteurs somatiques dans d'autres.

En fait, l'influence des facteurs psychologiques qui interviennent dans l'étiologie des divers troubles est très variable en degré; il s'agit toujours de *poly-étiologie* et on ne saurait distinguer un asthme psychosomatique d'un asthme allergique, les facteurs étant pratiquement toujours associés à des degrés divers. La distinction qu'on fera entre les troubles, selon qu'ils seront plus ou moins psychogénétiques, dépendra en pratique de l'objectif visé : la ligne de démarcation pourra se déplacer selon qu'il s'agira de prophylaxie, de recherche, de traitement.

* * *

Psychosomatique et pathologie générale.

Certains[1] s'efforcent de limiter à un secteur restreint le domaine de la médecine psychosomatique qui, à leurs yeux, n'aurait que peu de points communs avec la psychiatrie d'une part, la médecine interne de l'autre. Mais il paraît difficile de les suivre quand on constate qu'il est peu de maladies, si « organiques » qu'elles soient, où l'influence de la personnalité ne se manifeste pas.

Un grand nombre de maladies psychosomatiques sont des maladies dans l'évolution desquelles une dysfonction immunologique joue un rôle (asthme, eczéma, polyarthrite chronique évolutive, rectocolite hémorragique, lupus érythémateux disséminé, hyperthyroïdie, cancer même).

D'autre part, au cours des processus psychotiques, la réactivité allergique semble diminuer dans bien des cas (et des modifications protéiniques, assez comparables à ce qui est observé dans l'auto-immunisation, surviennent d'ailleurs). Le fameux « balancement » entre psychose et maladies psychosomatiques trouverait là une corrélation biologique sinon une explication.

---

[1] Tel Roger MUCCHIELLI, (Philosophie de la Médecine Psychosomatique, 1964), sur une argumentation au demeurant fort discutable.

Le *cancer* lui-même a donné lieu à de nombreuses études psychosomatiques. KLOPFER[1] a pu, en se basant sur le test de RORSCHACH, différencier les malades voués à une mort rapide des autres. Des questionnaires de personnalité (Minnesota Multiphasic Personnality Inventory ou M.M.P.I) ont pu donner des résultats analogues. La capacité de résistance au cancer semble en relation avec des mécanismes immunologiques, liés en particulier aux secrétions surrénaliennes, dont on sait combien elles sont influencées par l'état d'anxiété.

LESHAN et WORTHINGTON[2] ont comparé 250 sujets, atteints de processus cancéreux divers, avec des sujets physiquement sains ou indemnes de lésions malignes. Ils en concluent, conformément d'ailleurs à d'autres données de la littérature, que quatre facteurs psychiques s'observent chez les premiers de façon prépondérante :

1) La perte, antérieure au développement du cancer, d'un être tenant une place importante dans l'entourage du sujet;

2) L'incapacité à exprimer normalement l'hostilité;

3) Un conflit non résolu avec une figure parentale;

4) Des troubles psycho-sexuels.

Certaines données expérimentales recueillies chez l'animal sont à rapprocher de ces observations réalisées chez l'homme : des souris « stimulées » dans les premières semaines de leur existence (comme le nourrisson humain peut l'être dans une relation affective satisfaisante avec la mère) résistent plus longtemps à la leucémie qui leur a été inoculée que des souris qui n'ont pas été stimulées.

---

[1] KLOPFER, B : Psychological Variables in Human Cancer J. Proj. Techn. 21 : 331, 1957.

[2] LESHAN, L. L. and WORTHINGTON, R. E. Some recurrent life history patterns observed in patients with malignant diseases. J. Nerv. Ment. Dis. 124 : 460, 1956

Comme l'ont souligné SOLOMON et MOOS[1], la plus grande fréquence du cancer chez les personnes âgées peut n'être pas sans rapport avec l'abaissement de leur réactivité immunologique.

Pour faire l'étude scientifique des interrelations psychosomatiques, nous avons à notre disposition un certain nombre de moyens expérimentaux et cliniques. Citons :

— les études prospectives à grande échelle et à long terme : au sein d'un groupe de sujets indemnes de tout trouble ou lésion lors d'un bilan somatique, on peut prédire en se fondant sur les examens psychologiques, ceux qui sont prédisposés à présenter telle ou telle affection psychosomatique.

— la spécificité de la réponse psychophysiologique : on place un certain nombre de sujets, atteints d'une même affection somatique, dans une situation psychologique expérimentale donnée et on observe la manière dont ils réagissent, aussi bien sur le plan comportemental que sur le plan biologique;

— la comparaison d'un groupe de malades et d'un groupe-témoin constitué par un membre de la fratrie de chaque malade (membre de même sexe, d'âge proche et de même éducation, mais en bonne santé); on réalise dans chaque groupe des entretiens de même durée et des tests psychologiques identiques;

— la comparaison psychologique de deux groupes de malades présentant la même affection, l'un à évolution rapide et grave, l'autre à évolution relativement bénigne.

Des études de personnalité ont pu permettre, en certains cas, de prédire de façon statistiquement significative l'évolution de la maladie.

---

[1] Emotion, immunity and disease, Arch. Gen. Psychiat. 1964, 11, 657.

II. PANORAMA DES RETENTISSEMENTS SOMA-TIQUES DES AFFECTS

Pour avoir une idée de l'étendue du champ de la médecine psychosomatique, nous allons envisager, pour les différents systèmes de l'organisme, le retentissement des *émotions normales*, les *troubles fonctionnels* (conséquence d'un état émotionnel aigu ou chronique n'allant pas jusqu'aux lésions) et les *maladies psychosomatiques*. Nous nous limiterons à l'essentiel, nous contentant de citer quelques exemples de chaque ordre de phénomènes : le tableau suivant en donne une vue synoptique (voir pages 230-231).

A. APPAREIL CARDIO-VASCULAIRE

Le cœur et les vaisseaux sont parmi les organes les plus immédiatement sensibles aux stimuli générateurs d'émotions. Chacun de nous éprouve couramment *tachycardie* et réactions vasomotrices.

Certaines syncopes sont d'origine émotionnelle; si l'arrêt cardiaque se prolonge, le sujet meurt par anoxie tissulaire. Il y a donc des morts brutales psychosomatiques, bien connues des anesthésiologues qui ont remarqué que les sujets anxieux avant une intervention, craignant la mort, font avec une fréquence significative des réactions syncopales imprévisibles aux anesthésiques.

Autre trouble fonctionnel banal : *l'à coup hypertensif* de la peur et de la colère. Quant aux *précordialgies*, elles remplissent les cabinets de consultation des cardiologues.

Le type de personnalité semble avoir une importance particulière dans la genèse des affections psychosomatiques cardio-vasculaires. Si l'on étudie une série de malades atteints de *tachycardie paroxystique* non sinusale (maladie de BOUVERET et autres), on constate que la majorité ont une personnalité de type hystérique.

Observation 36

Une femme de 35 ans est hospitalisée pour crises de tachycardie paroxystique.

Au premier entretien elle se montre agitée, d'une grande instabilité psychomotrice. Elle sursaute facilement, paraît véritablement terrorisée dans l'ascenseur qui la conduit au bureau du médecin. Les radiographies et les électroencéphalogrammes qui ont été pratiqués auparavant l'ont bouleversée.

La première crise de tachycardie se serait produite quand la patiente était enceinte de 3 mois. Sous-alimentée à l'époque, elle venait de perdre son concubin, tué accidentellement. A l'occasion d'un effort, elle a ressenti brusquement un malaise dans la région précordiale. Elle a alors présenté une véritable panique, perdant ses urines. Un médecin a fait une injection calmante après laquelle elle a senti son cœur « resauter en place ». Depuis lors tout événement brusque, tout bruit soudain peut déclencher chez elle une crise de tachycardie et secondairement une panique ne cédant qu'à l'aide d'injections calmantes. Les crises deviennent de plus en plus fréquentes. Toutefois, elles ont disparu depuis l'hospitalisation.

Son père, atteint d'ulcère gastrique, très colérique, éthylique, avait une vie dissolue et battait ses enfants. La mère est décrite comme une femme très méchante et particulièrement hostile à la malade qu'elle battait fréquemment également. Depuis qu'elle a quitté ses parents elle ignore tout de sa famille qui comptait 17 enfants. Elle était parmi les aînés et devait s'occuper des autres, travailler pour eux comme la cendrillon du foyer.

APPAREILS	Composantes physiologiques normales de la réaction émotionnelle
cardio-vasculaire	tachycardie, fluctuations tensionnelles,
respiratoire	soupir, tachypnée
urinaire	pollakiurie, polyurie
locomoteur	tension musculaire, hypotonie
digestif	inappétence
endocrinien	réactions diencéphalohypophysaires et leurs conséquences... décharge adrénalinique...
nerveux	tremblement
génital	sécrétions des muqueuses, érection
cutané	pâleur, rougeur,
visuel	larmes
oto-rhino-laryngologique	modifications de la voix

SOMATIQUE DES AFFECTS

Troubles fonctionnels	Maladies psychosomatiques
palpitations, lipothymies, syncopes, hyper- ou hypotension temporaire,	tachycardies paroxystiques, coronaropathies, hypertension artérielle chronique, artériosclérose, maladie de Raynaud,
dyspnée névropathique, oppression respiratoire,	asthme, tuberculose,
rétention d'urines, énurésie cystalgies à urines claires, sous rétention d'urines,	
courbatures, lombalgies, asthénie,	polyarthrite chronique évolutive,
boulimie, obésité, anorexie, maigreur, dyspepsie, diarrhée, constipation, spasmes divers (biliaires, etc...) rectocolite hémorragique,	ulcères gastroduodénaux, recto-colites hémorragiques,
aménorrhée, dysfonctions menstruelles diverses, hypoglycémie	hyperthyroïdie
céphalées, épilepsie « fonctionnelle », hyperesthésies	migraine, sclérose multiloculaire
impuissance, frigidité, vaginisme, stérilité,	ovarite sclérokystique, fibromes,
prurits divers (en particulier vulvaire, anal)	urticaire, pelade, eczéma, psoriasis,
	inflammations (orgelet) glaucome
aphonie	vertiges de Ménière rhinite spasmodique

Il lui arrivait souvent de voler à sa mère tel ou tel objet et particulièrement quelque chose à manger. C'était la guerre et la vie était très dure chez elle : il fallait courir pieds nus dans la rue pour mendier.

Elle s'est mariée à l'âge de 17 ans, « impulsivement, pour fuir la maison » et s'est séparée trois ans plus tard de son mari, laissant deux enfants à sa charge. Elle se remet en ménage avec un mineur algérien qui se tue accidentellement, lui laissant une petite fille qu'elle perd lorsqu'elle est condamnée pour vagabondage et placée en surveillance. Sortie de l'établissement, elle se remarie avec un malade mental qui la menace : elle doit le faire interner. Elle a eu depuis son premier mariage de nombreux enfants qui sont tous placés dans différents établissements. Actuellement, elle perd toutes les places qu'elle trouve, en raison de son absentéisme pour maladie, et ne vit que de la charité publique.

Elle croit aux jeteuses de sorts, aux cartomanciennes. Elle pense qu'elle est l'objet d'un mauvais sort qu'une voyante a jeté sur elle il y a quelques années. Périodiquement, à minuit, elle voit une ombre se pencher sur elle et chercher à l'étrangler. Elle se protège par une prière rituelle que lui avait apprise son concubin algérien, parmi d'autres pratiques magiques qu'elle continue à utiliser en souvenir de lui. Elle croit aux maisons hantées, aux revenants etc...

Elle nous parle de ses rêves avec complaisance. Elle rêve souvent que c'est la guerre et elle se voit tirer sur des gens et emporter toujours la victoire; parfois elle se sent voler, agitant des ailes comme un oiseau et survolant les paysages, ou encore échappant à des ennemis. Elle se voit souvent mi-poisson, mi-femme. Plus d'une fois elle a rêvé du Bon Dieu, qui l'invite à sa table bien garnie. Très souvent aussi elle rêve de bagarres où elle exige ses droits et revendique la justice. D'ailleurs, dans la vie courante il lui arrive souvent d'aller réclamer aux assistances publiques et dans diverses administrations d'œuvres sociales. Elle s'est installée à l'hôpital comme si elle devait toujours y rester.

Commentaires

Chez cette malade atteinte de tachycardie paroxystique, on reconnaît une hyperémotivité d'un degré exceptionnel. Celle-ci s'intègre dans le tableau d'une personnalité de type hystérique : immaturité et revendication affectives manifestes, nuancées d'ailleurs d'une agressivité qui la rapproche de l'attitude hystéro-paranoïaque. La personnalité hystérique se retrouve encore dans le contenu et la forme des rêves de la patiente, dans ses tendances à la superstition, la vivacité de son imagination. Les frustrations et les traumatismes de l'enfance doivent avoir eu un rôle important dans le développement de cet état hystérique et hyperémotif, conduisant à une attitude à la fois dépendante, revendicatrice et masochiste.

Le terme de « névrose de destinée » s'applique bien à ce genre de cas où les échecs (des mariages successifs, des adaptations professionnelles) se répètent indéfiniment.

■

Par contre, les malades atteints *d'angor et d'infarctus du myocarde* sont surtout des obsessionnels. En dehors des étiologies somatiques, l'infarctus est la résultante de deux éléments psychiques prédisposants : le facteur personnalité obsessionnelle (voir observation 20) et le facteur stress (c'est ainsi que les chirurgiens et les omnipraticiens sont beaucoup plus prédisposés à l'infarctus que les dermatologues; il y a parallélisme entre la fréquence des infarctus parmi les chauffeurs de poids lourds et le nombre de kilomètres qu'ils parcourent annuellement). Quant à l'*hypertension artérielle chronique*, l'élément majeur dans son déclenchement et son entretien serait l'agressivité contenue; les sujets prédisposés maintiennent un calme apparent en réprimant de violentes explosions agressives.

B. APPAREIL RESPIRATOIRE

1) *L'oppression respiratoire* est fréquente dans la peur et la colère. A une tension momentanée succède le *soupir* (dit de soulagement). Dans les émotions plus intenses, la respiration s'accélère *(tachypnée)*.

2) A un degré de plus et chez un sujet hystérique, on assiste à l'installation d'une *dyspnée névropathique* qui peut parfois simuler une crise d'asthme.

3) *L'asthme bronchique* est la mieux étudiée des affections psychosomatiques respiratoires. De nombreuses observations tendent à faire penser que la crise d'asthme correspond à une crise de pleurs refoulée : on a remarqué que les enfants asthmatiques pleurent plus rarement que les autres, même quand on les harcèle de tests biologiques divers, piqûres de désensibilisation etc...; la crise d'asthme est fréquemment déclenchée, chez ces sujets qui ont une soif frustrée d'affection, par la séparation de la mère ou par la menace de séparation.

Observation 37

Robert, 24 ans, manœuvre, a été hospitalisé pour asthme grave. Il décrit son père comme de caractère gai, mort jeune en état de mal asthmatique. La mère, asthmatique depuis l'enfance, est très aimée du patient. La fratrie est nombreuse, largement atteinte par l'asthme et l'eczéma.

Le patient n'a jamais eu d'affection somatique ou nerveuse importante. Marié il y a quelques années à une femme de même caractère que lui mais beaucoup plus anxieuse, il est en conflit permanent avec elle parce qu'il a tendance à montrer une indulgence excessive envers leur fils unique, dont le caractère est « infernal ». Quelques semaines avant la consultation, Robert glisse sur le sol mouillé d'un chantier de construction et est lentement écrasé par un monte-charge. Éprouvant une douleur thoracique, mais surtout une intense peur de la mort, il crie. Libéré, il se rend compte qu'il n'est pas blessé et éclate d'un rire nerveux.

Une semaine plus tard, il est réveillé en pleine nuit par une oppression respiratoire, avec dyspnée expiratoire, légère douleur thoracique et peur de mourir. Cette crise est calmée par un bronchodilatateur. Elle se répète les nuits suivantes puis disparaît.

Récemment, Robert commence une bronchite et l'asthme réapparaît avec une grande intensité. L'oppression respiratoire impose l'hospitalisation et l'intubation. Traité par corticoïdes, il est somatiquement guéri.

Robert est d'un naturel gai; il n'est ni anxieux ni agressif. Il souffre de l'ironie de ses frères et sœurs, « héritée du père ». Il évite toujours les heurts et se considère comme le plus affectueux envers la mère. Dans la vie comme au cinéma, il est hypersensible aux malheurs des enfants — mais pas à ceux des adultes. Il admet une relation entre sa première crise et l'accident de travail mais pas entre son état actuel et cet accident; quand il a une crise, il ne pense d'ailleurs pas à l'accident.

Au cours de son hospitalisation, il a présenté une crise après chaque visite de sa mère et de sa femme; une fois il les a fait sortir pour parler tranquillement à son fils.

On peut remarquer dans le cas de Robert :

— *la fixation à la mère*, ainsi que l'identification accentuée avec les enfants,

— *la relation temporelle* entre la première crise d'asthme et « l'écrasement accidentel »,

— le caractère atypique de la douleur thoracique, dont on pourrait suspecter l'origine névropathique si elle ne s'accompagnait pas de troubles somatiques graves qui ont nécessité l'intubation trachéale.

L'observation 46, p. 260, est un autre exemple d'asthme associé à des migraines.

C. APPAREIL URINAIRE

Chacun sait que les émotions peuvent provoquer de la *pollakiurie* et de la *polyurie*.

Nous avons vu la signification que l'on peut attribuer à l'*énurésie chez l'enfant*. Elle est analogue chez l'adulte mais avec une note nettement plus péjorative, elle est généralement symptomatique d'un état d'arriération affective profonde.

Les cystalgies à urines claires sont également un syndrome bien connu des urologues pour leur étiologie psychogénétique.

Quand à des affections psychosomatiques lésionnelles de l'appareil urinaire, leur existence n'est pas démontrée, bien qu'il soit vraisemblable que des lésions rénales chroniques puissent être entraînées par des mécanismes psychophysiologiques analogues à ceux qui contribuent à engendrer l'hypertension artérielle.

D. APPAREIL LOCOMOTEUR

A. Les *émotions normales* produisent des modifications toniques de la musculature, soit de l'hypertonie *(contracture)*, soit de l'hypotonie (*asthénie*, « jambes coupées »).

B. La tension psychique peut induire des *troubles fonc-*

tionnels par hypertonie musculaire : ce sont les *courbatures*, les *crampes*, les *myalgies*. Un des symptômes les plus étudiés est la lombalgie cryptogénétique, dont on a souligné les relations avec la dépression larvée ou latente.

C. Les collagénoses, en particulier la *polyarthrite chronique évolutive*, représentent un vaste champ de recherches psychosomatiques. Le début et les poussées évolutives de cette dernière affection ont été souvent mises en relation avec l'état psychique.

De l'étude de la personnalité de plus de 5.000 patients, on a pu conclure qu'ils étaient masochiques, rigides, moralistes, conformistes, renfermés, inhibés, perfectionnistes, niant tout sentiment d'hostilité, sujets à des périodes de dépression. Sur ces points ils diffèrent significativement des sujets de contrôle appartenant à la même famille (donc ayant eu des conditions d'éducation identiques); ceux-ci sont décrits (par les patients et par eux-mêmes) comme ayant un caractère beaucoup plus facile et plus heureux de vivre.

Ces données ont été confirmées par le M.M.P.I.[1] (échelles mesurant la somatisation, le masochisme, la rigidité psychique, l'introversion, la soumission).

D'autres facteurs que les traits de caractère sont importants : les individus ne diffèrent pas seulement par le *type* de leurs mécanismes et attitudes défensives d'adaptation mais dans la *réussite* de ces procédés pour les protéger de *l'angoisse*. L'échec des moyens d'*homéostase psychologique* dont témoignent l'anxiété, la dépression, voire des épisodes psychotiques, est beaucoup plus fréquent dans le groupe arthritique que dans le groupe contrôle. Cela antérieurement à l'apparition des premiers symptômes de la P.C.E. : il s'agit donc bien cliniquement de séquence psychosomatique

---

[1] Questionnaire de personnalité d'origine américaine (Minnesota Multiphasic Personality Inventory).

et non de retentissement psychique, plus ou moins normal, d'une affection somatique chronique.

Observation 38

Un ingénieur retraité, de 53 ans, a été hospitalisé pour polyarthrite chronique évolutive, affection dont il souffre depuis 10 ans. L'intensité de ses plaintes a paru suspecte, particulièrement à l'occasion des examens médicaux et des soins infirmiers et elle a entraîné la demande d'un avis psychiatrique.

A l'hôpital, le patient est soit alité, soit assis dans son fauteuil, constamment immobile, de peur, dit-il, d'aggraver ses douleurs par la mobilisation de ses articulations. Il porte des pansements aux deux pieds, en raison de l'existence de nombreuses petites lésions ulcérées.

Il se décrit, avant la maladie, comme un homme très actif. N'ayant qu'un travail peu absorbant, tous ses désirs étant par ailleurs comblés par sa mère demeurée auprès de lui, il occupait ses loisirs soit à des activités sportives (tennis) soit en se cultivant (études d'archéologie, lectures etc.).

Quand la polyarthrite chronique évolutive s'est déclarée, il nous dit avoir immédiatement compris que cette maladie était incurable : il a tout de suite abandonné ses activités sportives, s'est confiné dans sa chambre et s'est préparé moralement à souffrir. « La polyarthrite ronge l'organisme, j'ai su immédiatement le mauvais pronostic de ma maladie. »

Actuellement, il déclare souffrir tellement que sa principale préoccupation consiste à chercher la position la moins douloureuse. Quand il l'a trouvée, il conserve l'immobilité pendant des heures, jusqu'à ce que celle-ci devienne à son tour plus pénible que la mobilisation. Selon lui, il fait preuve d'un courage surhumain, d'un grand stoïcisme. Il se considère comme arrivé, en même temps, au plus bas degré de sa déchéance physique et au plus haut de son développement intellectuel : « Je suis à l'âge où l'intelligence est la plus personnelle, n'emprunte plus, se forme d'elle-même. » Il ne pense pas que l'âge l'a touché dans ses facultés intellectuelles mais peut-être l'a-t-il rendu plus sensible, notamment aux maladresses de ses collègues qui l'offensent souvent.

Il ne nous parle pas de sa mère qu'il a récemment perdue. De sa sœur, qui le soigne depuis 6 ans, il nous dit qu'elle fait bien son devoir, ce qui n'est que normal, compte tenu de toutes les bienveillances et bontés qu'il a pour elle.

La sœur est une femme encore jeune mais à l'aspect fatigué. Interrogée séparément, elle se dit soulagée de savoir que son frère a été examiné par un psychiatre. En effet, elle considère qu'il n'est pas normal au point de vue psychique et nous en donne comme preuve l'existence pénible qu'il lui impose depuis qu'elle vit avec lui.

Ce patient a des « manies » qui lui font attribuer une importance capitale à toutes sortes de choses sans intérêt : une poussière à terre, la saleté des mains des enfants. Il a peur des microbes; quand un étranger vient le voir, il fait laver tout ce qu'il a touché dès qu'il a sorti. Quand on veut lui faire faire la connaissance de quelqu'un, il demande toujours au préalable : « est-il propre ? »

Il est très douillet et commence déjà à crier avant qu'on lui enlève ses pansements. Cependant, il exige des soins réguliers et s'accommoderait très bien qu'on s'occupe sans arrêt de ses plaies. Sa sœur doit passer plusieurs heures par jour à lui soigner les pieds : il geint, hurle parfois mais il ne se lasse pas et la rappelle, quand il pense qu'elle a oublié quelque chose ou s'il trouve que le pansement n'est pas bien serré.

Quand il l'appelle, il se fâche si elle ne vient pas tout de suite; quand il n'a plus besoin d'elle, elle ne doit pas s'attarder. Très souvent toutefois elle doit rester là, à l'écouter s'il parle, à moins qu'il ne se taise et seule n'exige que sa présence. Depuis qu'il est hospitalisé, il la fait venir tous les jours, essentiellement semble-t-il pour disposer d'une oreille attentive à ses plaintes. A la maison, il la dérange à n'importe quelle heure, quand cela lui plaît, pour des motifs sans importance. Auparavant, il avait une servante qu'il payait à l'heure : il la dérangeait beaucoup moins souvent et lui laissait quelque repos. Par contre, depuis qu'il paie sa sœur mensuellement, il considère qu'elle est constamment à sa disposition, la dérange nuit et jour et se fâche facilement contre elle.

Il prétend toujours surveiller ce que l'on fait chez lui : il trottine tout le temps derrière sa sœur quand elle lave, quand elle charge les feux, quand elle cuisine. S'il n'a pas pu surveiller l'exécution d'un travail, il dira que c'est mal fait. Quand un ouvrier vient faire quelque ouvrage, il l'escorte partout. Il dit souvent : « l'ouvrier doit être suivi ».

Il a sans cesse peur d'être volé, escroqué, même de quelques francs. Cependant, il a une fortune considérable ; il possède, par héritage, beaucoup d'actions et de propriétés. Il est avare, compte strictement l'argent qü'il donne à sa sœur et vérifie sans arrêt les comptes ménagers.

Il a un vieux poêle qui l'encombre mais il ne veut pas le vendre parce qu'il ne trouve pas d'acheteur qui lui en donne plus de 500 francs. Cependant, depuis des années, il s'offre chaque hiver de longs séjours sur la Côte d'Azur. Il s'y rend en avion et s'installe dans un excellent hôtel. Quand il y est, sa sœur doit lui écrire tous les jours car il veut savoir ce qui se passe chez lui. Il y séjournait quand sa mère était mourante. Prévenu par téléphone, il répondit qu'il ne pouvait revenir à cause de son état de santé et s'est contenté d'envoyer ses condoléances par télégramme. Sa mère l'avait pourtant couvé, adoré et elle avait toujours été aux petits soins pour lui.

A la maison, il reste souvent inoccupé, semble dormir assis mais, en fait, il est toujours attentif. Il fait beaucoup de mots croisés, il lit de nombreux journaux en entier, s'attardant aux colonnes qui traitent des cours de bourse. Il veut que tout soit très propre chez lui, particulièrement dans son W.C. personnel qu'il faut laver entièrement tous les jours. Il s'y enferme de longs moments, parfois près d'une heure. Mais il garde la même chemise et le même linge de corps pendant des semaines sans penser à les changer.

En présence de sa sœur il est toujours en train de se plaindre ou bien se montre franchement irritable. Par contre, s'il reçoit un étranger d'un certain rang, il sait se montrer amène, sourire, plaisanter d'un ton badin, faire des mots d'esprit. En séjour à l'étranger, il se sent dans une ambiance excellente en compagnie de gens cultivés. Là-bas, il est fort intime avec le directeur de l'hôtel et dispose d'une infirmière comme il le désire. Il compte bien y retourner, rejoignant en cela les espoirs de sa sœur qui se dit absolument éreintée et excédée de l'existence qu'il lui impose.

Commentaires

Le patient ne nous parle guère que de sa polyarthrite chronique évolutive et passe sous silence ses troubles psychiques. En fait, il doit être peu conscient de sa névrose obsessionnelle dont les troubles s'expriment surtout sur le plan *caractériel*. Comme dans beaucoup de névroses de caractère, c'est essentiellement l'entourage, en particulier la sœur qui en souffre et peut nous les révéler. Notons que l'on ne peut suspecter la sœur de manquer de sincérité : outre le fait que cela s'accorderait mal avec sa personnalité, elle nous donne un tableau tellement exact et complet d'*une névrose de caractère de type anal* que l'on ne peut mettre en doute son objectivité.

Relevons, parmi les symptômes les plus évidents, la parcimonie, l'avarice pouvant, comme c'est classique, alterner avec des comportements de brusque « décharge dépensière »; les phobies, notamment des microbes et de la saleté, contrastant avec l'indifférence à la malpropreté du linge de corps; la probabilité de rituels de défécation pendant de longs moments passés au W.C.; l'autoritarisme, l'entêtement, la méfiance; l'agressivité souvent contenue mais s'extériorisant toutefois dans certains comportements sadiques, liés d'ailleurs à des conduites empreintes de masochisme.

La majoration des plaintes semble liée à un narcissisme hypocondriaque, s'exprimant aussi dans les propos et les attitudes du patient qui cherche sans cesse à se valoriser aux yeux de ses interlocuteurs.

■

E. TUBE DIGESTIF

1. De multiples émotions, telles la peur d'un examen, un chagrin d'amour sont couramment responsables d'*inappétence*.

2. Un état de tension émotionnelle prolongé peut amener des *troubles fonctionnels* : *dyspepsie, obésité* (manger calme l'anxiété) ou *amaigrissement*, spasmes à tous les niveaux : *globus* œsophagien, *vomissements, diarrhée* ou *constipation, dyskinésies biliaires*; celles-ci peuvent éventuellement entraîner l'ictère émotionnel, connu de longue date.

Des troubles fonctionnels digestifs coliques (associés d'ailleurs à de multiples autres troubles) sont au premier plan dans le cas suivant :

Bernard, étudiant de 23 ans, marié et père de deux enfants, consulte pour colite chronique et précordialgies.

Son père, actuellement âgé de 50 ans, pensionné, est un self-made man coléreux, lunatique, qui écrase sa famille et spécialement son épouse de son autorité despotique. Bernard a une seule sœur de 14 ans plus jeune que lui. Il est toujours premier de classe ayant beaucoup de facilités pour les études.

Sa vie conjugale est extrêmement difficile : souffrant de la différence importante de milieu social existant entre la famille de son épouse et la sienne, il essaie, le plus souvent en vain, d'imposer à celle-ci des traitements brutaux dont son père lui a donné l'exemple ou de l'entraîner de force dans ses concepts philosophiques, religieux, politiques, sociaux et autres, contraintes physique et morale qui amèneront bientôt la jeune femme à nous consulter pour un état dépressif grave.

Bernard déclare qu'il est trop indépendant pour jamais supporter de travailler dans une usine où il y a un patron, des cadres, une structure. Il se décrit comme asocial, (haïssant la société actuelle qui, pour lui, est à réformer de fond en comble), d'humeur changeante, présentant des colères subites, irrité par ses enfant et son épouse; sa vie imaginative est d'une grande richesse, il est tour à tour généreux et égoïste, inactif, inapte aux efforts prolongés, travaillant par à-coups, prompt à se décourager devant une difficulté, ou à négliger les tâches imposées; il échafaude souvent de grands projets qui n'aboutissent jamais à exécution.

Son adaptation à l'armée est particulièrement mauvaise car il est en conflit perpétuel avec ses supérieurs; il a refusé de faire son service militaire en tant qu'officier de réserve et a demandé à être placé avec les simples soldats de façon à éviter « tout accrochage par la société ». Son inadaptation est tellement importante qu'il subit plusieurs examens au service de neurologie où un psychiatre pose le diagnostic de dépression. Après un certain nombre d'hospitalisations, il sera muté dans sa ville natale de façon à pouvoir y suivre les séances de psychothérapie qu'il avait entreprises avant son service militaire, chez un psychologue.

Dès l'âge de 10 ans, Bernard a présenté douleurs abdominales et diarrhée, en moyenne deux fois par mois. Cette symptomatologie s'est progressivement aggravée; il y a un an environ, les troubles étant quasi constants, le malade consulte un gastro-entérologue qui pose un diagnostic de colite gauche. Des palpitations, des épisodes syncopaux, une légère insomnie, complètent la symptomatologie, qui régresse à la suite d'une hospitalisation, d'un traitement anxiolytique et d'un traitement symptomatique de la colite.

Au moment où nous le voyons, ce malade présente plusieurs selles diarrhéiques par jour, des spasmes digestifs, des précordialgies, de l'hypotension artérielle orthostatique. Il n'a aucune activité ni professionnelle ni autre, il est aboulique, irritable, ses relations conjugales se dégradent.

Commentaires

Dans cette névrose de caractère avec anxiété, dépression et troubles neurovégétatifs divers, l'immaturité, le manque d'adaptation aux réalités sociales, l'improductivité et l'aboulie peuvent être mis en relation en particulier avec l'attitude caractérielle du père (ascension vertigineuse des échelons de la société grâce à un travail forcené, organisation patriarcale despotique de la famille, suscitant la révolte). Le malade reçoit un traitement antidépressif et anxiolytique et une psychothérapie de soutien est amorcée : dès les premières séances, il est tellement heureux de venir qu'il se sent plein d'énergie, joyeux, alors qu'il reste chez lui des jours entiers, prostré, ruminant des idées sombres. A travers l'agressivité importante qu'il exprime à l'égard de la société, de ses lois, de ses cadres, perce son anxiété quant à son adaptation professionnelle future et, bientôt des sentiments d'infériorité professionnelle, conjugale, morale et religieuse viennent progressivement au premier plan. Au cours des séances ultérieures, des sentiments d'isolement, d'abandon sont manifestés clairement. Bientôt le malade recommence ses études : son sentiment de vivre en parasite de la société diminue; il a admis qu'il était plus élégant de réformer une structure quelconque lorsqu'on y occupe une position supérieure : « de cette façon, on se met à l'abri d'une jalousie éventuelle qui peut toujours se glisser dans les motivations les plus apparemment désintéressées ». Les activités extra-universitaires sont développées avec entrain : clubs politiques, activités folklorique, artistique, sociale et autres permettent au malade de renouer ou de nouer des relations variées. Les troubles intestinaux ont complètement disparu ainsi que les précordialgies et les manifestations lipothymiques. Le malade parle lui-même « d'une véritable résurrection » qui se maintient sans adjonction actuelle de traitement médicamenteux depuis plusieurs mois.

■

3. *L'ulcéreux* a été décrit par ALEXANDER et son école comme « affamé d'amour », ce désir de manifestations orales d'affection entraînerait une hypersécrétion gastrique chronique participant à la genèse de la maladie ulcéreuse.

L'ulcus gastrique ou duodénal est, avec l'infarctus du myocarde, la migraine et l'hypertension artérielle une des principales « managers'disease », la façade d'hyperactivité professionnelle cachant un besoin nié de dépendance et de protection par la mère ou par une image maternelle.

Observation 40

Marianne, 29 ans, assistante sociale, nous consulte pour état dépressif et ulcère de l'estomac.

Enfant, elle régentait le foyer familial car, n'ayant ni frère ni sœur, elle était très gâtée par ses parents. A la fin de ses études d'assistante sociale, elle épouse un homme beaucoup plus âgé qu'elle, sans personnalité, sans volonté. D'abord satisfaite de pouvoir le dominer comme ses parents, elle se lasse peu à peu de supporter tout le poids de leurs existences.

Il y a un an, son père meurt d'hémorragie cérébrale. Peu de temps après, elle fait une dépression réactionnelle caractérisée et, bientôt, un ulcère de l'estomac.

On trouve donc ici :

— *la dépendance latente*, masquée par l'hyperactivité, fréquente dans les ulcères gastriques et duodénaux;

— *la dépression réactionnelle* à la mort du père, liée à la dépendance et à la structure hystérique de la patiente (à noter cependant qu'il est peu fréquent de trouver associés un ulcus et une dépression).

Observation 41

Hubert, 42 ans, est adressé par son médecin pour des troubles digestifs fonctionnels et organiques (ulcus gastrique) et pour dépression. L'enfance et l'adolescence de ce patient se sont déroulées dans le cadre d'une famille bourgeoise, hyperprotectrice : un père décrit comme un homme

« d'une bonté remarquable, ne vivant que pour ses enfants »,
une mère très méticuleuse aplanissant toutes les difficultés
de la vie familiale, ainsi que trois sœurs âgées de 44, 38 et
30 ans. La mère, la fille aînée et le patient souffrent de
crises migraineuses fréquentes. Toute l'enfance et l'adolescence du malade se sont déroulées apparemment en dehors
de toute difficulté : entente familiale excellente, absence
de soucis financiers : assez paradoxalement ce patient très
intelligent, et qui par ailleurs est capable de décrire sa vie
de manière très précise, ne peut pratiquement donner aucun
renseignement le concernant directement sur son enfance
et son adolescence : tout ce dont il se souvient c'est que
dans son jeune âge il présentait déjà des troubles digestifs
sous forme de douleurs abdominales diffuses, de diarrhée
qui toujours était accompagnée de « symptômes de tristesse ».

Après des études primaires et secondaires brillantes, il est
obligé, pour poursuivre des études universitaires, de quitter
le cadre familial : ambitieux, hyperactif, il se dépense sans
compter tandis que son état somatique et psychique se
dégrade; les troubles fonctionnels et gastro-intestinaux
deviennent de plus en plus importants (douleurs abdominales, pyrosis, diarrhée), le caractère de plus en plus
anxieux et irritable : bientôt Hubert présente une dépression
manifeste qui guérit en quelques mois. Dans le courant
de ses études surviendra une nouvelle séquence pathologique
analogue, qui le forcera cette fois à interrompre son travail
pendant un an.

Il se marie en 1948; durant deux ans, il va mener une vie
très active : toujours optimiste, exubérant, se dépensant
sans compter, prenant d'innombrables responsabilités sur
le plan professionnel. Mais les troubles digestifs refont
leur apparition : diarrhée prandiale, douleurs dans l'hypo-
chondre droit, pyrosis intense. Ils s'accompagnent d'asthénie

et de migraines. A nouveau, ils sont suivis d'un état dépressif assez profond : manque de goût pour tout, irritabilité accompagnée d'idées suicidaires, crises de pleurs sans raison apparente, anorexie, amaigrissement, palpitations, insomnie. L'ensemble de ce tableau est dominé par une anxiété permanente culminant en de véritables crises d'angoisse aiguë. En même temps Hubert, qui a toujours été méticuleux dans tous les domaines, présentant des tendances aux vérifications multiples de ses actes, scrupuleux, constate que tous ces traits caractériels s'exagèrent de manière importante.

Ce syndrome s'est répété depuis lors une fois tous les deux ans environ, toujours suivant le même schéma (phase d'hyperactivité anormale, suivie par l'apparition de troubles digestifs, puis syndrome dépressif). Par deux fois, ce malade a présenté une poussée d'ulcus duodénal avéré.

■

Dans la *rectocolite hémorragique*, on trouve la plupart du temps des traits de caractère obsessionnel, une agressivité marquée (évidente ou inhibée) et des fixations sadique-anales; les médecins et infirmières doivent savoir tolérer les décharges agressives de ces malades car il a été prouvé que le résultat thérapeutique est alors nettement meilleur.

Observation 42

Émilie, 32 ans, a un père directeur d'une boîte de nuit, alcoolique, brutal et trousseur de jupons. Sa mère est également alcoolique acceptant passivement le comportement de son mari. Alors qu'Emilie avait 12 ans, son père la viole en présence de la mère, en lui expliquant que c'est comme cela que font tous les pères qui se respectent.

Dans les années qui suivent, il a à nouveau des relations sexuelles avec elle à plusieurs reprises et « exhibe les formes naissantes de sa fille en petit comité », toujours avec la complicité maternelle.

Mariée depuis 15 ans, elle s'est rendu compte de la perversité de son père et a conçu pour sa mère, « complice inexcusable », une haine farouche.

Il y a quelques années lui naît un garçon longtemps attendu. Peu après, Émilie commence à maigrir et présente une série de symptômes de caractère obsessionnel : elle devient exagérément méticuleuse, propre et ordonnée. Puis apparaissent des troubles digestifs qui imposent le diagnostic de rectocolite hémorragique.

Au cours de son hospitalisation, Émilie est « insupportable », se disputant avec plusieurs infirmières. Elle exige l'expulsion d'une d'entre elles de l'hôpital mais, comme on refuse, elle menace de lui jeter à la figure tout ce qu'elle trouvera sous la main si jamais elle entre à nouveau dans sa chambre.

Émilie nous raconte son histoire de façon très dramatique. Son agressivité jaillit à tout moment. Elle parle de son père en s'écriant : « Quand va-t-il enfin crever, celui-là ? » et de sa mère en l'appelant « sale garce ».

L'immaturité et la dépendance décrites par ENGELS comme associées aux traits obsessionnels au cours de la rectocolite sont également manifestes chez elle.

■

Dans le cas suivant on trouve associée à la rectocolite hémorragique une autre affection où l'influence des facteurs psychiques est reconnue (spondylarthrite ankylosante).

Observation 43

Charles, âgé de 34 ans, consulte à la suite d'une recto-colite hémorragique grave. Sa mère est morte à 49 ans des suites d'une thrombose cérébrale alors que le patient avait 7 ans. Elle présentait, depuis de nombreuses années, une diarrhée chronique (4 selles par jour). C'était une femme autoritaire, dont il n'a gardé qu'un souvenir imprécis. Tout ce dont il se souvient c'est qu'à partir de sa mort, il a commencé lui-même une diarrhée chronique. A l'âge de 9 ans, Charles est mis en pension, ce dont il souffre beaucoup : au collège, il se retient d'aller à selle « parce que je trouvais sale d'aller sur les mêmes W.C. que des tas d'autres enfants de mon âge ».

Il a une sœur aînée; « lorsque j'eus 12 ans, elle s'est mariée, ce qui m'a complètement bouleversé car je la considérais comme ma mère ».

Deux ans plus tard, il subit une autre perte, celle de son père qu'il décrit comme anxieux, ayant présenté plusieurs ulcus gastriques et de nombreux épisodes dépressifs. Dès la mort de son père, il se trouve en conflit perpétuel avec son beau-frère : « j'étais toujours obligé de me retenir de lui dire ce que je pensais, parce qu'en fait je vivais dans son ménage et que je m'y sentais comme un cheveu dans la soupe ».

L'adolescent se trouve complètement désemparé, masquant une agressivité violente sous le couvert d'un « je m'enfoutisme de façade ».

Très attaché à sa sœur, il lui reproche cependant de lui donner systématiquement tort pour ne pas se disputer avec son mari à son sujet.

Quelques années plus tard, le beau-frère qui a repris l'entreprise familiale fait faillite : malgré la perte financière que subit ainsi Charles, il s'en réjouit : « mon beau-frère était extrêmement prétentieux, frondeur, persuadé qu'il était le plus fort, écrasant dans les affaires tout qui se mettait sur sa route ».

A 22 ans, il ressent les premiers signes d'une spondylarthrite ankylosante. C'est à ce moment qu'il rencontre sa femme actuelle pour laquelle, nous dit-il, « j'éprouve une immense tendresse car elle a été admirable vis-à-vis de moi, elle m'a connu alors que j'étais malade et s'est dévouée de manière remarquable ». Bientôt la jeune fille a un retard de règles : désemparé, le patient décide de la traiter par un moyen abortif à base de plantes dõnnant une diarrhée très importante. Il estime qu'à ce moment il devait prendre lui-même la décision et que sa fiancée a accepté la chose avec, cependant, une certaine crainte.

Marié en 1960, on lui fait subir pour sa spondylarthrite un traitement par rayons X au niveau de la colonne lombo-sacrée.

A la suite de ce traitement et depuis lors(?) Charles a beaucoup moins de rapports sexuels : il déclare que c'est à cause de son état de fatigue mais il a constaté également que sa libido est modifiée : dans l'acte sexuel, il déclare ne pas tellement éprouver de jouissance et ne trouver sa satisfaction que dans celle de sa femme.

Il est tracassé par le fait que, « malgré que nous ne fassions rien pour ne pas avoir d'enfant, nous ne pouvons pas en avoir, vraisemblablement à cause de ce traitement par rayons X que j'ai subi ». Il estime que sa femme désirerait avoir un enfant quoiqu'elle n'en ait jamais parlé ouvertement, se reproche amèrement cet « avortement » qu'il a pratiqué : « je me demande si ce que j'ai fait là n'a pas démoli ma femme et je regrette de n'avoir pas laissé cette grossesse s'établir. Au moins elle aurait eu un enfant. Pour moi, personnellement, le fait d'avoir un enfant ou de ne pas en avoir n'a aucune importance ».

Toute cette partie de l'anamnèse nous a été fournie au cours d'une subnarco-analyse car le patient était extrêmement réticent dans ce domaine.

Trois ans après son mariage débutent les premiers troubles de rectocolite hémorragique.

Lorsqu'il est hospitalisé, son beau-frère vient lui rendre visite; « chaque fois il m'énervait, mais je n'osais pas le lui dire parce qu'en fait il venait pour me faire plaisir. Chaque fois, le nombre de mes selles augmentait fortement ».

D'un point de vue caractériel, ce patient se décrit comme un homme essayant toujours de faire plaisir à tout le monde jusqu'à l'abnégation totale, ne supportant pas les êtres agressifs, étant « dans toute ma vie l'agneau dévoré plutôt que le loup dévoreur ».

Commentaires

L'intérêt de ce cas vient, en particulier, de ce qu'il allie deux troubles qui ont été étudiés sous l'angle psychosomatique : la spondylarthrite ankylosante et la recto-colite hémorragique. Dans la spondylarthrite ankylosante on a décrit un début survenant à la suite d'un sentiment inconscient de révolte ou de ressentiment au cours des vicissitudes de la vie; ces sentiments d'hostilité engendrent de la culpabilité qui inhibe les manifestations agressives. Cette inhibition de l'agressivité se marque par un besoin d'aider les autres, d'altruisme jusqu'à l'abnégation ainsi qu'on le rencontre chez ce malade.

Ce fond de révolte et d'hostilité chronique inhibée trouve son point de départ, dans la plupart des cas, dans le milieu familial : un parent dominateur (ici la mère, puis le beau-frère) vis-à-vis duquel l'expression de toute agressivité est rendue impossible par la dépendance et la peur.

Ces patients, comme c'est le cas ici, recherchent souvent une décharge de leur révolte intériorisée dans des compétitions sportives ou des activités de plein air.

Quant à la rectocolite hémorragique, on y a assez souvent observé des conflits se situant au niveau des relations conjugales, plus spécialement des problèmes de la grossesse ou de l'avortement.

On a pu décrire l'apparition des premiers symptômes de colite ulcéreuse lorsque le sujet doit faire face à une situation entravant le besoin de donner (ici besoin de « donner un enfant à sa femme »).

Remarquons enfin le mode extrêmement anxieux sur lequel est vécu le conflit névrotique et la fragilité particulière de ces malades qui, plus facilement que d'autres malades psychosomatiques, sont susceptibles de verser dans la psychose.

∎

F. GLANDES ENDOCRINES

1. L'hypophyse, « cerveau endocrinien » réglant la plupart des sécrétions hormonales, est influencée, par l'intermédiaire du diencéphale, par tout stress émotionnel. Les réactions les plus rapides s'observent d'autre part au niveau des capsules surrénales, sous forme de *décharges d'adrénaline*.

2. Un exemple *de trouble fonctionnel,* qui en est partiellement la conséquence, est la *fluctuation de la glycémie* (hyper et hypo).

3. Il est bien connu que l'*hyperthyroïdie* amène des troubles caractériels, du nervosisme, de l'anxiété. Mais

la nervosité des basedowiens n'est pas seulement une conséquence de l'hypertension thyroïdienne comme beaucoup le croient. L'étude psychologique de ces malades a montré (MANDELBROTE et WITTKOWER) que « derrière leur hyperactivité, leur affirmation constante d'indépendance se cache leur nostalgie de l'amour de leur mère ». La dépression latente est un trait important de ces malades et la perte d'un être aimé (en particulier les enfants qu'elles ont abreuvés de preuves de leur affection, ou un mari substitut d'enfant) est un facteur déclenchant fréquent de l'hyperthyroïdie.

Observation 44

Hélène, 37 ans, consulte pour le délabrement croissant de son état nerveux depuis la mort de sa fille, il y a un an.

Nous avons peu de renseignements sur sa propre mère. Son père, goitreux, est mort au cours d'une mélancolie. Trois sœurs : une déprimée, une névropathe opérée d'un goitre toxique, une morte en état de mal asthmatique. Deux frères, dont un souffre d'ulcus et d'un goitre simple, peu marqué.

Mariée à un homme assez introverti mais apparemment bien équilibré, elle en a eu 7 enfants. Elle a dû être hystérectomisée après le dernier.

Il y a 5 ans, une de ses filles commence un asthme grave. Hélène sillonne l'Europe à la recherche de médecins et de traitements nouveaux.

Il y a trois ans, elle présente un goitre qui devient bientôt toxique (tremor, céphalées, insomnie, amaigrissement, agitation). Opérée, la patiente s'améliore.

Il y a un an, sa fille meurt malgré les soins les plus attentifs. L'hyperthyroïdie réapparaît dans toute son intensité, doublée d'un état dépressif réactionnel qui, depuis, ne fait que s'aggraver.

Hélène se présente à nous très soignée, coquette même, mais manifestement déprimée. Elle expose son cas avec une grande émotivité. Elle se reproche surtout de n'avoir pas assez fait pour sa fille, de n'avoir pas voulu croire à l'éventualité de sa mort. Elle la sent constamment à ses côtés; elle la revoit en rêve. Cependant, elle est très attachée à ses autres enfants et regrette de ne plus pouvoir en avoir.

Observation 45

Violette, 35 ans, a présenté une hyperthyroïdie (goitre exophtalmique) il y a huit ans.

Cadette d'une famille de trois filles, son enfance a été marquée par la mort du père survenue alors qu'elle avait 15 ans. Déjà dans cette période de sa vie, elle était extrêmement nerveuse, présentant fréquemment des palpitations, des précordialgies.

Très irritable, hyperémotive, elle manifestait très rarement ses sentiments de manière visible : « j'ai toujours essayé de me contrôler, j'étais gênée lorsque je n'avais pas pu retenir, par exemple, une colère ».

De 15 à 20 ans, elle a vécu seule avec sa mère dans des conditions financières assez précaires; elle assurait, pour une bonne part, les revenus familiaux.

A l'âge de 17 ans, elle est abandonnée par son fiancé à trois semaines du mariage, alors qu'elle est enceinte.

Elle fait, à ce moment, un épisode dépressif et sa grossesse se termine par un avortement spontané.

Trois ans plus tard, elle épouse un jeune homme tuberculeux, élevé par sa grand-mère, la mère étant hospitalisée également pour tuberculose.

Elle s'applique à choyer son mari, à compenser par une attitude très maternelle « le manque d'affection dont il avait souffert dans son enfance... Je faisais tout pour lui; par exemple, il m'est arrivé fréquemment de me lever dans la nuit pour lui préparer tel ou tel mets que, dans son insomnie, il désirait ».

L'état du mari s'étant aggravé, Violette s'est dévouée d'une manière « forcenée », travaillant pour la subsistance du foyer, passant le reste de son temps à son chevet.

Lorsque le mari a été guéri de cette nouvelle poussée tuberculeuse, « il s'est mis à flirter avec d'innombrables femmes, se plaisant vraiment à entretenir ma jalousie. Jamais je n'ai fait d'esclandre, toujours je suis parvenue à me dominer et à essayer par mon calme de le ramener à une plus juste vision des choses ».

Malgré l'instabilité de son foyer, la patiente désire intensément avoir de nombreux enfants mais des examens révèlent la stérilité du mari; elle en souffre beaucoup : « cela représentait l'essentiel pour moi, dans la vie. Toujours d'ailleurs je me suis occupée des enfants des autres; je crois que cela correspond chez moi à un besoin de me donner, d'aider les autres, de prendre des responsabilités ». D'ailleurs, bien que la plus jeune, elle a sans cesse été la conseillère de ses sœurs, qui l'ont toujours considérée comme une « seconde mère », constamment disponible, et prête à leur rendre service, manifestant par ailleurs extérieurement une attitude de pondération, de calme détermination : « j'ai toujours eu l'impression d'en imposer aux autres, et je crois avoir été mieux à même de résoudre leurs problèmes que les miens ».

L'état de tension dans le ménage s'est encore aggravé quand la belle-mère, malade mentale grave, est venue vivre chez elle, durant quelques mois chaque année : la patiente en éprouve une véritable terreur, faisant un effort considérable pour ne pas laisser apparaître son angoisse.

Elle fait alors plusieurs « crises de nerfs ».

L'état de tension avec son mari ne cesse de s'aggraver et bientôt ils en arrivent à envisager le divorce. A ce moment, la mère de Violette est atteinte d'une thrombose cérébrale et elle quitte son mari pour s'occuper exclusivement de sa mère impotente. Ici encore, elle va se dévouer, travaillant sans cesse et dormant à peine. C'est alors qu'apparaît l'hyperthyroïdie. Malgré cette affection et son traitement par iode radioactif (qui a entraîné une hypothyroïdie traitée par la suite), elle continue à demeurer jour et nuit auprès de sa mère qui meurt quelques mois plus tard.

La malade supporte très difficilement cette mort : « maman c'était à la fois ma mère, mon amie, mon enfant ».

Son mari, avec qui elle s'était momentanément remise en ménage, « devint encore beaucoup plus méchant après la mort de ma mère; sans cesse il me ridiculisait en public, continuant à s'afficher avec ses maîtresses ».

Complètement « anéantie », la patiente fait alors une tentative de suicide, assez impulsive; son mari se serait alors « repenti de ce qu'il m'avait fait souffrir et, depuis, mon ménage marche très bien ».

Violette se présente à l'examen apparemment très calme, très maîtresse d'elle-même, s'exprimant avec pondération : « je crois que j'ai été mûrie précocement, bien que je sois la plus jeune de la famille. En fait, c'est peut-être parce qu'on s'est toujours adressé à moi pour me demander des conseils, pour se confier. Je crois que si l'on s'adresse si souvent à moi lorsqu'on a un ennui, dans la famille ou parmi mes amies, c'est parce que je me donne beaucoup plus que les autres ».

Elle raconte des rêves de mort qu'elle présente assez fréquemment : « je rêve que je suis morte et que j'entre dans une classe où se trouve mon propre corps sur la table.

« Je me réveille en pleurant », ou bien « je rêve que je suis en train de déterrer ma mère morte », ou bien « je rêve que l'on tue une femme dont je ne parviens jamais à voir le visage ».

Commentaires

Dans cette biographie mouvementée apparaît la situation pratiquement constante d'insécurité dans laquelle la malade a vécu : mort prématurée du père alors qu'elle n'avait que 15 ans, abandon à 17 ans par son fiancé alors qu'elle est enceinte, mariage avec un mari fréquemment malade, menaces constantes de voir son ménage détruit par l'infidélité du mari.

Comme chez beaucoup d'hyperthyroïdiens, on constate la coexistence de cette insécurité et d'efforts pour assumer une responsabilité, pour se rendre utile.

La lutte constante contre l'anxiété, née des désirs de dépendance frustrés, peut se manifester par une sorte d'attitude antiphobique consistant à rechercher les activités ou les situations que l'on appréhende le plus : la patiente épouse un mari malade, assume vis-à-vis de ses sœurs une attitude maternelle, dans laquelle elle se dépense sans compter.

On retrouve aussi chez cette malade d'autres traits décrits chez les hyperthyroïdiennes : le désir ardent d'avoir des enfants ainsi que des rêves ayant répétitivement la mort pour thème.

On remarquera enfin que la maladie n'apparaît pas à la suite d'un stress émotionnel unique mais bien de tension émotionnelle prolongée. Cette tension est étroitement liée à la personnalité de Violette, préexistant de longue date au début clinique de l'hyperthyroïdie.

Signalons enfin que ni la disparition de l'hyperthyroïdie, après traitement à l'iode radioactif, ni la phase d'hypothyroïdie par laquelle la patiente est passée à la suite de ce traitement, n'ont en rien modifié son état psychique, comme c'est souvent le cas.

■

G. SYSTÈME NERVEUX

1. Les fluctuations de l'état affectif restant dans les limites normales entraînent des modifications du niveau de vigilance (attention, distraction, somnolence) et du tonus neuro-végétatif.

2. Les troubles fonctionnels liés aux émotions sont légion : citons par exemple l'insomnie, les tremblements, d'innombrables maux de tête (par des mécanismes soit vaso-moteurs soit musculaires).

3. A) *La sclérose multiloculaire*, dont la pathogénie encore mal précisée semble faire intervenir un facteur d'auto-sensibilisation, survient comme la plupart des autres maladies où ce processus peut être invoqué (lupus érythémateux, polyarthrite chronique évolutive, asthme et autres maladies allergiques, hyperthyroïdie etc...) sur un terrain psychique souvent névrotique bien que peu spécifique. Il semble en tout cas que l'euphorie paradoxale, depuis longtemps observée chez ces malades, ne soit pas secondaire aux lésions cérébrales comme on l'avait cru mais puisse être reliée à des traits de personnalité préexistante.

B) *La migraine* vraie survient le plus souvent chez des sujets au caractère obsessionnel qui, pour MARTY, présenteraient cette particularité de se rapprocher des allergiques par leur type de relation d'objet (réduction de distance allant jusqu'au besoin de fusion imaginaire). L'observation qui suit est précisément intéressante à ce point de vue, par la succession de migraine et d'asthme.

Observation 46

Adrienne, âgée de 54 ans, paraissant plus que son âge, ancienne *migraineuse*, est hospitalisée pour *asthme* grave.

Elle ne peut plus dire avec précision à quel âge elle a commencé à souffrir de migraines. Toutefois, elle sait qu'étant jeune fille elle en était déjà atteinte, en particulier lorsqu'elle voulait partir en voyage. Il s'agit de migraines tout à fait caractéristiques, la douleur de l'hémicrâne gauche irradiant vers la région naso-oculaire, étant précédée de troubles visuels (phosphènes) et suivie de nausées et vomissements. Ces migraines ont augmenté de fréquence, survenant actuellement au moins deux fois par semaine, et durant à peu près chaque fois 48 heures. La malade supportait relativement bien ces douleurs pourtant intenses, continuant à travailler et ne s'aidant qu'exceptionnellement d'antalgiques. Les migraines ont disparu à la ménopause et ont été remplacées par des crises d'asthme d'installation progressive qui l'ont finalement amenée à l'hôpital dans son état actuel de grande invalidité.

La mère d'Adrienne est décédée à l'âge de 85 ans. Très vigoureuse, ayant toujours travaillé dur, elle est morte il y a 12 ans « après des troubles mentaux où elle a refusé de manger et de boire ». Le père, décédé à l'âge de 75 ans, était éthylique et asthmatique. Parlant de ses frères et sœurs et d'elle-même, la patiente avoue sur un ton accablé : « nos parents étaient forts et nous ne le sommes pas ». En effet, des 14 enfants, 9 sont décédés en bas âge ne laissant que 5 frères et sœurs dont la patiente était la plus jeune. Une sœur est morte de pneumonie, une autre est cardiaque, un frère est asthmatique, un autre est tuberculeux.

Le père et la mère se seraient toujours montrés bons parents. Toutefois, l'existence était très dure. Adrienne considère qu'une espèce de fatalité a toujours pesé sur les membres de sa famille : les fours à zinc ont détruit la santé de ses frères et tué son père; sa sœur aînée est morte, son autre sœur a perdu son premier mari et soigne son second atteint d'un cancer; elle-même se présente comme poursuivie par le sort : elle n'a « jamais rien vu, jamais voyagé », elle n'a vu Bruxelles qu'une seule fois, jamais le littoral et ses espoirs de voir Bruges ont été réduits à néant avec sa maladie ; elle a l'impression qu'elle mourra sans jamais avoir rien pu faire de ce qu'elle désirait. Elle aurait beaucoup aimé aller en classe quand elle était jeune mais, dès l'âge de 14 ans, elle a dû travailler tout d'abord dans un café puis dans un salon de coiffure et enfin dans une bibliothèque de gare. Toute sa vie elle a travaillé dur, reportant le repos à plus tard, sans jamais arriver à le prendre. Mariée à 26 ans, elle a une fille à 30 ans et un garçon à 34 ans. Elle décrit son mari comme un homme compréhensif, travailleur et dont elle n'a absolument pas à se plaindre. Toutefois, quand il rentrait à la maison et qu'il la voyait souffrir de ses migraines, il se décourageait. C'était la vieille maman de la patiente qui la comprenait le mieux car elle lui disait : « Je n'ai jamais rien mais je comprends bien que tu dois avoir mal ». A l'évocation du souvenir de sa mère, la patiente a manifestement envie de pleurer, mais retient ses larmes en grimaçant. Immédiatement après elle en vient spontanément à parler, pendant un long moment, des déboires et déceptions que son fils lui a donnés. Doué pour les études, il les a abandonnées; malgré les avertissements de la malade, il a voulu épouser une jeune fille qui s'est révélée d'un caractère très difficile, s'opposant à la patiente et négligeant son époux. Il apparaît même que c'est très exactement au moment où Adrienne a été ménopausée que les tensions se sont exacerbées entre elle, son fils et sa belle-fille. Celle-ci a fini par quitter son mari, la patiente hébergeant désormais son fils qui demeure indécis quant à la conduite à suivre vis-à-vis de sa femme. Cette situation bouleverse notre malade qui tente de la dissimuler à tout le monde, la jugeant honteuse.

Au point de vue caractériel, Adrienne apparaît très pénétrée de principes moraux, comme il ressort de son langage et de certaines attentions dont elle fait preuve pendant l'entretien. Son esprit a des tendances itératives assez marquées, n'allant pas jusqu'à la véritable obsession. Elle est perfectionniste, très méticuleuse, scrupuleuse, travailleuse à l'excès. Elle a toujours accepté les coups du sort avec une résignation étonnante.

Commentaires

Remarquons tout d'abord qu'il s'agit d'un asthme tardif tout aussi indiscutable que la nature migraineuse des céphalées qui l'ont précédé. On relève, dans l'anamnèse familiale et particulièrement dans celle des collatéraux, une prédisposition vraisemblablement génétique à l'éclosion de maladies psychosomatiques graves. On remarque également l'importance de facteurs déclenchants, telle la ménopause. Du point de vue caractériel, les traits de personnalité sont ceux qui se retrouvent avec une particulière fréquence chez les migraineux : tendances obsessionnelles conduisant la patiente à toujours remettre à plus tard son repos, le subordonnant à la réalisation préalable de ses tâches professionnelles ou ménagères, qui n'ont malheureusement jamais de fin. Dans son cas, il semble exister une revendication affective qui a pu, pendant longtemps, se manifester sous la forme déguisée d'un masochisme (attirant la sympathie de la mère notamment) et qui s'est exprimée de façon plus directe, plus manifeste, à partir du moment où le mariage de son fils et l'échec de celui-ci ont définitivement mis un terme aux espoirs d'Adrienne. Les crises d'asthme apparaissent, en remplacement des crises migraineuses, chez cette patiente attachée à sa mère et à ses enfants, en même temps que son avidité affective et sa sensibilité aux frustrations passent à l'avant-plan du tableau de sa personnalité. Tout se passe comme si, lorsque s'effondrent les formations réactionnelles caractérielles habituelles chez les migraineux, la dépression latente antérieurement dissimulée s'exprimait dans l'asthme.

H. APPAREIL GÉNITAL

1. Les réactions émotionnelles normales au niveau des organes génitaux sont les *sécrétions sexuelles* et *l'érection* de la verge et du clitoris.

2. Les troubles fonctionnels sont nombreux et nous en avons déjà envisagé plusieurs : *impuissance, frigidité, vaginisme, dysménorrhée,* certaines formes d'*aménorrhée, algies pelviennes*.

Comme maladies psychosomatiques, citons l'*ovarite scléro-kystique,* certaines formes de *stérilité,* les *fausses couches à répétition,* le *fibrome* et les formes d'*aménorrhée* suffisamment évolutives pour aboutir à un état lésionnel.

L'observation 3 (p. 50) nous a montré un exemple d'avortements spontanés répétés dans un contexte névrotique (phobique comme c'est souvent le cas).

Observation 47

Dora, 19 ans, nous est envoyée par le service de gynécologie pour dysménorrhée, vomissements, amaigrissement et pilosité marquée (tous les examens gynécologiques, endocriniens et digestifs étant négatifs). Elle est dysménorrhéique depuis la puberté (règles irrégulières, deux fois par mois).

Son père meurt il y a un an d'un cancer digestif, après une longue et pénible maladie. Peu après, Dora présente une insomnie rebelle avec cauchemars (elle revoit son père à l'hôpital). Puis apparaît une intolérance aux graisses, avec vomissements postprandiaux et douleurs épigastriques. L'aménorrhée a débuté il y a 5 mois.

Dora nie toute anxiété et s'irrite de l'asthénie qui l'empêche de donner libre cours à son activité débordante.

Des subnarco-analyses à visée diagnostique et suggestive ont révélé une agressivité (consciemment niée) envers la mère, qui « l'empoisonne littéralement », dit-elle, en contrôlant ses moindres faits et gestes. Elles ont également révélé que Dora craint de trop manger de peur d'un cancer digestif.

Soulignons ici :

— les traits de *personnalité qui rapprochent cette malade des anorexiques mentales* : relation ambivalente à la mère, négation de tout conflit; l'anorexie n'est pas manifeste mais elle est ici remplacée par les *vomissements*, qui ont la même signification symbolique (rejet de la mère);

— la *dysménorrhée* et l'*aménorrhée* qui correspondent ici, comme dans l'anorexie mentale, à l'état psychique d'une jeune fille qui assume très difficilement sa féminité. Chez les jeunes filles qui ont une fixation marquée à l'image paternelle, les troubles menstruels commencent souvent à la mort du père, comme c'est le cas ici (« Maintenant que tu es mort, je ne peux plus être femme »);

— l'*isolement familial* qui, préconisé dès le siècle dernier de manière empirique, a contribué avec la psychothérapie à rompre le cercle vicieux interpersonnel (anxiété maternelle — anorexie de la fille — aggravation de l'anxiété de la mère); cet isolement n'est pas toujours nécessaire.

Observation 48

Une consultation psychosomatique est demandée par le service de gynécologie pour Hélène, jeune fille de 23 ans. Elle se plaint d'*algies* dans la *sphère gynécologique* et d'une *aménorrhée* secondaire. Les examens cliniques et biologiques n'ont jamais permis de mettre en évidence une étiologie organique à ses plaintes.

Cette jeune fille se présente très inhibée à l'entretien. Elle n'est pas maquillée, elle est habillée de façon terne. Pendant le premier entretien, comme d'ailleurs dans ceux qui suivront, elle déclarera souvent qu'elle n'a pas grand-chose à dire. Cependant, elle nous consultera, de façon irrégulière il est vrai, pendant 10 mois.

Chez elle, les premières règles avaient déjà été d'installation assez difficile et elle a toujours eu de l'oligoménorrhée. Ces troubles se sont accentués après un accident de voiture où la patiente a été gravement blessée au visage, défigurée, et où son père, a trouvé la mort. Elle passe alors pendant quelques semaines par un état d'hyperactivité brouillonne qu'on peut assimiler à une réaction de deuil maniaque. Quelque temps après, une intervention de chirurgie esthétique atténue fortement les cicatrices qu'elle présente au visage. Elle en reste toutefois très affectée et une ancienne préoccupation, concernant son poids, la reprend : elle s'estime trop grosse, et en particulier affligée d'un buste trop développé. Elle s'impose un régime amaigrissant sévère qui ne lui laisse bientôt plus que la peau sur les os. Contrairement à l'entourage qui s'alarme et la trouve hideuse, elle est très satisfaite d'elle-même et estime qu'elle n'a jamais été aussi bien. L'aménorrhée s'installe alors de façon définitive. Les algies gynécologiques, plus récentes, datent de quelques mois. La patiente se plaint moins d'ailleurs de ces algies épisodiques, que d'une autre perception associée, qu'elle décrit comme la sensation d'un *organe mort*, qu'elle situe dans le bas ventre. Elle a le sentiment qu'on pourrait enlever, par une intervention chirurgicale, cet organe mort qui continue à grandir.

Dans ses antécédents familiaux on relève que le père était une personnalité vraisemblablement hypochondriaque (se plaignant particulièrement de l'abdomen), exerçant sur la patiente une véritable fascination. Elle nous le décrit comme une personnalité exceptionnelle, dont la mort a anéanti sa propre existence. A propos de sa mère, très préoccupée de l'état de la patiente, elle exprime avec honte des sentiments d'hostilité : sa sollicitude actuelle l'énerve, elles se disputent souvent. Hélène a toujours fait des reproches à sa mère, la rendant responsable de tous ses malheurs. Quand elle était petite, elle se trouvait avec effroi devant le miroir, de nombreux traits physiques de sa mère, notamment les yeux et, quand sa poitrine a commencé à se développer, elle a été horrifiée à l'idée d'avoir une forte poitrine comme sa mère. Elle en était gênée devant ses camarades d'école, n'osait pas se mettre en maillot, évitait les cours de gymnastique... Elle a un frère, de 3 ans son aîné, auprès de qui elle se trouve très inférieure : il est plus gai, plus libre, plus spontané, plus séduisant etc. Quand ils étaient jeunes, elle ne pensait qu'à se disputer avec lui, au cours des jeux d'enfants où elle se comportait comme un garçon manqué. Elle s'arrangeait souvent pour le faire punir par son père, dont elle implorait le pardon sitôt la punition instaurée.

Elle pense que, d'un autre côté, elle adorait son frère : elle a beaucoup pleuré lorsqu'ils ont été séparés par la pension.

Actuellement, Hélène reconnaît qu'elle est mal à l'aise dans son rôle de jeune fille; non seulement elle ne supporte pas qu'on lui témoigne un intérêt sexuel mais elle est dégoûtée de son apparence physique : les traitements médicaux instaurés ont surtout eu pour effet de la faire regrossir. Son idéal féminin est au contraire l'image d'une femme très maigre, à la poitrine plate, exerçant une profession de femme d'affaires, célibataire.

On décide d'essayer d'instaurer une psychothérapie mais, pendant plusieurs mois, la patiente va se débattre contre nos tentatives en ce sens : elle consulte de multiples médecins, généralement sans nous le dire ou plus exactement en ne l'avouant qu'après quelque temps et avec une grande gêne. Gynécologues, internistes, chirurgiens concluent généralement à l'absence de troubles organiques. Elle se rabat sur des homéopathes mais nous revient toujours. A chaque tentative nouvelle de limiter son problème au plan psychologique elle nous échappe à nouveau, nous force véritablement à l'hospitaliser en parlant de suicide de façon qui laisse peu de doute sur le risque du passage à l'acte, ou encore en centrant les entretiens sur ses douleurs. C'est en étudiant la périodicité de celles-ci qu'il apparaît que leur exacerbation coïncide souvent avec l'intensification des difficultés éprouvées encore dans la relation avec son frère. Celui-ci est fiancé et fait son service militaire en Allemagne. Il envoie de longues lettres à la patiente dans lesquelles il se montre affectueux pour elle; elle lui répond, lui rend parfois visite mais, progressivement, elle croit se rendre compte qu'en réalité elle ne tient guère de place dans l'esprit de son frère, qu'il n'a d'yeux que pour sa fiancée et s'intéresse en fait très peu aux malheurs de sa sœur. De son côté, Hélène ne supporte pas les marques d'affection qu'un jeune homme lui témoigne; elle le gifle lorsqu'il veut l'embrasser, le boude. Elle voudrait une relation dénuée de toute sexualité. Il est dès lors possible d'explorer de façon très prudente ses premières expériences sur le plan sexuel. Son attitude devant la sexualité a toujours été marquée d'anxiété et de culpabilité. A l'occasion de ses premières règles, la mère lui avait prédit une vie pénible, celle de la condition féminine. Petite fille, elle se souvient qu'elle avait des rêveries où elle se voyait donnant des soins à des hommes malades pour lesquels elle avait une grande affection : le curé, l'un ou l'autre cousin de la famille (en particulier, elle sait qu'elle se voyait en train de laver leurs organes génitaux). Elle évoque encore avec beaucoup de gêne des jeux d'enfant où, en compagnie de son frère, elle devait se déshabiller entièrement dans le bois et se montrer aux autres filles et garçons. Enfin, certains de ses propos évoquent une tonalité homosexuelle dans ses amitiés féminines.

Déculpabilisée, elle parle de plus en plus facilement de ses problèmes sexuels, prenant conscience que ses troubles viennent probablement d'une difficulté à assumer son rôle féminin mais, tout à coup, à l'occasion de ce qu'elle estime être une accentuation de l'indifférence de son frère, elle se révèle agressive dans son milieu familial, nourrit des idées de vengeance contre son frère, veut faire échouer la liaison qu'il a avec sa fiancée et elle commence à « oublier » les rendez-vous que nous lui fixons. Désorientée dans le temps, ainsi qu'elle l'a déjà été dans l'espace au pire des phases initiales de sa maladie (ne pouvant s'orienter dans la ville de Liège), elle se présente aux heures où le psychothérapeute est absent et ne vient pas quand il l'attend. Chaque fois, comme nous l'apprend sa mère, elle manifeste de vives réactions de désespoir à la maison, s'inquiétant de ce que l'on va penser d'elle, dramatisant les choses, s'étonnant d'oublier des rendez-vous dont elle affirme d'autre part qu'ils lui font beaucoup de bien.

C'est alors que la mère d'Hélène prend l'initiative de la faire hospitaliser dans une clinique, dont on lui a dit le plus grand bien, en dehors de la province. La patiente se laisse emmener sans résistance, insistant seulement pour que sa mère l'excuse auprès du psychothérapeute, qu'elle lui fasse part de sa décision de le consulter ultérieurement.

Commentaires

Derrière les inhibitions que présente cette malade, on reconnaît la protestation virile de la personnalité hystérique. Elle jalouse son frère, lutte avec lui en se sentant toujours vaincue. D'un autre côté, elle a pour lui un attachement très intense; il a dû en être de même vis-à-vis du père, à travers un complexe d'Œdipe que l'on voit aussi manifesté dans l'hostilité à la mère et le refus de ses attributs féminins. Le cas de cette patiente peut encore être rapproché de celui des anorexies mentales, dont elle présente de nombreux éléments de la séméiologie (aménorrhée, préoccupations quant à l'apparence physique etc.). Le déclenchement des troubles gynécologiques et psychiques est apparemment lié à la mort du père. Le refus de la féminité, consécutif à ce décès, n'est que très difficilement entamé par la psychothérapie : la patiente résiste, tant sur le mode de la somatisation de ses symptômes que sur le mode de la fuite consciente ou inconsciente du traitement. On peut penser qu'une psychothérapie intensive, conduite en milieu hospitalier, aurait plus de chances de succès que la psychothérapie ambulatoire qui a été tentée.

■

I. Peau et phanères

La peau a la même origine embryologique que le système nerveux. Il n'est donc pas étonnant de voir persister des interrelations nombreuses et importantes entre l'une et l'autre.

1. Toute émotion provoque une réaction vasomotrice cutanée, que ce soit une vasoconstriction *(pâleur)* ou une vasodilatation *(rougeur)*.

2. Un trouble souvent fonctionnel est le *prurit*, diffus ou localisé à certaines régions du corps. En particulier, le prurit vulvaire et le prurit anal peuvent être le reflet de troubles névrotiques.

3. Les affections psychosomatiques cutanées sont très nombreuses. Les plus importantes sont le *psoriasis*, l'*eczéma*, l'*urticaire*, l'*acné* et les alopécies (en particulier, la *pelade*). Pour certains, la poussée d'urticaire correspondrait, comme la crise d'asthme, à une crise de pleurs refoulée.

Le lupus érythémateux disséminé a été étudié récemment par McClary qui a souligné le rôle du mécanisme de dépression, observant un besoin inhabituel d'activité et d'indépendance, couvrant le sentiment de culpabilité lié au désir d'amour maternel.

L'activité compulsive de l'homme d'affaires ou du commerçant les protège contre la dépression : « je peux me nourrir moi-même et nourrir les autres », nie le fantasme dépressif sous-jacent « je ne suis bon à rien, j'ai besoin de ma mère ».

Treize fois sur 14 dans la statistique de cet auteur le début du lupus suit un stress émotionnel.

Fernand, 48 ans, nous est envoyé par le service de dermatologie pour psoriasis. Enfance sans problème. Marié, heureux en ménage, sans enfant. Jamais de maladie importante. Sinistré à l'occasion des grèves ouvrières de 1960-61, il doit déposer au Tribunal, ce qui le traumatise beaucoup. Sa femme, déprimée chronique, supporte plus difficilement encore les tracasseries judiciaires et fait un raptus anxieux. Un matin, il la trouve devant un tube de barbituriques, morte. Le psoriasis apparaît 15 jours plus tard.

Fernand se présente à nous avec un faciès déprimé caractéristique. Insomniaque, anorexique, anxieux, il pense lui aussi au suicide. Il se décrit comme timide, renfermé, peu spontané dans ses actes comme dans ses sentiments, méticuleux, vérificateur. Sa dépression et son psoriasis cèdent simultanément à un traitement énergique par thymanaleptiques, au cours d'une brève hospitalisation.

Lucienne, 35 ans, consulte pour des douleurs précordiales intenses sans substrat organique.

Enfance et puberté sans problème apparent. Se marie « parce qu'on ne peut pas avoir d'enfant sans prendre un mari ».

Il y a 2 ans, à l'occasion d'une émotion violente, elle présente une pelade, qui régresse rapidement sous corticothérapie.

Peu après, elle ressent une vive douleur précordiale, sans anxiété, accompagnée de vertiges. Cette crise se répète fréquemment depuis lors.

Au cours des entretiens, Lucienne est coquette, émotive, logorrhéique, théâtrale, agitée, anxieuse. Elle se compare à son père. Elle affirme aimer son mari mais son agressivité envers lui perce par moments : « C'est un bon gros tout rond qui ne se tracasse pour rien. C'est moi qui dois prendre toutes les responsabilités ».

Notons dans cette observation :

— la *tension anxieuse permanente* résultant du conflit affectif : dépendance et agressivité envers un mari passif, peu sécurisant. La plupart des sujets atteints de pelade ont tendance à « se faire des cheveux », comme on dit couramment. On peut penser qu'il y a une relation entre la tension affective et la tension musculaire du cuir chevelu; les céphalées de tension semblent particulièrement fréquentes chez ces malades.

— la *personnalité hystérique*, qui peut expliquer les crises de précordialgies et vertiges.

Observation 51

Chantal, 33 ans, consulte pour dépression. Depuis l'enfance, elle est atteinte d'asthme et de trachéobronchites à répétition. Elle ne s'est pas mariée pour soigner sa mère, veuve, irritable et possessive. Il y a quelques mois, sa mère fait une grave crise de lithiase et doit garder le lit un certain temps. Chantal, surmenée, devient irritable, anxieuse; elle présente des céphalées, des crises d'angoisse, des troubles du transit digestif, de l'insomnie, du tremblement des mains et une sensation de « tremblement intérieur », ainsi que de l'eczéma interdigital et du prurit vulvaire fonctionnel, « surtout quand je suis très énervée ».

Elle se montre hyperémotive, agitée et anxieuse. Elle bégaie, rougit pour un rien, transpire abondamment. Elle se calme en fin d'examen. Après quelques semaines de psychothérapie et de chimiothérapie antidépressive, l'eczéma disparaît mais le prurit persiste. Elle avoue son « désir d'avoir un foyer comme tout le monde, où je sois vraiment chez moi ».

Cette patiente présente des éléments de la *personnalité allergique* (elle multiplie d'ailleurs les manifestations allergiques : eczéma, asthme, trachéobronchites à répétition). Ce type de personnalité est fait essentiellement de la conjonction de labilité émotionnelle, d'une dépression latente, d'un désir d'affection frustré (ici, frustration en particulier sexuelle et culpabilité de masturbation ne sont pas sans relation avec le prurit vulvaire).

∎

J. OTO-RHINO-LARYNGOLOGIE

1. Toute émotion normale peut donner lieu à des *altérations de la voix* : voix rauque, voix blanche, voix aiguë etc.

2. Un degré de plus et c'est l'*aphonie*, symptôme fréquent chez les hystériques.

La *rhinite allergique* est à ranger aux côtés de l'asthme et de l'eczéma et ce qui a été dit pour l'allergie en général est valable pour elle.

De nombreuses études faites sur le *vertige de Ménière* tendent à mettre en évidence des facteurs psychiques prédisposants.

K. OPHTALMOLOGIE

1. Les *larmes* expriment une émotion normale.

2. Certaines *conjonctivites* sont fonctionnelles. L'*orgelet* a pu être mis en relation avec des préoccupations ou fantasmes ayant trait à la grossesse (?).

3. Le *glaucome aigu* est particulièrement sensible aux facteurs émotionnels. On a décrit chez des sujets prédisposés au glaucome aigu un type de personnalité à traits obsessionnels, hyperémotifs et anxieux.

CHAPITRE XI

MÉTHODES THÉRAPEUTIQUES

L'éventail des moyens de traitement des névroses et des maladies psychosomatiques est si étendu que nous ne pouvons prétendre ici qu'à en donner une idée superficielle et certainement très incomplète.

La multiplicité même de ces possibilités thérapeutiques, l'efficacité certaine de beaucoup d'entre elles, ne rend pas la tâche facile au médecin qui désire établir adéquatement un programme de traitement : il doit en effet se baser, non seulement sur un diagnostic précis, mais sur un bilan de la personnalité du sujet et du contexte familial et social. Aucun schéma stéréotypé, moins que dans n'importe quelle branche de la médecine, ne peut être préétabli.

Les troubles névrotiques et les problèmes d'hygiène mentale sont, nous l'avons vu dans chacun des chapitres précédents, si nombreux qu'il est peu vraisemblable que les médecins, spécialistes ou non, soient de longtemps en mesure d'y faire face. Il est donc souhaitable, et c'est une tendance qui s'accentue, que des psychologues et travailleurs sociaux convenablement formés se chargent d'une partie de ces problèmes, à condition que ce soit dans le cadre d'équipes psycho-médico-sociales. Car, dans l'état actuel de nos connaissances, il est en effet toujours difficile de poser des indications thérapeutiques assurées, de décider par exemple qu'une inhibition scolaire, une difficulté caractérielle ou conjugale ne devra être traitée que par psychothérapie, à l'exclusion de toute chimiothérapie : au fur et à mesure que s'approfondit l'étude du cas, au cours même d'une psychothérapie entreprise, peuvent apparaître une structure de personnalité différente de ce qui se révélait de prime abord, ou des symptômes somatiques nouveaux.

Les méthodes de traitement peuvent être classées en trois groupes, dont le dernier seul recevra ici quelque développement : approches sociologique, biologique, psychothérapique.

I. *MOYENS SOCIOLOGIQUES*

Ce sont ceux qui mettent en œuvre une structure institutionnelle, dans laquelle le malade est inséré pendant une période plus ou moins longue. Ainsi l'hôpital psychiatrique ou la « maison de santé » modernes doivent être conçus comme des micro-sociétés dont chaque rouage est, en principe, orienté vers la réinsertion sociale du malade. Celui-ci doit y trouver, à côté des traitements biologiques et psychothérapiques, une « sociothérapie ». Une certaine spécialisation est évidemment nécessaire et la même unité ne pourra recevoir psychotiques, névrosés et personnalités psychopathiques. De même, pour les enfants inadaptables au milieu familial ou scolaire normal, sont organisés des instituts médicopédagogiques pour « caractériels », délinquants etc.

II. *MOYENS BIOLOGIQUES*

Depuis une douzaine d'années l'arsenal des médicaments psychotropes s'enrichit extraordinairement. Si le traitement des psychoses en a été révolutionné, celui des névroses a aussi été transformé bien qu'à un moindre degré. Sédatifs, anxiolytiques, médicaments antidépressifs, thymanaleptiques, neuroleptiques ont chacun leurs indications précises et sont susceptibles soit de favoriser, soit de gêner l'amorce et le développement d'une psychothérapie. Leur utilisation doit donc être soigneusement calculée et modifiée à la demande, au cours de l'évolution du traitement.

Le développement des chimiothérapies ne doit pas faire méconnaître la place à réserver à des méthodes plus anciennes (bains, massages etc.), dont l'action peut d'ailleurs s'interpréter autant sur le plan de la psychothérapie que sur celui de la physiothérapie.

III. *MOYENS PSYCHOTHÉRAPIQUES*

La psychothérapie peut se définir comme une action psychique sur le psychisme, c'est-à-dire comme l'utilisation de la relation interpersonnelle entre le thérapeute et le patient visant à aider ce dernier à ouvrir des voies de résolution aux crises et aux conflits. Ces voies de résolution doivent être différentes des symptômes, lesquels représentent une mauvaise solution dans l'économie de l'adaptation des désirs à la réalité; elles doivent donc aboutir à la disparition secondaire de ces symptômes, qu'ils soient conscients ou inconscients.

Fondements des psychothérapies

Comme la médecine, la psychothérapie est à la fois une science appliquée et un art. Certes elle comporte des aspects intuitifs, mettant en jeu la personnalité consciente et inconsciente du psychothérapeute, mais elle se base cependant aussi de plus en plus sur des sciences fondamentales qui comprennent :

1º la *psychologie dynamique* et, au premier chef, la théorie psychanalytique des névroses et des psychoses; sur elle sont fondées la cure psychanalytique et les psychothérapies d'inspiration psychanalytique;

2º la *psychophysiologie*, fondement de certains traitements appliqués en médecine psychosomatique, telle par exemple la relaxation (l'expérimentation psychophysiologique apporte à ceux qui ont souci d'objectiver les théories psychosomatiques ou l'efficacité des psychothérapies des moyens de contrôle plus objectifs que la clinique des névroses : il est beaucoup plus facile d'apprécier l'action d'une psychothérapie sur l'évolution de telle ou telle maladie organique que sur le devenir d'une névrose où sont impliqués des facteurs plus subjectifs);

3º la *psychologie expérimentale* et la *réflexologie*, sur lesquelles s'appuient les méthodes de conditionnement, en particulier la « behaviour therapy », développée ces dernières années;

4º la *psychologie sociale* qui, avec la théorie psychanalytique des relations humaines, est la base des sociothérapies, des psychothérapies institutionnelles, des psychothérapies de groupe, du psychodrame, de toutes les thérapeutiques d'ambiance.

Les classifications des psychothérapies sont nombreuses, pratiquement toutes bipolaires : Ainsi on peut les classer en psychothérapies :

- simples ou spécialisées   - verbales ou non verbales
- brèves ou intensives   - directives ou non directives
- superficielles ou profondes   - individuelles ou de groupe

Les psychothérapies *simples* peuvent être réalisées en principe par des médecins sans formation spéciale. Les psychothérapies *profondes* mettent en jeu l'inconscient, les ressorts archaïques de la personnalité et visent à une restructuration de celle-ci au-delà d'améliorations symptomatiques. Les psychothérapies *directives* sont à base de suggestion : le thérapeute peut, par exemple, y jouer le rôle d'une sorte de directeur de conscience. Les psychothérapies *intensives* ou *prolongées* demandent un contact avec le malade de plusieurs heures par semaine pendant plusieurs années. Les psychothérapies *non verbales* peuvent utiliser le dessin, le modelage ou les ressources de l'ergothérapie, de l'art-thérapie, de la musicothérapie etc. Dans les psychothérapies *de groupe*, on réunit régulièrement plusieurs malades (généralement de 6 à 12) soit pour des conversations, soit pour des séances de psychodrame, etc.

Toutes ces modalités de définition des psychothérapies se recoupent et se combinent : une psychothérapie de groupe peut être directive ou non, une psychothérapie verbale peut être brève ou intensive etc.

Chacune de ces catégories nécessite une formation particulière, si bien qu'aucun psychothérapeute ne peut prétendre les manier toutes convenablement et, bien entendu, les querelles d'écoles se manifestent là comme ailleurs. Certes les psychothérapies très élaborées nécessitent des connaissances psychiatriques approfondies et une longue éducation psychothérapique. Mais beaucoup de malades ne relèvent que des psychothérapies relativement simples, à la portée du non-spécialiste.

A. PSYCHOTHÉRAPIES DE SPÉCIALISTES

a) *Psychanalyse*

La psychanalyse est le modèle le mieux structuré auquel on peut se référer le plus facilement pour situer les autres modalités de psychothérapies. C'est donc par sa description que nous débuterons, en précisant que le terme de psychanalyse peut désigner soit :

a — une *méthode* de traitement des névroses : la cure psychanalytique;

b — une *théorie* des névroses et des psychoses, élaborée grâce au matériel recueilli au cours des cures;

c — un *corps de savoir* qui dépasse largement le domaine de la psychiatrie pour s'appliquer pratiquement à toutes les sciences humaines. La psychanalyse permet en effet d'intégrer des données en provenance de l'ethnologie, de l'histoire, des arts; elle permet de se référer à une conception nouvelle de l'homme : il y a une anthropologie psychanalytique.

La *cure psychanalytique* est une psychothérapie intensive. Le malade a rendez-vous avec l'analyste au minimum 3 à 4 fois par semaine pendant 3/4 d'heure environ. Allongé sur un divan, il a pour seule consigne de ne rien taire de tout ce qui lui vient à l'esprit : c'est la « règle fondamentale ». L'analyste écoute, il intervient parfois, en particulier pour interpréter l'émergence de processus inconscients à travers les *associations libres* livrées par le patient. Ce dernier développe progressivement une relation affective souvent intense envers l'analyste : le *transfert*. Dans cette relation, des affects vécus durant la petite enfance et oubliés (érotiques ou agressifs par exemple) sont revécus intensément sur la personne de l'analyste. Les interprétations, portant essentiellement sur les manifestations transférentielles telles qu'elles apparaissent dans le comportement et dans le contenu des rêves, permettent de rapporter le présent au passé et, au cours de la cure, de « liquider » le transfert, de sorte que la relation sujet-analyste n'est plus perturbée par la reviviscence d'émotions passées.

Le but de la psychanalyse n'est pas directement la

réduction des symptômes. Il est la modification profonde de la personnalité par la prise de conscience d'un certain nombre de dimensions irrationnelles dans les relations du sujet avec son entourage et dans l'ensemble de son comportement. C'est ce que résume la phrase de FREUD : *Wo Es war soll Ich werden*, qu'on a traduit assez librement par « le Moi doit remplacer le Ça » alors que la traduction littérale est : « Où le Ça était, je dois advenir ». C'est-à-dire que le sujet doit arriver à assumer des pulsions antérieurement refoulées : au terme de la cure, il doit être capable d'accepter ces pulsions sans en éprouver de l'angoisse et sans qu'elles donnent naissance à des symptômes comme l'anxiété, la dépression, l'hystérie ou la névrose obsessionnelle.

La durée moyenne d'une cure psychanalytique est de 2 à 4 ans. Elle implique donc une grande dépense de temps de la part du sujet et de l'analyste. En outre, la formation d'un psychanalyste est très longue. Après avoir fait des études de médecine ou de psychologie, complétées par une expérience approfondie de la psychopathologie, il doit subir lui-même une psychanalyse qui doit lui permettre de pouvoir utiliser librement son propre inconscient, instrument dont il use pour la compréhension et l'interprétation de l'inconscient de ses malades. Il pourra ainsi éviter de répondre au transfert par un contre-transfert incontrôlé. Enfin il doit faire ses premières analyses sous contrôle d'analystes chevronnés. Au total 5 à 6 ans au minimum sont nécessaires à cette formation.

Tout ceci fait que la cure psychanalytique n'est pas très répandue et qu'elle ne le sera sans doute jamais, bien qu'elle représente le traitement de choix de certaines névroses, chez des sujets à niveau intellectuel suffisant et suffisamment motivés pour entreprendre un traitement de longue haleine. Mais on peut dire qu'une des indications majeures de la psychanalyse est la formation de psychiatres et psychothérapeutes : en effet, même s'ils ne pratiquent pas (ou pas exclusivement) la psychanalyse, leur analyse personnelle leur ouvre une nouvelle dimension autrement inaccessible, dans le diagnostic clinique et dans la pratique des traitements, même non psychanalytiques.

b)   Psychothérapies d'inspiration psychanalytique

1. Sans adjuvants

Les indications relativement réduites de la cure psychanalytique ont conduit à multiplier les psychothérapies d'inspiration psychanalytique qui, sans utiliser la méthode, se basent sur la théorie psychanalytique pour réaliser une approche psychothérapeutique à ambition moindre : la réduction des symptômes les plus gênants. Ces psychothérapies sont donc plus brèves et plus superficielles.

On peut les diviser en deux catégories, suivant qu'elles utilisent ou non des adjuvants pharmacologiques favorisant l'accès à l'inconscient du patient.

Dans une *psychothérapie sans adjuvant*, on limite le nombre d'entretiens, par exemple à un par semaine ou par quinzaine. Ainsi est réduite et contrôlée l'intensité du transfert, des phénomènes de régression temporaire, de la dépendance envers le thérapeute. Le psychanalyste américain ALEXANDER s'est attaché à décrire les modes d'action de cette psychothérapie, proches de ceux de la psychanalyse :

— la rééducation émotionnelle *(corrective emotional experience)* : la situation psychothérapique représente pour le malade une occasion privilégiée de concentrer des mouvements affectifs habituellement dispersés et d'éprouver, dans une situation nouvelle avec le thérapeute, ce qu'il y avait d'inadéquat dans les traces laissées en lui par les liens antérieurs ;

— la *prise de conscience* qui se fait à travers une dialectique entre l'émotionnel et le rationnel : le patient, plus ou moins aidé par les interprétations du thérapeute, éprouve des situations affectives et intègre ces expériences vécues de façon nouvelle, à la fois sur le plan affectif et sur le plan intellectuel ;

— la *catharsis*, décharge affective plus ou moins violente liée à la réviviscence d'émotions refoulées. FREUD, dans ses premières observations (voir chapitre II le cas d'Anna O.), mettait l'accent sur l'intérêt curatif de la catharsis ; mais, au fur et à mesure de l'élaboration de la théorie psychanalytique, l'importance relative de ce mécanisme s'est réduite. Néanmoins, la catharsis garde sa place dans le traitement de certaines névroses, telles les névroses traumatiques, consécutives à un choc émotionnel violent ; en outre, pour que la prise de conscience rationnelle soit efficace, il faut qu'elle se double d'une prise de conscience émotionnelle, c'est dire qu'un certain degré de catharsis est utile.

2. Avec adjuvants

a) *La subnarcose* (improprement appelée *narco-analyse* ou parfois, dans le public, sérum de vérité) comporte l'injection intraveineuse lente d'un barbiturique (en général, de l'Amytal sodique en solution à 8 ou 10 %). Dans l'état intermédiaire entre la veille et le sommeil ainsi produit, peuvent apparaître des décharges émotionnelles plus ou moins violentes ; le sujet parle beaucoup plus facilement ; des souvenirs refoulés font surface ; la relation affective avec le thérapeute s'intensifie. On peut favoriser les abréactions émotionnelles chez un malade inhibé ou réticent en associant une amphétamine au barbiturique (ceci permet parfois d'extérioriser un délire latent chez un individu apparemment normal).

Le malade, laissé ensuite au repos, somnole pendant un temps variable puis se réveille sans difficulté; parfois il peut être utile de s'entretenir ensuite avec lui de ce qu'il a dit en cours de séance. Ces séances peuvent être répétées; elles ont une visée diagnostique et/ou thérapeutique (suggestion, prise de conscience, abréaction...).

Cet état de subnarcose se rapproche de celui d'hypnose (voir chapitre II) que l'on peut obtenir, chez beaucoup de sujets, par de simples incitations verbales.

b) Un autre adjuvant en psychothérapie est la *diéthylamide de l'acide lysergique* (L.S.D. 25). Ce produit, comme la mescaline ou la psilocybine, appartient au groupe des drogues dites psychodysleptiques, c'est-à-dire induisant des troubles psychiques. Il est surtout anxiogène et susceptible de produire un état de dépersonnalisation; le contenu des états de conscience anormaux est en rapport avec la problématique inconsciente personnelle du malade, révélateur de ce qu'il se cache à lui-même. Il peut aussi faire apparaître un délire latent et faciliter ainsi le diagnostic différentiel entre névrose et psychose. En général, les séances sont suivies d'un désir de communiquer ce qui a été vécu pendant celles-ci et d'une régression psychique temporaire très marquée qui favorise l'extériorisation des origines de la névrose. Les séances ont lieu habituellement une fois par semaine; le sujet, dans un état comparable à l'ivresse pendant quelques heures, est isolé dans une pièce où il peut à son gré s'asseoir, s'allonger, s'exprimer par tout moyen (écriture, peinture, enregistrement magnétique etc.), appeler l'infirmière ou le médecin. Le lendemain, il s'entretient avec le thérapeute de ce qui s'est passé au cours de la séance.

c)   *Psychothérapies par conditionnement (behaviour therapy)*

Ces méthodes ont été surtout développées ces dernières années par l'école d'Eysenck, de Londres. Elles se fondent sur une conception de la structure de la personnalité et de la genèse des symptômes toute différente de la conception freudienne. Pour le behaviouriste, les maladies mentales non organiques sont dues à des vices de conditionnement, d'apprentissage. On peut les diviser en :

α. *Maladies par excès de conditionnement.* Les mécanismes principaux mis en œuvre dans le traitement seront alors :

— *l'inhibition réciproque :* on vise à neutraliser le conditionnement générateur de névrose par un conditionnement dérivatif. La méthode consiste à produire une réponse non accompagnée d'anxiété de façon répétée en présence des stimuli antérieurement anxiogènes; les liens conditionnés entre stimuli et anxiété s'atténuent; ce genre de traitement est appliqué en particulier dans les phobies (remarquons que la technique psychanalytique dans ce type de névrose vise souvent à une « désensibilisation » du même ordre, en conseillant au patient, sous couvert de transfert positif, d'affronter les situations anxiogènes au lieu de les fuir);

— *la pratique négative :* la provocation répétée et contrôlée d'une « habitude » névrotique à la suite d'un stimulus finit par éteindre cette réponse (les tics, le bégaiement sont des indications de ce genre de procédé);

— *l'aversion conditionnée :* une « punition » stimulus aversif, sanctionne chaque réponse inadaptée. Les cures de désintoxication alcoolique par disulfirame, apomorphine, produisant une réaction désagréable (troubles neurovégétatifs, vomissements) après chaque absorption d'alcool, sont fondées sur ce principe.

β) *Maladies par défaut de conditionnement ou par déconditionnement.* On utilisera ici des méthodes de *conditionnement positif* visant à installer ou à réinstaller des patterns de comportement. L'énurésie, les paralysies hystériques peuvent être ainsi traitées.

d.   *Thérapeutiques de relaxation*

Ces méthodes sont fondées sur la constatation d'un parallélisme, dans le sens somatopsychique comme dans le sens psychosomatique, entre le tonus musculaire et la tension affective. Détendre le malade, améliorer son contrôle du corps sur le plan musculaire aboutit à diminuer sa tension affective, son anxiété et ses réactions neurovégétatives excessives.

La méthode de relaxation la plus connue est le *training autogène* de Schultz. Le sujet se donne des suggestions graduées ayant trait à son tonus musculaire : sous le contrôle du thérapeute, il se répète certaines phrases qui, de façon autohypnotique, induisent en lui non seulement une détente musculaire mais aussi des modifications neurovégétatives objectives (vasodilatations locales, modification du rythme cardiaque, modification de la vitesse de transit digestif etc.). Cette méthode n'est pas sans parenté avec le yoga, méthode de méditation somatopsychique hindoue, où le sujet se conduit à l'extase par autosuggestion.

SCHULTZ rapporte, entre autres exemples, celui de médecins de ses élèves, entraînés à la pratique du training autogène, qui furent surpris en montagne par une avalanche.

Ils durent passer de longues heures dans la neige mais, contrairement à tous leurs compagnons de cordée, ils ne souffrirent d'aucune gelure importante, grâce au réchauffement de leurs extrémités qu'ils étaient capables d'induire.

Le training autogène a surtout des indications dans les troubles psychosomatiques et neurovégétatifs, en particulier l'insomnie rebelle. De bons résultats ont été aussi rapportés par KAMMERER et DURAND DE BOUSINGEN dans des cas de phobies (voir observation rapportée au chapitre IV).

e.   Psychothérapies de groupe

Ce type de psychothérapie peut représenter une économie de temps pour le thérapeute mais, surtout, elle tire parti de mécanismes dynamiques absents dans les psychothérapies individuelles. Cinq à douze malades se réunissent à intervalles réguliers (une fois par semaine ou plus souvent) avec le thérapeute. Entre eux se crée tout un système de relations (positives et négatives) que le thérapeute interprète et utilise. En particulier, se produisent fréquemment des « effets de miroir » : un membre du groupe, incapable de prendre conscience de certains aspects de son comportement dans une psychothérapie individuelle, réagit vivement en les constatant chez un autre membre du groupe. De véritables psychanalyses de groupe (plusieurs séances par semaine pendant plusieurs années) peuvent être ainsi réalisées.

Une modalité particulière de psychothérapie de groupe est le *psychodrame*. Décrit par MORENO, le psychodrame s'est développé dans deux directions :

a. le *psychodrame morénien originel :* l'accent est mis presque exclusivement sur le facteur cathartique; après discussion au sein du groupe, un ou plusieurs participants sont invités à jouer telle ou telle scène (par exemple un conflit père/fils), considérée comme thérapeutiquement importante pour un ou plusieurs d'entre eux; dans l'optique de MORENO, le psychodrame est un apprentissage de la spontanéité;

b. le *psychodrame d'inspiration psychanalytique* : le psycho-thérapeute utilise le matériel exprimé au cours des scènes jouées (comme on utilise les rêves et le comportement du malade en psychothérapie verbale) pour des interprétations thérapeutiques et des prises de conscience par le groupe. Il intervient éventuellement pour servir lui-même de partenaire à un ou plusieurs malades dans une scène. Le livre de Didier ANZIEU[1] fournit une belle illustration de cette méthode qui tend à être de plus en plus utilisée.

B. PSYCHOTHÉRAPIES DE NON-SPÉCIALISTES

Tout médecin doit approfondir la signification de l'échange immédiat qui se produit entre son malade et lui, car la relation médecin-malade est à la base de toute psychothérapie.

Ainsi, le geste banal de la prescription d'une ordonnance est magique dans la mesure où l'ordonnance est une émanation symbolique du médecin, tel qu'il est perçu par le malade. Le malade « avale » l'image de son médecin avec son médicament comme le croyant incorpore son Dieu dans la communion. Selon que le médecin sera perçu comme protecteur ou plus ou moins persécuteur, l'efficacité de la prescription sera renforcée ou diminuée, ou même le médicament pourra provoquer des symptômes pseudo-toxiques.

1. L'*effet placebo* participe de cette relation magique médecin-malade. Le placebo est un corps pharmacologique-

---

[1] Le psychodrame analytique chez l'enfant, P.U.F., Paris, 1956.

ment inactif mais prescrit au malade comme s'il était actif. Dans les études expérimentales à ce sujet, les malades sont classés en placebo-réacteurs (malades qui réagissent au placebo par une amélioration ou une aggravation de leur état) et non-placebo-réacteurs (dont l'état n'est pas modifié par le placebo).

On a observé que 30 % des sujets normaux sont placebo-réacteurs. Les injections sont plus efficaces que les comprimés, les comprimés plus efficaces que les suppositoires; les placebos colorés sont plus actifs que les incolores; ceux qui ont un goût amer plus actifs que les insipides.

La situation correspondant à l'effet placebo comprend quatre éléments : le malade, sa maladie, le placebo et l'attitude du médecin. Connaître l'efficacité d'une drogue influence l'attitude du médecin et du malade vis-à-vis de cette drogue. C'est la raison pour laquelle on emploie souvent en expérimentation clinique la méthode *double blind*, où ni le médecin ni le malade ne savent si la préparation a un effet pharmacologique vrai ou non.

Dans toute prescription, même d'une thérapeutique pharmacologiquement très efficace, le médecin doit donc tenir compte de l'effet psychothérapique de son attitude et de son dialogue avec son malade, qui vient ajouter un effet placebo éventuel à l'action chimique.

Mais borner à l'utilisation de la suggestion et de l'attitude rassurante, procédés vieux comme la médecine, la psychothérapie du médecin non spécialisé en psychologie serait faire abstraction de tous les progrès de la psychologie médicale depuis le début du vingtième siècle. Or c'est bien, en fait, à cela qu'on assiste chez beaucoup de médecins et même de neuro-psychiatres. Dans aucune spécialité on ne se permet de négliger les progrès diagnostiques et thérapeutiques apportés par la radiologie, les dosages biologiques, les antibiotiques. Mais l'importance accordée aux facteurs psychiques, à la connaissance nouvelle de l'homme ouverte par la psychanalyse constitue souvent un tribut verbal et de pure forme, bien que nul n'ose la nier ouvertement. La formation trop exclusivement biologique des médecins est sans doute responsable pour une bonne part de cet état de choses regrettable.

2. *Inclure une anamnèse psychologique et psychopathologique* soigneuse dans l'examen du malade est déjà souvent un début de psychothérapie non négligeable, attirant implicitement l'attention du patient vers le rôle des conflits éventuellement apparus dans les troubles qui motivent la consultation (voir obs. 39, p. 243).

3. *Les psychothérapies systématiquement directives* ne sont employées constamment que par des médecins à la personnalité autoritaire et narcissique, qui croient trop facilement avoir compris tous les problèmes de leurs malades et avoir la mission de leur en montrer sinon imposer la solution. Tel ce rhumatologue anglais qui, depuis plus de trente ans, avait remarqué l'importance des facteurs émotionnels dans l'étiologie de la polyarthrite chronique évolutive (première attaque arthritique toujours précédée de longues périodes de tension émotionnelle permanente ou d'un événement pénible; type de personnalité entraînant un état d'amertume contenue, d'où anxiété et culpabilité) : il mettait en œuvre une psychothérapie intensive en demandant à ses patients d'admettre leur ressentiment et de demander pardon et guérison à Dieu, ce qui amenait, selon lui, un grand nombre d'améliorations.

Utiliser l'autorité dont le patient investit son médecin pour lui conseiller de prendre une décision importante (se marier, divorcer, interrompre des études etc...) est un acte grave qui implique une connaissance claire de toutes les dimensions et conséquences du problème.

Ces réserves ne signifient pas que des conseils et directives précises ne soient pas nécessaires chez certains patients, les sujets frustes, pathologiquement immatures ou indécis par exemple. Mais, plus le thérapeute progressera dans sa propre maturation, mieux il saisira les limites et les inconvénients du « paternalisme » psychothérapique.

4. *Les psychothérapies non directives et interprétatives*, l'entraînement indispensable pour mieux voir et comprendre ce qui se passe dans le dialogue avec le névrosé, le « fonctionnel », le malade psychosomatique, apparaissent de plus en plus nécessaires à beaucoup de médecins non psychiatres. Certes la formation psychanalytique apparaît, dans l'état actuel de nos connaissances, comme le meilleur moyen d'acquérir ces connaissances de façon vécue, mais il est utopique d'espérer la voir se généraliser. Cependant étudiants en médecine et médecins ne doivent pas seulement recevoir une information psychologique, mais une formation. Pour enrichir leurs possibilités de relations à autrui, ils doivent arriver à mieux percevoir, comprendre et utiliser leurs propres réactions en face de leurs malades. Depuis une quinzaine d'années, se multiplient les séminaires où une dizaine de médecins présentent à tour de rôle des cas de leur expérience personnelle et exposent leurs difficultés dans la compréhension du cas, leurs interventions et l'évolution des symptômes et de leur relation avec le malade; chaque cas fait l'objet d'une discussion par le groupe, en présence d'un psychanalyste formé à ce genre de techniques. Ces groupes de formation sont dits « *groupes Balint* », du nom du psychanalyste anglais qui a décrit le premier les modalités de cette forme de psychothérapie de groupe. C'est bien en effet, de l'avis même de BALINT, de cela qu'il

s'agit, c'est-à-dire de susciter, au cours de plusieurs années de participation hebdomadaire régulière à un tel groupe, une maturation de la personnalité du médecin, un « changement mineur mais considérable », analogue dans sa nature à celui, en principe majeur, qui est attendu de la psychanalyse didactique.

Car là se situe, en fin de compte, la récompense immanente de celui qui accepte l'effort et les sacrifices exigés par cet approfondissement de la pratique médicale ou psychologique que représente la psychothérapie : il ne peut pas ne pas y acquérir, avec plus de compréhension des êtres humains et de lui-même, un peu plus de sagesse, de sérénité et de joie de vivre.

LEXIQUE

de quelques termes techniques utilisés dans le texte :

Aérophagie = déglutition d'air

Algie = douleur

Ambivalence = coexistence de sentiments contradictoires

Amnésie = perte de la mémoire

Anidéique = sans contenu intellectuel

Anxiolytique = qui réduit l'anxiété

Aphasie = perte totale ou partielle du langage, par lésion cérébrale

Aphonie = impossibilité d'expression à haute voix

Asthénopie = faiblesse des muscles oculomoteurs

Balnéothérapie = traitement par bains

Bradypsychie = lenteur des processus intellectuels et affectifs

Cénesthésie = sensibilité globale, vague, des viscères

Céphalée = douleur au niveau de la boîte crânienne

Circumduction = mouvement circulaire, de grande amplitude, d'un membre

Clonie = secousse musculaire

Diplopie = vision dédoublée

Dysthyroïdie = mauvais fonctionnement de la glande thyroïde

Dysurie = difficulté à uriner

Endogénétique = d'origine interne

Epielptoïde = qui a trait à l'épilepsie ou lui ressemble

Erythème = rougeur de la peau

Exogénétique = d'origine externe

Fantasme = production imaginative

Globus = sensation de contraction (généralement de l'œsophage)

Hémianopsie = perte de la vision dans la moitié du champ visuel

Hémiparésie = paralysie incomplète d'un côté du corps

Hypoesthésie = diminution de la sensibilité

Hypotonie = diminution du tonus

Hyperesthésie = hypersensibilité

Inhibition = entrave

Leptosome = individu de morphologie étroite et allongée

Lipothymie = ébauche de syncope

Macropsie = illusion visuelle où l'objet est grossi

Micropsie = illusion visuelle où l'objet est rapetissé

Miction = acte d'uriner

Neurotonie = prédominance du système sympathique ou parasympathique

Névropathique = synonyme de névrotique

Onirisme = état de rêve vécu pendant la veille

Paraphasie = trouble du langage consistant à employer un mot pour un autre

Paraplégie = paralysie des membres inférieurs

Parésie = paralysie incomplète

Paresthésie = sensation cutanée anormale (exemple : fourmillements)

Photophobie = intolérance à la lumière

Pollakiurie = augmentation de fréquence des mictions

Polyarthrite = rhumatisme inflammatoire de plusieurs articulations

Polyurie = augmentation du volume des urines

Ptose = déplacement d'un viscère insuffisamment fixé

Pycnique = individu de morphologie courte et large

Quadriplégie = paralysie des quatre membres

Rectocolite = inflammation du rectum et du colon

Spastique = spasmodique

Strabisme = non-parallélisme de la direction des yeux

Strangurie = miction douloureuse

Tachycardie = accélération du rythme cardiaque

Tonus = tension musculaire permanente normale

Vasomotricité = propriété des vaisseaux sanguins de se contracter ou se dilater

TABLE DES MATIÈRES

DOSSIERS DE PSYCHOLOGIE ET DE SCIENCES HUMAINES

André Rey

les troubles de la mémoire
et leur examen psychométrique

Richard Meili

le développement du caractère chez l'enfant

Dr Claude Köhler et F. Béruard

les états dépressifs chez l'enfant

Gérard Lutte

le moi idéal de l'adolescent

J.-P. De Waele

la méthode des cas programmés
en criminologie

Zena Helman

la poussée sensori-motrice

R. Tissot, G. Mounin et F. Lhermitte

l'agrammatisme

DESSART ET MARDAGA - EDITEURS

Dr. Claude KOHLER et Françoise BERUARD

LES ETATS DEPRESSIFS CHEZ L'ENFANT

Le développement rapide de la pédopsychiatrie amène de précieuses précisions sur des états pathologiques dont le diagnostic était difficile à établir et l'étiologie mal ou peu connue.

Après le résumé clinique de douze cas d'enfants de dix à seize ans, atteints de différents syndromes dépressifs, les auteurs démontrent pertinemment la valeur des tests projectifs et surtout de celui de Rorschach pour la connaissance et pour le traitement d'états souvent troublants. L'apport des données psychanalytiques dans l'étude de ces cas est important. Toutefois, si la psychothérapie reste toujours indispensable, elle doit être jointe à d'autres méthodes (sismothérapie et chimiothérapie).

Cet ouvrage a un intérêt qui dépasse le cadre de la psychiatrie de l'enfance pour atteindre la psychiatrie des adultes. De plus, il montre l'importance générale des recherches dans une sous-spécialisation relativement jeune (Le Scalpel).

DESSART ET MARDAGA - EDITEURS

J.-P. DE WAELE

LA METHODE DES CAS PROGRAMMES EN PSYCHOLOGIE DE LA PERSONNALITE ET EN CRIMINOLOGIE

L'ouvrage expose la méthode du psychologue américain Ch. Dailley et les aménagements qui peuvent lui être apportés, dans le but d'expliquer le comportement de délinquants, en partant de l'analyse systématique de données biographiques. Les divers éléments constituant l'histoire de la vie de l'individu concerné sont classés selon des règles précises et soumis à une interprétation scientifique en vue d'aboutir à une explication prospective de la personnalité. De nombreux exemples sont donnés, et le lecteur est invité à plusieurs expériences sur des cas proposés démontrant le mécanisme de la méthode. Cet ouvrage dense et très documenté intéressera tous ceux qui cherchent, selon la préface, « à prédire le comportement d'autrui et à établir la présentation « programmée » de cours de vie dont les parties successives doivent faire l'objet de choix prédicatifs de la part du sujet qui y est soumis ». (Les Livres).

DESSART ET MARDAGA - EDITEURS

PSYCHOLOGIE ET SCIENCES HUMAINES

collection publiée sous la direction de MARC RICHELLE